KB219619

지역 만들기의 정치경제학

주민이 직접 만드는 순환형 지역경제

오카다 도모히로 지음 | 양준호·김우영 옮김

일러두기

이 책의 각주는 옮긴이가, 주는 지은이가 독자의 이해를 돕고자 수록한 것입니다.

이 도서의 국립중앙도서관 출판시도서목록(CIP)은 서지정보유통지원시스템 홈페이지(http://seoji.nl.go.kr)와 국가자료공동목록시스템(http://www.nl.go.kr/kolisnet)에서 이용하실 수 있습니다.
CIP제어번호: CIP2016003957(양장), CIP2016003958(학생판)

지역 만들기의 정치경제학

/

주민이 직접 만드는 순환형 지역경제

오카다 도모히로 지음 | 양준호·김우영 옮김

한울
아카데미

Chiikizukuri no Keizaigaku Nyumon - Chiikinai Sai Toushiryoku ron
by Okada Tomohiro

Chiikizukuri no Keizaigaku Nyumon - Chiikinai Sai Toushiryoku ron
first published by Jichitaikenkyusya, Japan.

차례

제2부 지역개발정책의 실패에서 배우다

제3부 '지역 내 재투자력'과 지역 내 경제순환

옮긴이 서문

지역의, 지역에 대한 '재투자' 능력 강화하기

대안적 지역경제를 위한 새로운 패러다임과 실천적 과제

낡은 지역개발 방식의 한계

지금까지 한국의 지방자치단체가 지역의 고용창출과 경제 활성화를 위해 활용해온 대표적인 정책 수단은 공공투자와 기업 및 공장유치였다. 이러한 지역개발 방식은 도시는 말할 것도 없고 농어촌에서조차 나타났던 공통적인 정책 기조였다. 그러나 지역개발을 위한 공공투자는 지방자치단체의 대규모 채무를 전제로 하는 것이다. 이렇게 방대한 재정지출을 동반하는 공공투자에 의한 지역경제 활성화는 지금 한국의 지방자치단체의 살림살이 형편으로는 더 이상 지속가능하지도 않고, 생각할 수도 없는 정책 기조임에 틀림없다. 또 국제적으로 심화되고 있는 각 도시의 외자유치 또는 공장유치를 둘러싼 경쟁 양상을 보면, 기업과 공장을 유치하거나 또 유치한 기업과 공장을 잡아두기 위해서 지방자치단체가 거액의 보조금을 지급하고 또 대규모 투자를 강행하고 있음을 알 수 있다. 여기서 더욱 중요한 것은, 예를 들어 지방자치단체가 외국기업을 지역에 유치하는 데 성공했다 하더라도 그 기업의 본사가 들어오지 않는 한 해당 지역경제에 대한 효과는 극히 미미하거나 꽤 한정적일 수밖에 없다는 점이다.

예를 들어, 2014년 한국의 지방선거에서 주요 도시의 시장 후보들이 내세웠던 지역개발 관련 공약, 특히 지역경제 활성화를 위한 정책들을 보면, 여야 할 것 없이 방대한 투자유치를 통해 수십만 개의 일자리 창출을 이뤄내겠다고 했다. 대중 선동을 본질로 하는 정치권에서 충분히 제기할 수 있는 지역개발 공약이다. 그렇지만 이러한 공약들은 지역에 어떠한 투자를 유치해야만, 또 지역에서 어떠한 투자가 이루어져야만 지역의 일자리가 만들어질 수 있는지에 대한 '과학적' 고민을 간과했다. 지역개발을 위해 유치하고자 하는 기업이 모회사인지 아니면 자회사인지를 분명하게 구분하고 또 이를 인식해야 한다. 만약 유치된 기업이 자회사인 경우, 그 기업은 해당 지역에서 큰 대접을 받고서도 지적재산권 사용료 등의 명분으로 이들이 그 지역에서 벌어들인 돈을 그들의 모회사로 그대로 이전한다. 결국 해당 지역에 재투자되기는커녕 그 지역경제를 위한 일자리를 만들어낼 수 있는 돈도 권한도 손에 쥐지 못하는 것이다. 이렇게 되면, 유치한 기업이 지역경제에 전혀 기여하지 못할 뿐만 아니라 이들은 해당 지역 시민들의 혈세만 좀먹게 된다. 한국에서는 인천을 비롯한 이른바 '경제자유구역'에서 이와 같은 외국자본 또는 외국기업 그리고 국내 대기업 유치의 파행적 귀결을 흔하게 찾아볼 수 있다. 가까운 곳에서는 일본 오키나와沖縄가 '금융자유구역'을 만들어 국내외 금융기관 유치에 목숨을 걸었으나, 정작 지역경제에 낙수효과를 일으킬 만한 주체는 입주하지 않고 백오피스 등의 자회사들만 유치되어 결국 지역경제에는 아무런 고용효과도 내지 못하고 세금만 낭비한 사례가 있었고 이 역시 같은 맥락이다.

외국자본 또는 외국기업, 그리고 국내 대기업만 유치하면 지역경제를 살릴 수 있다고 보는, 즉 지역의 개발과 성장의 요인을 외부에서 찾는 이러한 지역개발 기조의 '동굴의 우상'에서 하루빨리 벗어나야 한다. 또 지역에 투자하고 지역을 위해 고용을 창출할 수 있는, 또 이를 지향하고 해낼 수 있는 지역 내부의 기업에 대한 다양한 지원정책을 내놓아야 한다. 역자가 거주하고 있는 인천의 경우, 도시 규모에 비해 국내 상장사가 턱없이 적다. 전국 상장사의 4%도 되지 않는다고 한다. 이것은 바로 이들의 재무적 취약성 때문이다. 외부 투자유치 운운하며 지역 외부의 기업 및 자본을 우대하는 것보다 지역 기업에 대한 공공적 금융 지원 등을 확충하여 이들의 지역 내부를 향한 투자, 고용창출, 상장을 유도하는 것이야말로 지방선거에서 아무런 문제의식 없이 남발해대고 있는 각 지역 후보들의 지역개발 공약이 제시한 '일자리 수'를 늘리는 데 진정 도움이 된다. 지역 내부에 투자할 수 있는 능력과 의욕을 가진 지역 기업에 대한 정책적인 지원을 통해 이들의 상장을 유도하면 지역 기업들의 신인도와 재무건전성도 높아져 우량기업이 될 수 있다. 그렇게 되면 지역의 인재들도 유출되지 않으며, 결국 지자체 세수 확보에도 도움이 된다. 지역 외부가 아니라 지역 내부에서 지역의 성장과 발전을 위한 동력을 찾고 또 이를 탄탄하게 다져나가는 것, 즉 지역의 '내발적內發的' 발전이라고 불리는 새로운 지역정책 기조로 선회하는 것이야말로 지역경제를 살리는 근본적인 처방이 될 수 있다. 무엇보다 중요한 것은 지역을 위한 투자의 직접적인 주체인 지역 내 기업들이 이와 같은 새로운 지역정책 패러다임을 선호하고 있다는 점이다.

정책과 실천의 핵심으로서의 '지역 내 재투자'

경제발전의 원동력은 투자다. 따라서 투자는 한 나라 전체뿐만 아니라 각 지역의 경제를 살리는 데도 가장 중요하게 작용한다. 이런 측면에서, 지역 내부에서 투자가 자생적으로 이루어질 수 있게 하는 시스템 구축과 또 이를 위한 지원은 지방자치단체와 지역 시민사회가 가장 중시해야 하는 정책적·실천적 과제이다. 일반적으로 지역경제가 침체하는 것은 투자가 필요한 곳에 자금이 돌지 않기 때문이다. 지역경제 활성화를 위해서는 바로 이 문제를 해결해야 하는데, 이와 관련된 해법의 열쇠를 쥐고 있는 주체는 지방자치단체이고, 또 지자체는 이른바 지역의 '지역 내 재투자' 능력을 구축하는 데 정책의 초점을 맞춰야 한다. 지역경제의 지속적인 발전이라는 것은 지역 내 재생산 시스템을 유지하고 또 이를 확대해나가는 것을 의미하는데, 여기서의 지역 내 재생산 시스템의 질과 양을 규정하는 것은 바로 그 지역 전체가 가지고 있는 '재투자력再投資力'이다. 즉, 한 지역에서 축적된 자금이 매년 일정 수준으로 그 지역 내부에 투자됨으로써, 지역 내부에서 고용, 원재료, 부품, 서비스 조달이 반복적으로 이루어지고 또 지역 내부의 노동자와 농가, 그리고 상공업자의 생산과 생활을 유지할 수 있도록 하는 '지역력地域力'이 갖춰지게 되면, 지역주민 한 사람 한 사람의 경제생활이 안정되면서 결국 지역경제의 지속적 발전이 가능해진다. 다시 말해, '지역 내 재투자력'은 가능한 한 지역 내부에서 자급하는 능력, 즉 지역 내 자급률을 높이는 능력으로 해석될 수 있으며, 또 여기서의 '재투자력'에는 상품을 만들어낼 수 있는 기술 및 기능이라는 양적인 역량과 상품을 판매하는 마케팅 능력이 포함되어 있다. 지역 내 자급률을 높여나간다는 것은 지역 외부 생산에서 지역 내부

생산으로의 대체를 의미하는 것으로, 이와 같은 '대체'가 장기간에 걸쳐 지속되기 위해서는 지역 내 경제주체의 기술력 및 판매력을 향상시키는 것이 중요하다. 따라서 이와 같은 '지역 내 재투자력'을 어떻게 구축해낼 것인지에 대한 고민이 지역정책에서 가장 중요하다.

공공투자와 외국자본·외국기업 그리고 국내 대기업 유치뿐만 아니라, 기존의 지역경제정책이나 지역개발정책 또한 그 시대의 주도산업을 육성하기 위한 이른바 '입지정책'에 치우쳐온 측면이 있다. 예를 들어, 한국의 지자체 수장들은 정치적 이념 차이를 막론하고 지역개발의 수단으로 '경제자유구역'과 같은 입지정책에 과도하게 의존해왔다. 이와 같은 정책의 편향성과 외부 의존성으로 인해 기존의 지역정책은 지역 내부의 총체적인 발전, 즉 지역주민과 지역 기업에 도움을 주지 못했다. 한국의 각 도시는 주도산업이 급속히 교체되면서 결국 경제침체에 직면했고, 그럼에도 불구하고 '입지정책'을 지역개발을 위한 단골 수단으로 활용해오면서 지역경제 쇠퇴 현상이 늘 나타날 수밖에 없었으며, 또 심화되고 있는 형국이다. 그리고 앞서 지적했듯이, 외부 기업 유치에 초점을 맞춘 입지정책적인 지역산업 개발은 지역 향토기업에 대한 낙수효과는커녕 오히려 환경파괴와 지자체의 재정적자만 초래하는 악순환 구조를 고착시켰고, 지역경제의 지속적인 발전을 전혀 담보하지 못했다. 나아가 이와 같이 기존의 지역개발이 지역경제 발전에 공헌하지 못한 원인은 투자의 특징과 지역 내 자본·소득 순환의 방식으로 설명할 수 있다. 즉, 기존의 '입지정책'을 위한 지자체의 대규모 공공투자는 일시적인 투자에 지나지 않았고, 그 자체가 이익을 창출하여 자동으로 지역 내부의 재투자 순환과 연결되는 결과를 유도하지 못했다. 또, 외부 기업 유치정책은 지역 노동력을 흡수하지 못한 것은 물론, 유치된 대기업이 원재료·부품·서비스를 지역의 향토기업이 아닌 그 계열기업으로부터 조달하는 것을 방조하면서 유치기업이 지역에서 거둔 수익의 대부분이 지역이 아닌 해당 기업의 본사 또는 모회사로 돌아가는 현상을 초래했다.

이러한 맥락에서, 지역경제가 발전하기 위해서는 지역적 연관성이 강한 투자가 끊임없이 창출되어야 한다는 대원칙으로 돌아가야 한다. 아울러 투자의 지역 내 순환 구조를 구축하기 위해서는, 앞에서 소개한 지역 내부에 지속적으로 투자할 수 있는 능력, 즉 '지역 내 재투자력'을 어떻게 강화해낼 것인가 하는 문제에 집중해야 한다. 지역 내부에서 축적된 자금이 지역 고용·원재료·부품·서비스를 지속적으로 조달하는 데 투자되어 지역의 모든 경제주체의 생산과 생활을 유지하고 또 확대할 수 있는 '지역력'이 강화되면, 지역주민의 생활이 윤택해져 지역의 생산을 감당할 수 있는 지역의 소비 능력 또한 강화된다. 즉, 지역경제의 '자기 완결성'을 높여야만 지역의 지속적인 발전이 가능해진다는 것을 주목해야 한다.

오카다 도모히로의 '진보적·대안적 지역경제론'

이 책의 저자 오카다 도모히로岡田知弘 교토대학 경제학부 교수는 기업유치 그리고 자본유치가 지역경제의 모든 과제를 해결해줄 수 있다고 보는, 이른바 '외부요인 만능주의'의 허구를 30년이란 긴 세월에 걸쳐 치밀한 실증적 연구를 통해 밝혀낸, 일본을 대표하는 지역경제론자이다. 그는 지역에 착근되어 있는 지역 재투자 주체를 지역사회 스스로가 '의식적으로' 인식하고 또 형성해냄으로써 창출되는 지역의 일자리와 소득이야말로 지역경제의 지속적인 발전을 담보하는 미시적 토대로 작용함을 강조하고 있다. 그의 지역경제에 관한 '박력 있는' 실증분석은 지역정책의 초점을 '경제자유구역' 등의 대형 프로젝트형 지역개발에만 맞추고 국내 대기업이나 외국기업을 유치하기만 하면 지역의 고용도 투자도 늘어나 모든 것이 만사형통할 것으로 보는 낡은 지역정책 패러다임에 대한 정문일침頂門一鍼이다. 그리고 그가 구축한 '지역 내 재투자력론'으로 불리는 분석적·실천적 논의는 기존 지역정책의 '불편한 진실'과 그 '동굴의 우상'에 대한 지적과 비판을 넘어, 지역 시민 스스로가 직접 참여·기획·통제하여 지역의 필요에 의한 생산이 지역 내부의 소비에 의해 완결되는, 이른바 '순환형' 지역경제를 구축해나갈 수 있는 방법을 제시하고 있다. 그리고 '지역주민주권'이라는 실천적인 개념에 초점을 맞추고 있다는 점에서 진보적 함의가 매우 크다 할 수 있겠다. 물론 그의 '지역 내 재투자력론' 역시 매우 강한 순환성을 보이며 탄탄한 자기 완결적 발전을 보이는 일본 각지의 수많은 모범사례 지역에 대한 풍부한 현장조사의 귀결이다.

따라서 이 책에 담긴 그의 논의는 지역경제를 건설토목공사와 외부자본 및 기업유치로 자극하려 하는 낡은 지역성장연합의 논리를 상대화하고 견제할 수 있는 '진보적' 담론으로 활용될 수 있다. 또한 지역경제의 새로운 발전상과 그 미시적 토대로서의 지역주민은 지역발전과 관련해 어떠한 인식을 가져야 하고 어떻게 조직되어야 하며, 나아가 어떠한 역할을 발휘해야 하는지에 대한 '대안적' 담론으로도 활용될 수 있을 것으로 확신한다.

마지막으로 이 책을 번역하고 탈고하기까지 역자가 은혜를 입은 분들께 감사의 말씀을 드린다. 누구보다도 이 책의 저자인 오카다 도모히로 교수께 먼저 깊은 감사의 뜻을 전하고 싶다. 그는 1년 365일 중 200일 이상을 일본 각지의 지역경제에 대한 현장조사에 발품을 파는, 그야말로

'실증적인' 지역경제론자이다. 그의 '현장성'에 대한 집요함이 없었더라면 이 책을 번역하는 데 필요했던 역자들의 지적 열정과 용기도 생기지 않았을 것이다. 또 그는 한시도 쉬지 않고 카를 마르크스Karl Marx의 고전에 대한 공부와 교육에 매진해온 일본의 대표적인 마르크스주의 정치경제학자이다. 내가 난생 처음으로 마르크스주의 정치경제학을 접한 것은 교토대학 경제학부 재학 시절 수강한 그의 '마르크르 경제학의 고전 강독'이라는 학부 수업에서다. 물론 대학원에 들어가서도 그의 지역경제론과 정치경제학 수업에는 빠짐없이 참석했다. '문헌해석학자'로까지 보였던 그의 마르크스주의 정치경제학에 대한 지극히 겸손한 자세와 그가 내뿜는 매력은 내가 경제학자가 된 중대한 이유 중 하나로 작용하기까지 했다.

다음으로 공동 번역자에 대한 감사의 마음이 크다. 일본 교토대학 경제학부 박사과정에 재학하면서 이 책의 저자인 오카다 도모히로 교수의 지도 아래 치밀한 실증적 연구를 통해 '지역 내 재투자력'을 강화하기 위한 새로운 지역금융의 방식을 고민하고 있는 공동 번역자 김우영 선생이 보인 그간의 수고에 심심한 위로의 뜻을 표하고 싶다. 그는 인천대학교 학부 및 석사과정 재학 중에 나와 함께 인천의 지역경제를 고민해온 각별한 제자이자 동료이다. 그는 향후 한국의 '진보적' 지역경제론에 크게 기여할 능력 있고 열정적인 연구자임을 밝히고 싶다.

또 나의 대학원 수업 '공공경제론'에 참여하면서 역자들의 남루한 최초 번역본을 같이 윤독하며, 또 번역 내용상의 문제점과 오타를 꼼꼼하게 지적해준 박정윤 선생, 권해형 선생, 박인옥 박사, 그리고 내가 지도하고 있는 남승균 선생, 오윤영 선생, 임조순 선생, 이혜정 선생께 감사드린다. 이들의 지역경제에 대한 진보적인 인식과 새로운 지역경제론에 대한 열정은 번역 내내 역자들을 자극하는 중요한 요인으로 작용했음을 고백하고자 한다.

그리고 한국의 '진보적' 지역경제론의 대가이신 목원대학교 박경 교수님께 각별한 고마움을 전해드리고자 한다. 박경 교수님은 역자들의 번역 작업을 시종일관 지지해주시고 격려해주셨으며 또 지역경제에 대한 역자들의 일천한 문제의식에 깊이를 더해주신 분이다.

아울러 역자들의 지역경제 관련 연구 및 금번 번역 작업을 진심으로 응원해주신 인천대학교 경제학과 전광일 교수님께도 진심으로 감사드린다. 이분의 정치경제학적 지역경제론에 관한 학문적 관심이 없었더라면 역자들의 번역 작업은 물론이거니와 내가 지금 진행하고 있는 지역경제론과 '사회적경제론'을 융합하고자 하는 이론적 연구 역시 불가능했을 것이다.

끝으로 번역서의 출판에 흔쾌히 응해준 한울엠플러스(주)와 성의 넘치는 편집 작업을 담당해준 편집부 양혜영 선생께도 깊은 감사의 마음을 전하고 싶다.

2016년 2월
옮긴이를 대표하여
양준호

한국어판 서문

이 책은 인간 생활의 기초 영역인 지역의 지속가능한 발전을 실현해내고자, 일본의 각 지역에서 고군분투하고 있는 분들을 위해 10년 전에 출판되었습니다. 이번 한국어판의 출판을 계기로 한국에 계시는 여러분에게 이 책이 폭넓게 활용될 수 있는 기회가 마련되어, 저자로서 큰 영광입니다.

번역의 수고를 맡아준 인천대학교의 양준호 교수와, 그의 제자이면서 지금은 저의 연구실에서 공부하고 있는 김우영 선생에게 깊은 감사의 말을 전하고 싶습니다.

이 책이 일본에서 출판된 이후, 경제의 글로벌화는 일본과 한국을 비롯한 아시아의 여러 나라에서 급속히 진행되고 있고, 2008년에는 리먼쇼크로 인한 경제위기도 경험했습니다. 그리고 다국적기업이 활동하기 쉬운 제도와 공간을 창출하기 위해, 한미 자유무역협정과 같은 FTA와 TPP(환태평양경제동반자협정)로 대표되는 국가 간 통상교섭도 이루어지고 있습니다.

그러나 한편으로는 글로벌화의 과정에서 공장이 문을 닫거나 상점가가 쇠퇴하고, 농림수산업의 후퇴가 가속화되었고, 정규직 고용이 아닌 비정규직 고용이 늘어나고 있으며, 저출산·고령화 문제와 지방의 인구감소 현상이 심각해지고 있습니다. 또한, 다국적기업의 본사 기능이 집중·집적된 수도권만이 윤택해지는 지역경제의 극단적인 불균등 발전이 눈에 띄게 나타났습니다. 더욱이, 빈번한 자연재해 역시 많은 사람들의 삶에 직격탄을 날리고 있습니다.

이러한 경향은 이 책에서 지적한 내용이기도 하지만, 실제로 한국에서도 비슷한 형태로 나타나고 있습니다. 2013년을 기준으로 한국 전체 인구의 49.6%, 전체 사업소 수의 47.2%, 지역 내 총생산GRDP의 48.9%, 대기업 본사의 95%가 수도권에 집중되어 있으나, 서울을 중심으로 하는 수도권의 면적은 국토 전체의 11.7%에 지나지 않습니다. 이와 같은 한국의 수도권 집중 현상은 일본의 도쿄권 집중도를 넘어서는 심각한 문제입니다.

다른 한편, 이 책의 옮긴이 서문에서 양준호 교수가 지적한 것처럼, 이와 같은 지역적 불균등 발전 현상을 해소하기 위한 지역개발정책은, 한일 양국 모두 대형 공공사업을 실시하여 기업을 유치하려는 것에 초점을 맞추고 있습니다. 이는 언뜻 보기에 그럴듯한 정책 대응이지만, 지역경제와 일국경제가 작동하는 구조를 고려하면 잘못된 속론俗論임을 알 수 있습니다. 지역이 지속적으로 발전하기 위해서는 한 지역에 축적된 자금이 매년 일정 수준으로 그 지역 내부에 반복적으로 투자되어야 합니다. 그 주체는 기업이나 농가, 협동조합, 지방자치단체 등으로, 이들의 '지역 내 재투자력'을 향상시키며 지역 내 경제순환을 구축하고 또 부가가치를 가능한 한 그 지역에 축적시키는 것이 중요합니다. 대형 공공사업을 벌이고 또 기업을 유치했다 하더라도, 그 경제적 이익이 본사가 있는 수도권으로 유출되어 지역에 파급되는 효과가 줄어든다면, 지역경제는 물론 지역사회 전반의 지속가능성이 약화될 수밖에 없습니다.

그리고 지역 내 경제순환을 통한 농상공 연계를 추진함으로써, 농수산업이라는 국토보전 효과를 발휘하는 산업도 지속적으로 발전하게 되고, 또 재해에 강한 국토를 만들어내는 물질순환이 가능해집니다.

앞에서 언급한 '지역 내 재투자력'을 강화하기 위한 또 다른 방법으로서, 지역에 유치된 다국적기업 및 지역 외부 기업에 대해 지역 공헌을 강력히 요청하는 것이 중요합니다. 이러한 사회적·경제적 규제를 시행하기 위해서는 국가뿐만 아니라, 지방자치단체의 역할이 매우 중요합니다. 이러한 지방자치제도를 둘러싸고, 다국적기업이 쉽게 활동할 수 있게 지원하는 제도적 기반을 마련하기 위해 일본에서는 시정촌 합병과 행정개혁이 추진되었습니다. 하지만 이와는 반대로 주민자치를 기본으로 한 지방자치를 실현하기 위해 시정촌 합병 반대 운동이 일어나고 있고 또 주민의 생활과 지역산업을 보장하기 위한 독자적인 정책도 만들어지고 있습니다.

한국은 1949년에 지방자치제도가 정비되었으나, 본격적인 지방자치 시대가 열린 것은 1995년 6월 27일에 치러진 지방선거부터라고 할 수 있습니다. 지방자치는 그 주권자인 주민의 지방자치 운동에 의해 그 내실이 갖춰진다는 것은 세계의 역사가 가르쳐주고 있습니다. 다국적기업이 주도하는 글로벌화의 거센 파도 속에서 주민의 생활과 복지의 향상을 꾀하기 위해, 국가와 지방자치단체는 누구를 위해 그리고 무엇을 해야 하는지에 대해 진지하게 따져봐야 하는 시대가 도래했습니다. 이 책에서는 일본뿐만 아니라, 제7장 등에서 구미 여러 나라의 동향에 대해서도 간략하게 소개하고 있습니다. 아무쪼록 한국에 적합한 지역과 국가의 지속가능한 발전의 모습과 올바른 길을 여러분이 모색해주셨으면 합니다. 그리고 이 책이 그에 일조할 수 있기를 진심으로 기원합니다.

2015년 9월

교토에서

오카다 도모히로

서문

이 책은 경제의 글로벌화라는 흐름 속에서 우리가 사는 지역을 어떻게 '활성화' 혹은 발전시키면 좋을지를 생각하고, 또 고민하고 있는 여러분을 위해 쓰였습니다.

현재, 대도시 일부 지역을 제외한 일본의 많은 지역에서 산업이 쇠퇴하고 있을 뿐만 아니라 지역사회의 커뮤니티 기능이 약해지고, 범죄와 자연재해도 많이 발생하고 있습니다. 이러한 상황을 극복하기 위해 '구조개혁'을 실시하고, 시정촌市町村 합병을 통해 대기업에게 선택받을 수 있는 지역 만들기가 필요하다는 이야기가 나오고 있습니다. 하지만 이러한 '개혁'을 통해 정말로 우리가 사는 지역이 재생되고, 한 사람 한 사람의 주민의 생활이 활기 있게 바뀔 수 있을까요? 어쩌면 이에 대해 많은 사람들이 의문을 갖고 있진 않을까요?

그럼, 어떻게 주민 한 사람 한 사람이 희망이 넘치는 지역 만들기를 하면 좋을까요? 악착같이 열심히 노력해도 그것이 오래 지속될 수 있을지, 어느 정도 효과가 있을지 모릅니다. 다만, 지역 만들기를 합리적으로 그리고 더욱 효과적으로 해나가기 위해서는, 그 지역의 구조를 잘 알고 과거의 지역개발정책이 왜 실패했는지를 객관적으로 분석하는 것이 필요합니다. 그런 다음에야 비로소 지역 만들기에 필요한 것과 중요한 것이 무엇인지를 파악할 수 있습니다.

이 책에서는 제가 그간의 조사와 연구를 통해 구축한 '지역 내 재再투자력'이라는 개념을 중심으로, 지역의 현장에서 지역 만들기를 해나갈 때 도움이 되는 경제학적인 관점을 가능한 한 알기 쉽게, 구체적인 사례를 들어 정리했습니다. 그리고 한 사람 한 사람이 희망이 넘치고, 자연환경과 인간사회가 지속가능한 형태로 발전할 수 있는 지역 만들기를 위해서, '지역 내 재투자력'을 지역주민 자치와 연결시키고 그 네트워크를 넓혀가는 것이 가장 중요하다는 점을 강조했습니다. 이러한 논의는 시정촌 합병 문제나 지역 만들기에 몰두해온 일본의 각 지역 사람들과의 교류와 토론을 통해 제 자신이 배우면서 또 만들어낸 것이기도 합니다.

이 책은 총 4부로 구성되어 있습니다. 제1부에서는 현대의 지역 만들기를 생각하기 위한 기본적인 개념정리와 경제의 글로벌화에 따른 일본 지역의 구조 변화 그리고 지역 만들기를 둘러싼 정책적 대립에 관한 전체적인 그림을 그리고 있습니다. 제2부에서는 일본의 과거 지역개발정책을 되돌아보고, 대형 프로젝트식 개발과 기업유치를 통한 개발정책이 왜 실패했는지를 분석하고 있습니다. 이 실패를 교훈으로 삼아 지역의 지속가능한 발전에 필요한 요소가 무엇인지 짚고 있습니다. 제3부에서는 그러한 분석을 통해 도출한 '지역 내 재투자력'의 개념에 대해 설명한 다음, 대기업의 단기적 이익을 위한 지역개발이 아닌 주민의 생활 향상을 최우선으로 하는 지역의 지속적 발전이 필요하며, 또 그것이 가능하다는 것을 농촌과 도시의 사례를 들어 전개하고 있습니다. 마지막 제4부에서는 '지역 내 재투자력'을 강화하는 주체로서, 기초자치단체의 역할과 그 정책의 방향성을 결정짓는 지역주민주권에 대해, 헤이세이平成 대합병을 계기로 획기적으로 펼쳐진 주민투표 운동의 역사적 의의에 초점을 맞춰 그 중요성을 분명히 하고, 또 주민자치의 새로운 가능성을 전망하고 있습니다.

이 책이 전국 각지에서 지역 만들기에 매진하고 있는 모든 분들에게 조금이라도 도움이 될 수 있기를 진심으로 바랍니다.

오카다 도모히로

제 1 부

/

현대의 지역 만들기를 생각하다

제1장

지역과 지역 만들기

1. 인간 생활의 장(場)으로서의 지역

지역이란 무엇인가?

우리는 보통 아무렇지 않게 '지역 만들기'라는 말을 쓰고 있습니다. 그렇지만 새삼스럽게 '지역 만들기란 무엇인가'에 대해 생각해보면, 언뜻 설명하기 어려워집니다. '지역의 활성화'나 '지역진흥'이라는 말로 바꿔 봐도, 정확하게 그것이 무엇을 의미하는지 확실하지 않습니다. 그 이유 중 하나는 '지역'이라는 말의 애매함에 있습니다.

'지역'이 무엇을 가리키는지, 그것이 어떠한 내용과 구조를 갖고 있는지를 정확하게 이해하지 않고서는 '지역 만들기'나 '지역 활성화'를 아무리 소리 높여 외친다 해도 그 노력은 헛수고로 끝날 가능성이 큽니다. 실제로 지금까지 일본의 지역개발정책이나 지역 활성화정책을 돌아보면, 그 대부분이 실패의 역사였다고 말해도 지나치지 않습니다. 그 실패의 원인 중 대부분이 '지역'이나 '지역경제'의 구조를 제대로 생각하지 않은 채, 지역이 갖고 있는 개성과는 관계없이 그때그때 국가가 내놓은 개발정책을 전국 어디에나 똑같이 전개한 데 있다고 할 수 있습니다. 따라서 조금은 멀리 돌아가게 될지도 모르지만, 먼저 '지역'과 이를 그 아래에서 지탱하고 있는 '지역경제'의 내용과 구조를 정확하게 파악한 다음, 우리 지역이 놓여 있는 상황과 개성을 객관적으로 확인한 후, 독립적이고 자발적인 지역 만들기의 방향성과 구체적인 안을 생각하고 또 실행해갈 필요가 있습니다.

지역의 계층성

'지역'이라는 일상용어는 우리가 생활하는 마을이나 취락과 같은 좁은 공간적 범위에서 시작해, 교토京都 시市나 교토 부府 같은 지방자치단체의 범위, 긴키近畿 지방이나 니시니혼西日本이라는 일본열도상의 한 구획 그리고 일본이라는 한 국가, 더 나아가 동아시아라는 국제적인 단위까지, 실제로는 여러 가지 범위를 가리키며 자유롭게 쓰이고 있습니다.

하지만 이렇게 '지역'이라는 말이 애매하다고 해서 결코 무의미한 것은 아닙니다. 바꿔 말하면, '지역'이란 마을이나 취락 단위에서부터 지구 규모의 수준까지 이르는, 몇 개의 계층이 겹쳐져 쌓인 것과 같은 중층적中層的 구조를 가진 인간 사회의 공간적 범위라고 생각할 수 있습니다. 이는 자연계의 소립자에서부터 우주에 이르는 계층성階層性과 같은 것으로 볼 수 있습니다. 자연의 계층성에는 소립자의 운동, 분자의 운동 그리고 그것들이 쌓이고 겹쳐져서 형성된 우주의 운동이 있으며, 이들은 각각 독자적인 법칙성을 갖고 있습니다. 이와 같이 사회과학의 대상인 인간사회에도 계층성이 있으며, 각각의 계층별로 독자적인 운동법칙이 작동하고 있습니다.

예를 들어, 세계경제의 움직임은 각 국가경제에서 똑같은 현상으로 나타나지 않습니다. '남북 문제'*라는 말로 상징되듯이 선진국과 개발도상국과의 경제적 격차가 존재합니다. '세계적으로 무역량이 늘었다'고 해도 선진국과 개발도상국에서 서로 다른 모습을 보이는 것과 같습니다. 한 나라의 경제, 일본경제를 예로 들었을 때도 마찬가지입니다. 각 지역에서 모두 다른 경제적 현상이 나타나고 있습니다. 도시와 농촌의 경우 지역경제의 양상이 크게 다르게 나타나며, 도시 중에서도 수도권과 같은 중핵기능이 집적된 대도시와 지방중소도시, 소도시 등도 서로 다른 모습을 보이고 있습니다. 농촌 가운데서도 대도시 주변의 도시에 가까운 농업지역도 있고, 도시에서 멀리 떨어진 산촌이나 섬도 있습니다.

또 한 가지 예를 들면, 완전실업률의 전국 평균이 약 5%라고 해도 이를 지역별로 보면, 오키나와沖縄 현과 오사카大阪 부가 전국 평균을 크게 상회하고 있는 것에 비해, 도카이東海 지방의 완전실업률은 계속 낮아지고 있습니다. 이는 지역별 산업구조와 취업구조의 차이에서 발생하는 것이며 전국 평균치는 지역별 수치를 평균화한 숫자에 지나지 않습니다. 우리는 일상적으로 방송매체 등의 정보를 통해, 전국적인 경제 동향에 대해서는 자세히 알고 있습니다. 그 결과 마치 일본경제가 제일 앞에 존재하며, 자신이 살고 있는 지역경제의 양상은 그에 따라 정해진다는 착

* 선진국과 개발도상국 간의 경제적 격차와 이로 인해 발생하는 여러 가지 문제를 일컫는 말. 주로 북반구에 위치한 선진공업국과 적도 및 남반구에 위치한 저개발 국가 사이의 발전 및 소득 격차에서 생기는 국제정치·경제의 구조적 문제를 의미한다.

각에 빠지는 경향이 있습니다. 하지만 이는 거꾸로 된 시각입니다.

지역이 없으면, 나라도 없다

일본이라는 나라는 국내에 다양한 지역이 쌓이고 겹쳐져 비로소 성립되었습니다. 지역이라는 발판을 갖지 않는 일국경제란 처음부터 존재하지 않습니다. 이는 역사적으로 하나의 국가가 그 영토 내의 지역을 정치적·군사적으로 통합함으로써 형성되었다는 것을 생각해보면 명확히 알 수 있습니다. 다카하시 가쓰히코高橋克彦가 8세기 에조蝦夷•의 영웅이었던 아테루이アテルイ의 생애를 그린 역사소설 『가엔火怨』에는 일본 조정朝廷이 에조 '정벌'을 통해, 처음으로 일본열도에서 도호쿠東北 지역을 통합한 '국가'가 출현한 과정이 역동적으로 쓰여 있습니다.[1]

근대 이후로도 도호쿠의 관점에서 일본경제의 발전을 보면, 여러 가지 시점을 얻을 수 있습니다. 메이지明治 시대의 산업혁명기에 도호쿠에는 근대적인 공장제가 거의 보급되지 않았고, 오히려 산업혁명의 거점이 되는 도쿄東京의 시장으로 쌀을 보내기 위한 대지주제도가 발달합니다. 그 당시 도호쿠 지방과 도쿄와의 교역관계를 보면, 도호쿠는 쌀을 시작으로 한 제1차 상품과 노동력을 도쿄에 보내고, 그 대신 도쿄의 공업제품을 들여오는 식의 '국내 식민지'적 역할을 담당하고 있었습니다. '우라니혼裏日本'••이란 말이 생긴 것도 일본 자본주의가 확립되었을 무렵의 일입니다.[2] 즉, 일국 단위의 움직임을 보고 '일본에서 산업혁명이 진전되었다'

• 홋카이도(北海道)의 옛 이름.

•• 일본 혼슈(本州)의 호쿠리쿠(北陸), 산인(山陰) 지역을 가리킨다.

고 해도, 일본 전 지역에서 한 번에 똑같은 형태로 산업혁명이 일어났던 것은 아닙니다. 산업혁명은 도쿄와 오사카 등의 대도시와 스와 호諏訪湖 주변, 니시비西日 시, 구라시키倉敷 등, 제사製糸업과 방적업이 발전했던 한정된 지역에서 근대 공장제의 보급을 초래했으며, 도호쿠 지방은 산업혁명의 중심이었던 도쿄에 식량과 노동력을 보내주는 역할을 했던 것입니다. 현대에 와서도 일본 국내의 지역경제는 격차를 동반하면서 불균등하게 존재하고 있습니다. 그러므로 각각의 지역이 어떠한 위치에 놓여 있는지를 확인하는 것이 중요합니다.

지금까지 '지역'에는 계층성이 있으며 각각의 계층은 독자적인 성격을 갖고 움직인다고 말했습니다. 이는 그림 맞추기 퍼즐을 하듯이 개별 지역경제를 짜 맞추면 일국경제가 되고, 거기에 각국 경제를 같은 방식으로 짜 맞추면 마치 세계지도가 완성되는 방식으로 세계경제가 성립되는 것이 아니라는 점을 강조하고 싶었기 때문입니다. 이는 자연계에서 소립자와 분자 그리고 우주가 각각 평면적인 조합이 아니라, 기본 물질인 소립자를 기초로 각 계층이 서로 영향을 주고받으며 성립되어 있다는 것을 생각해보면 쉽게 알 수 있습니다. 그렇게 되면 인간이 사회적으로 활동하는 장인 '지역'의 가장 기초적인 단위는, 우리가 일상을 살고 있는 마을이나 취락과 같은 지역이라는 것을 알게 됩니다. 그러므로 '지역'의 가장 본원적인 규정은 '인간 생활의 장', 즉 생활영역입니다.[3] 그러한 생활영역으로서의 지역이 지구상에 도달할 수 있는 곳에서 쌓이고 겹쳐져 일국경제라는 지역계층 그리고 세계경제라는 계층을 만들어내고, 또 각각의 계층에는 독자적인 운동법칙이 작동하고 있습니다.

지역경제의 일반성·특수성·개별성

더욱 중요한 것은 현대 자본주의하에서는 가장 미세한 지역계층조차 자본축적의 글로벌화를 통해 일국경제 수준을 넘어선 세계경제 단위의 지역계층과 매우 깊게 결합되어 있다는 점입니다. 즉, 지역계층은 따로따로 존재하는 것이 아니라 다국적기업의 글로벌한 전개에 따라 인류 역사상 전례 없는 넓이와 깊이로 서로 연결되어 있다고 할 수 있습니다. 동시에 다국적기업의 본격적인 등장에 대응하기 위한 세계무역기구World Trade Organization: WTO 체제의 성립, 국가 경제정책의 글로벌 스탠더드화(실질적으로는 아메리칸 스탠더드화)가 세계경제-일국경제-지역경제라는 각 지역계층의 구조적 연관에 공권력을 행사함으로써, 이를 더 확고히 하고 있다는 점 또한 주목해야 합니다.

이처럼 일본열도에는 각각의 자연조건, 역사적 조건, 사회적 조건 등에 따라 다양한 지역이 존재합니다. 그곳에서 발생하고 있는 경제상 문제는 언뜻 보기에 개별적이고 특수한 것 같지만, 경제의 글로벌화가 진행되면 될수록 각 지역의 경제 문제는 공통되고 일반적인 형태로 나타난다고 할 수 있습니다.

예를 들어, 자본의 해외이동shift에 따른 산업공동화空洞化와 해외로부터의 역수입품으로 인한 지역산업의 쇠퇴, WTO체제하에서 쌀을 포함한 농산물 수입 추진 정책과 농촌경제의 후퇴, 대형점포의 규제완화로 인한 지역 상점가의 쇠퇴 등은 모두 자본과 국가 정책의 '국제화'로 인한 문제이며, 어느 지역에서나 볼 수 있는 현상입니다. 각 지역의 산업과 경영의 양상은 지방자치단체의 정책에 따라 문제가 드러나는 정도와 심각성이 지역적으로 다르다는 것은 말할 것도 없습니다. 어떤 지역의 개별 경제

문제를 분석할 때는 일본경제와 세계경제, 혹은 다른 지역경제와 비교해가면서, 문제의 일반성과 특수성을 도출하는 것이 중요합니다.

2. 자본주의 시대의 자연과 인간 그리고 도시와 농촌

'인간과 자연과의 물질대사'의 장으로서의 지역

지역이란 본원적으로 인간이 생활하는 장, 즉 일정한 생활영역이라고 말했는데, 이것은 무엇을 의미하는 것일까요? 인간은 생물이고 생명체인 이상, 자연의 일부입니다. 또 인간은 그러한 자연계의 능동적인 주체가 되어 외적인 자연에 어떤 행위를 가하면서 인류로서 생존을 지속해왔습니다. 인간이 외적인 자연에서 어떤 활동을 통해, 의식주를 해결하기 위한 생활 수단을 손에 넣는 한편, 폐기물이나 배설물을 자연으로 되돌림으로써, 그 땅을 비옥하게 만들어 다음의 생활 수단을 얻기 위한 활동을 반복하는 것을 인간과 자연과의 물질대사 관계라고 부릅니다. 이 물질대사 관계가 본래의 경제활동이며, 인간의 생활 그 자체인 것입니다. 이 물질대사 관계는 어떤 구체적이고 일정한 영역에서의 인간사회와 자연과의 결합 속에서 처음으로 성립됩니다. 즉, 생활영역으로서의 지역은 특유의 지형을 가진 산과 강, 바다, 평지와 같은 구체적인 자연환경과 연결된 인간사회라고 할 수 있습니다. 게다가, 그 인간사회는 선조들이 역사적으로 해왔던 것들을 지역문화로 이어받은 주민으로 구성되어 있으며, 자연환경의 면에서 볼 때도 역사적·문화적으로 지구상에 단 하나밖에 없는 매우 소중한 존재인 것입니다. 따라서 지역이라는 것은 자연과 인간과의 관계, 인간 서로 간의 관계가 일정한 공간에서 종합적으로 결합된 존재라고 파악할 수 있습니다. 이러한 총체성을 잊어버린 채, 경제활동을 위한 산업개발만을 서두르게 되면, 자연환경이나 역사적인 경관 그리고 문화의 파괴라는 되돌릴 수 없는 절대적 손실을 만들어내거나, 공해 문제와 같은 형태로 주민의 생명과 건강을 위험에 빠뜨리게 됩니다.

다른 한편으로, 이러한 지역사회를 그 아래에서 지탱하고 있는 것이 지역경제입니다. 인간은 정치적 활동이나 문화적인 활동도 하지만 생물체로서 살아가기 위해서는, 자연에 행위를 가함으로써 의식주와 같은 생활 수단을 얻기 위한 경제활동을 반드시 해야 합니다. 그런 의미에서 지역에서의 경제활동은 지역사회의 토대라고 규정할 수 있습니다.

게다가, 인간은 그러한 경제활동을 하기 위해 각자 따로따로 노동하는 존재가 아닙니다. 경제활동의 근간인 노동을 하기 위해 반드시 어떠한 사회적 관계(인간과 인간과의 관계)를 맺고, 그것을 사회적 분업으로 발전시켜온 것도 인간의 큰 특징 중 하나입니다. 원시공산제原始共産制에서부터 노예제, 봉건제 사회조직이 생겨나고, 자본주의 사회에서는 회사나 기업으로 상징되는 자본·임노동 관계가 물질대사를 담당하는 인간의 주요한 사회적 관계를 만들고 있습니다. 또한 당연한 것이지만 자본주의 사회라고 해도 지역사회의 모든 것이 경제학 교과서의 모델에 있는 것처럼, 자본가와 노동자 신분만으로 구성되어 있는 것은 아닙니다. 구체적인 지역에는 자본가와 노동자뿐만 아니라 가족적인 경영을 하고 있는 농업가와 중소기업가도 있으며, 직접 생산활동에 참가하지 않는 아이들과 고령자도 살고 있습니다. 이렇듯, 다양한 사회관계가 지역별로 각각 개성을 가지며 존재하고 있다는 것에도 주의를 기울일 필요가 있습니다.

자본주의하에서의 도시와 농촌

한편, 자본은 인간사회의 생산력을 현저하게 높였지만 봉건시대까지의 기본적인 생산수단이었던 토지와는 다르게, 어떤 특정한 지역에 고착되어 있는 것이 아닙니다. 오히려 자본은 토지에 대한 고착성을 뛰어넘는, 언제나 스스로의 활동영역을 변화시키고 확대해가는 것에 그 본질이 있습니다. 또한 자본주의는 좀 더 많은 이윤을 획득하기 위해, 생산력을 높이고 활발한 상품교환을 통한 사회적 분업을 발달시킵니다. 그 최대의 분업이 농공農工분업, 즉 도시와 농촌의 분업이었습니다. 자본주의의 발전은 공간적으로는 도시의 확대이기도 했습니다.

이러한 현상을 관찰한 카를 마르크스Karl Marx와 프리드리히 엥겔스Friedrich Engels는 '도시와 농촌의 대립'이라는 문제를 제기했습니다. 그들에 따르면, 전前 자본주의 사회에서는 토지와 노동이 분리되지 않았고, 도시가 농촌에 안겨 있는 듯한 형태로 존재하고 있었습니다. 하지만 자본주의에서는 화폐경제가 현물경제를 대신함으로써, 토지소유에 대한 자본의 우위가 확립되었습니다. 자본주의의 발전은 농민을 시작으로 하는 직접적 생산자를 토지에서 강제적으로 떼어놓았고, 살아가기 위해 자신의 노동력을 팔 수밖에 없는 그들을 자본의 지배하에 두었습니다. 이렇게 해서 자본의 본거지인 도시는 팽창을 계속했고, 인구·생산도구·자본·필요 물자·정치적 중추가 집중되면서, 도시에 의한 농촌 지배는 최고조에 달합니다. 또한 그들은 자본주의적 축적이 진행되면 될수록, 도시 내부에서 노동자 가족의 주택·위생 문제 등이 심각해지고, 농촌(해외 식민지를 포함한)에서는 도시로 식량 및 공업원재료를 공급하기 위한 약탈적 농업이 전개되어, 도시에서도 농촌에서도 인간과 토지의 파괴가 진행될 것이라고 말했습니다. 그리고 이러한 '도시와 농촌의 대립'을 자본주의의 근본 문제로 이해하고, 그 대립은 오로지 자본주의적 생산양식이 무너져야만 없어질 수 있다고 생각했습니다.[4]

한편, 데이비드 하비David Harvey는 도시와 농촌의 이구분二區分론이 현대에서는 더 이상 의미가 없다고 지적합니다.[5] 그는 도시만이 현대 자본주의에서 공간적 재생산의 중심지이며, 자본축적 활동의 압도적 부분을 차지한다고 파악했지만, 이는 매우 잘못된 인식입니다. 현대의 대도시 주민 또한 생명체로서의 인간인 이상, 음식과 물, 공기를 섭취해야만 살아갈 수 있습니다. 아무리 글로벌화가 진행되어 거대한 세계도시가 생겨난다고 해도, 인간이 살아가기 위해서는 음식과 물 그리고 청정한 산소를 공급해줄 농촌이 반드시 필요합니다. 또한 이것들을 생산하기 위한 전제가 되는 토지와 토지소유도 중요한 역할을 하고 있습니다. 이와 같은 인간과 자연의 물질대사 관계가 기반인 도시와 농촌의 관계는 글로벌화 시대에도 엄연히 존재하고 있습니다. 물론, 여기에서 언급한 농촌은 반드시 국내에 한정되지 않습니다. 예를 들어, 현재 일본의 극단적으로 낮은 식량 자급률을 통해 명확히 알 수 있듯이, 도시의 식량 조달처로서 미국이나 중국 등 외국의 농촌 비중이 압도적으로 많습니다. 즉, 현대 일본은 해외 농촌과의 물질대사 관계 속에서 도시와 농촌의 인간 재생산이 가능하게 된 것입니다.

3. 지역 만들기를 둘러싼 대항 축

자본의 활동영역으로서의 지역

자본주의 시대에서 인간사회 각 계층의 지역 공간을 구성하는 경제주체는 역시 자본이라고 할 수 있습니다. 데이비드 하비는 도시를 형성하는 것이 자본이라고 주장했는데,[6] 그에 따르면 도시의 형성은 토지에 고정된 인공의 구축물인 건조建造환경과 교육, 보건·위생, 경찰 등의 사회기반시설Infrastructure이라는 두 가지 요소로 이루어져 있습니다. 그리고 자본은 국가와 지자체의 행정지출을 매개하면서 이것들을 형성시키고, 결과적으로 그 시대의 생산력에 상응하는 도시환경이 만들어진다고 했습니다.

실제로는 농촌 지역도 이와 마찬가지입니다. 인위적인 방법으로 산에 나무를 심거나 댐이나 도로를 만들고, 농업용수로를 정비하거나 포장 정비를 실시하는 주체는 국가나 지자체의 행정지출을 매개로 한 자본입니다. 공공투자를 통해 정비된 건조환경이라고 할 수 있는 농촌의 도로, 그 위를 달리는 자동차나 트럭도 농가의 소유물이긴 하지만 동시에 자본의 생산물이며, 농가주민의 대다수도 임노동자로서 자본에 고용되어 있습니다. 따라서 생산력에 규정된 자본축적의 양상과 공간적 확대가 자본주의 시대의 도시와 농촌의 지역 형성(자연환경, 건조환경, 사회관계)의 모습을 규정하고 있습니다.

이렇게 생각하면, 자본주의 시대의 지역은 '자본의 활동영역'으로서 존재한다는 것을 알 수 있습니다. 원래, 자본은 인간의 생활영역으로서의 지역 속에서 인간 경제활동의 결과로서 태어나는 것입니다. 일단 태어나면, 자율적인 운동을 시작하는 자본은 교통수단과 통신수단의 기술혁신에 의해 지역적인 한계를 차례차례 뛰어넘어 '시간에 의한 공간의 절멸絶滅'[7]을 추진해갑니다. 그때, 스스로의 생산활동과 그에 적합한 물류와 통신을 위한 생산기반, 교통기반, 통신기반의 정비를 국가와 지방자치단체에 요구하고, 자본은 자신의 모습에 상응하는 도시와 농촌을 만들게 됩니다.

그러므로 자본축적이 확대되면 될수록 당초 활동하고 있던 '주민의 생활영역'을 훨씬 초월해 이동하게 됩니다. 현대의 자본은 다국적기업이라는 형태로, 글자 그대로 활동영역이 지구 규모의 지역 공간이라고 할 수 있습니다. 게다가, 자본이라는 것은 본래 임노동자가 만들어낸 가치임에도 불구하고, 그 임노동자를 소외시켜버리는 본질도 함께 가지고 있습니다. 이는 마르크스가 『경제학 철학 초고Ökonomisch-philosophische Manuskripte』와 『경제학 비판 요강Grundrisse der Kritik der Politischen Ökonomie』에서 강조하고, 놓지 않았던 관점입니다. 저는 이 소외론에 공간론과 지역론적 시점을 넣으려고 합니다. 즉, 자본의 해외진출에 동반된 '산업공동화'라는 사태는, 주민의 압도적 부분을 차지하는 임노동자가 만들어낸 가치인 자본이 그 임노동자와 주민을 떼어내 버리고 해외로 활동영역을 옮겨가는 것을 의미합니다. 이는 임노동자에게는 공간적 소외임에 틀림없습니다. 현대 자본주의의 글로벌화라는 현상이 공간적으로 주민의 생활영역을 초월할 뿐만 아니라 그곳에 존재하던 주민의 생활 조건 그 자체를 빼앗아가며, 부정하기에까지 이르고 있는 것입니다. 이 점은 통상산업연구소(현, 경제산업연구소)에 재직 중이던, 나카무라 요시아키中村吉明 등이 '기업의 사적 편익과 사회적 편익이 괴리'에서 산업공동화의 본질을 보고 있는 것과 일맥상통하는 부분이기도 합니다.[8]

지역의 형성 주체로서의 국가, 지방자치단체

무엇보다도, 국가와 지자체는 자본축적을 위한 단순한 '매개물'과 조정 역할에만 그치지 않습니다. 특히, 민간자본의 축적이 희박한 중산간 조건불리中山間條件不利 지역의 과소過疏 지자체•일수록, 기초자치단체가 지역 형성에서 담당하는 역할은 양적·질적으로 매우 큽니다. 그리고 이러한 지자체들만이 '헤이세이 대합병' 추진 정책을 통한 지자체의 행·재정 권한 박탈의 대상이 되고 있으며, 합병 추진론에서 '비효율'로 평가받고 있는 인구 소규모 지자체들입니다. 더욱이, '주민의 생활영역으로서의 지역'을 모체로 형성된 이들 기초자치단체는 중앙정부 통치기구의 한 지점이라는 기능 이외에, 주민이 주권을 행사해서 만든 자치조직으로서의 역할이 매우 큽니다. 주민에 의해 선출된 수장과 의원만이 정책을 입안하는 것이 아니라 때로는 주민의 직접적인 요구나 주민투표를 통해 정책이 결정됩니다. 기초자치단체는 지역주민의 '근로의 열매'인 지방세와 국가, 도도부현都道府県으로부터 재분배된 지방교부세교부금, 보조금을 재원으로 그것을 시책화해 지역경제와 지역사회에 재분배하고, 지역 형성을 수행하는 능동적인 존재입니다. 이러한 역할이 사회경제에서 차지하는 상대적 비중은 적어진다고 할 수 있지만 이는 대도시에도 적용되는 것입니다.

• 한국의 쇠퇴하는 농어촌 지역과 유사한 지역으로 특히 인구감소 지자체와 유사하다.

국가와 지방자치단체의 정책 방향을 둘러싼 대립

이상의 인식을 바탕으로 생각해보면, 국가와 지방자치단체의 경제정책이나 지역정책이 대체 누구의 이익을 위해 존재하는 것인지 묻게 됩니다. 원래 국가나 지방자치단체의 행정 운용자금은 근로자들이 만들어낸 가치입니다. 대기업의 법인세 등도 곰곰이 따져보면, 그곳에서 일하고 있는 사람들의 노동에 의해 만들어진 가치입니다. 국가와 지방자치단체는 그 가치를 세금이라는 형태로 취한 다음, 행·재정 운용을 통해 재분배하는데 문제는 그 재분배가 어디를 향해 있는지입니다.

단순화시켜 말하면, 이러한 재분배가 경제의 글로벌화가 진행된 현대에서 다국적화하고 있는 대기업을 위해서인지, 아니면 국민과 주민의 생활 향상을 위해서인지라는 대립 축이 존재합니다. 자본주의 사회인 이상, 국가와 지방자치단체가 자본의 이익을 제일로 할 것인가? 아니면 근로자들의 이익을 제일로 할 것인가라는 대립은 언제나 존재하는 기본 문제입니다. 현대에서는 그 대립을 밑바탕에 두면서, 다국적화하고 있는 거대자본의 이익을 제일로 할 것인가, 아니면 일본열도에서 살아가며 생활하는 대다수의 주민과 중소기업의 이익을 제일로 할 것인가라는 대립 축이 전면으로 나타나고 있습니다.

쉬운 예를 하나 들면, 1996년에 발표된 '하시모토橋本 행정개혁 비전'이 있습니다. 이 비전의 시대 인식은, 현대는 다국적기업이 지구적 규모에서 자유롭게 이동하면서 서로 경쟁하는 '대경쟁 시대'이며, 일본이 계속해서 세계 중심 국가 중 하나로 살아남으려면, 다국적기업에게 선택받을 수 있는 국가를 만들어야 한다는 것입니다. 이것은 당시, 경제단체연합회가 제언한 '글로벌 국가' 만들기의 요구에 응하는 것이었습니다. 구체

적으로는 일본의 사회경제는 고비용 구조이므로 이것을 경제 구조개혁, 재정개혁을 시작으로 하는 6대 개혁을 통해 저비용화하고, 다국적기업에게 선택받을 수 있는 국가를 만들어야 한다는 것입니다. 이와 똑같은 시대 인식은 경제기업청이 매년 발행하고 있는 『지역경제레포트地域経済レポート』에서도 반복해서 등장합니다. 이 보고서는 "기업이 지역을 고르는 시대"이므로 국제적으로 이동하는 기업에게 "선택받을 수 있도록" 세제, 사회기반시설, 교육환경, 거주환경 등 "지방공공단체의 행정 모든 것"을 기업에게 매력적인 것으로 만들어야 한다고 강조하고 있습니다.

이것이 현재 진행되고 있는 '글로벌 국가' 만들기의 핵심인데, 하시모토 행정개혁 비전에는 세계 중심으로서 '일본'이 살아남는 것을 큰 목표로 내세우고 있습니다. 이는 언뜻 보기에 국민 전체의 이익인 듯한 국책목표를 내걸고 있지만 '일본'의 실체가 무엇인지에 대해서는 전혀 언급하고 있지 않습니다. 하지만 누가 그러한 정책의 수혜를 받을 수 있을지는 명백합니다. 바로 다국적기업이나 대형 금융기관입니다. 국민의 수혜는 어떨지 묻는다면, 아마 파급효과를 통해 돌고 돌아서 '물방울처럼 뚝뚝 떨어진다'고 이야기하겠지요.

그러나 현재진행형인 경제의 글로벌화와 재정위기는 그러한 시나리오가 그림의 떡에 지나지 않는다는 것을 보여주고 있습니다. 한편으로 소비세율을 끌어올리고, 의료비 등의 사회적 부담 증대를 국민들에게 강요하면서, 다른 한편으로는 다국적기업과 대형 금융기관에게만 큰 잔치를 베풀어주고 있는 구도입니다. 게다가, 규제완화와 경제 구조개혁하에서 '고용파괴'의 대상이 되고 있는 노동자들뿐만 아니라 지금까지 '보수지지기반'이라 불리던 상점가와 중소기업, 농가 또한 그 경영과 생활기반이 크게 흔들리고 있습니다. 이익이 '물방울처럼 떨어진다'가 아니라 오히려 그들이 희생을 강요받고 있다고 말해도 지나치지 않습니다. 즉, '글로벌 국가'의 이익을 누리는 거대자본과 그 희생이 된 국내 여러 계층과의 분열이 매우 큰 규모로 확대되고 있습니다. 앞에서 소개한 전前 통상산업연구소 연구원의 말을 빌리면, 다국적기업의 사적 편익을 위해서, 국민과 주민의 사회적 편익이 희생되고 있는 상황입니다.

그러한 의미에서 현대는 국가와 지방자치단체의 행·재정이 글로벌화하고 있는 거대자본을 위해 동원될 것인지, 아니면 각각의 지역에서 성실하게 일하며 가치를 만들어내고 있는 주민의 생활 향상을 위해 재분배될 것인지를 날카롭게 따져봐야 하는 시대입니다.

지역 만들기를 둘러싼 대항

이상으로부터 명백해진 것처럼, 지역 만들기란 '지역사회를 의식적으로 재생산하는 활동'이라고 말할 수 있습니다. 단지, 그 활동 주체는 '주민의 생활영역으로서의 지역'과 '자본의 활동영역으로서의 지역'이라는 이중성으로 규정되어 주민과 자본으로 크게 나뉩니다. 어느 쪽이 주도해서 국가와 지방자치단체의 행·재정의 방향을 규정하는지에 따라, 그 지역 만들기의 내용 또한 크게 달라집니다.

일본의 전전戰前, 전후戰後에 걸친 지역개발의 역사를 되돌아보면, 그 중에서도 국토개발정책은 제4장에서 보는 바와 같이, 그때그때의 '자본의 활동영역'에 상응하는 지역개조改造가 실시되었습니다. 하지만 그 결과, 일본열도를 구성하는 개별 '생활영역으로서의 지역'에서 주민생활이 향상되고, 지역사회가 발전했는지를 따져보면, 결코 그렇지 않습니다. 반대로 지역개발의 대부분이 실패로 끝났으며, 지역경제와 지방재정의 악화가 일본열도에 크게 확대되기도 했습니다.

이러한 지역개발정책을 대신해, 주민 한 사람 한 사람이 희망이 넘치는 것을 목표로 한 지역 만들기의 내발적內發的인 움직임이 전국의 도시와 농촌에서 폭넓게 퍼지고 있습니다. 원래 '지역 만들기'나 '마을 만들기', '촌락 만들기'라는 말은 그렇게 오래된 것이 아닙니다. 책의 제목을 검색해보면, 1980년대에 들어서면서 점차 등장하기 시작했습니다. 1970년대 발생한 두 번의 오일쇼크 이후, 일본은 구조불황에 빠졌고 중화학공업 한 가지만으로는 고도 경제성장 전선을 지속하기 곤란해졌습니다.

한편으로, 오이타大分 현의 오야마 정大山町(현, 히타 시日田市), 홋카이도의 이케다池田 정 등에서는 지역의 자원을 활용한 주민 주체의 내발적인 지역 만들기가 시작되고 있었습니다. 고도 경제성장기의 '외래형' 지역개발에 대해 욧카이치四日 시나 오키나와의 실태를 근거로 통렬히 비판한 미야모토 겐이치宮本憲一가 이들 농촌의 모습에 주목해 '내발적 발전'이라고 정식화한 것은 1982년의 일이었습니다.[9] 또한 미야모토는 그러한 발전의 배경에 '지역자치'가 존재하고 있다는 점을 발견했습니다.

그로부터 20년 이상이 흘러, '헤이세이 대합병'의 큰 파도가 밀려오는 와중에도 주민투표 등을 통해 지방자치단체의 모습을 주민 스스로가 결정하려는 움직임이 전국 각지로 퍼져나갔습니다. 그리고 주민투표조례제정 운동에 몰두한 많은 지역에서 지방자치단체의 재정과 아울러, 지역 만들기에 대해 학습하고, 주민의 손으로 지역의 자립 계획을 책정하는 곳도 생겨났습니다. 1980년대 초반에 태어난 주민자치가 뒷받침된 지역 만들기의 움직임은 확실히 뿌리내렸고, 또 확산되고 있습니다.

저는 지방자치단체의 주권자인 주민이 스스로 지역의 모습을 결정하고 실천하는 운동을 '지역주민주권'이라고 부릅니다. 이는 '지방분권'이라는 말이 단순히 국가와 지방자치단체의 행정 권한의 재배분만을 의미하고, 게다가 지방자치단체의 합병을 통한 광역화는 주민자치의 공동화를 꾀한다는 것을 뜻하기 때문에, 주권자인 지역주민의 역할을 더욱 명확하게 표현하고자 한 것입니다.

동시에 일본의 국가 헌법에는, '주민은 시정촌·도도부현이라는 지방공공단체의 주권자임과 동시에 국가의 주권자이기도 하다'고 명시되어 있습니다. 우리는 생활영역으로서의 지역의 모습뿐만 아니라 기초자치단체를 시작으로 더 나아가 광역의 지방자치단체인 도도부현, 그리고 국가의 양상을 동시에 결정할 수 있는 것입니다. 지금이 바로 이러한 권리를 제대로 행사해서 주민 한 사람 한 사람이 인간답게 그리고 행복하게 살아갈 수 있는 방향으로 나아가야 할 때입니다.

제2장

경제의 글로벌화와 지역의 황폐화

1. 지역 만들기를 위한 올바른 처방전

지역 만들기의 처방전

제1장에서 서술한 것처럼, '지역 만들기'라는 말이 사회적으로 확산되고 각지에서 실천되기 시작한 것은 제2차 오일쇼크 이후인 1980년대 초의 일입니다. 그 이후로 정부 또한 '지역 만들기'나 '지역 활성화'를 정책적으로 추진합니다. 거꾸로 말하면, 그만큼 지역경제의 후퇴와 지역사회의 황폐화가 진행되고 있다는 의미입니다.

여기서 문제는 이러한 지역경제의 후퇴와 지역사회의 황폐화의 원인이 어디에 있는지를 과학적으로 파악하고 있는가 하는 점입니다. 의사가 환자를 제대로 진찰하지 않고, 병의 원인도 밝혀내지 못한 채 처방전을 쓰는 것은 누가 봐도 위험합니다. 그런데 이와 똑같은 일이 국가와 지방자치단체의 지역개발정책과 지역 만들기 정책에서도 자주 눈에 띕니다.

올바른 처방전 작성의 중요성을 인식하기 위해, 여기에서는 일본의 경제·재정자문회의와 농림수산성의 「농산촌 진흥연구회 정리農山村振興研究会とりまとめ」라는 정책문서를 사례로 들어보겠습니다.

경제·재정자문회의 '골태방침'의 지역 활성화

먼저, '구조개혁'을 전면에 내세워 탄생한 고이즈미 준이치로小泉純一郎 내각의 '골태骨太방침'에서 '지역 활성화'에 관한 서술을 살펴보겠습니다. '골태방침'이란, 2001년 6월 경제·재정자문회의가 정리한 '향후 경제·재정운용 및 경제·사회의 구조개혁에 관한 기본방침'을 가리킵니다.

지역정책 면에서 이 방침의 가장 큰 특징은 '도시재생'에 중점을 두고 있다는 것입니다. 하시모토 행정개혁 비전 이후의 정책 인식이었던, 글로벌 경쟁 시대에서 '기업에게 선택받을 수 있는 국가 만들기·지역 만들기'의 일환으로 대도시에 다국적기업이 입지할 수 있는 조건의 정비를 목적으로 한정된 재정자원을 집중시켰습니다. 그리고 이를 위해 과소지역의 소규모 지자체일수록 많이 지급되던 지방교부세교부금의 단계적 보정補正 삭감이 명기되었습니다.

동시에 지방의 '국가에 대한 과도한 의존'이 문제라고 지적하며, 지방의 '자립'을 위해 힘써야 한다고 했습니다. 즉, 문제의 해결 방향은 '균형 있는 발전'에서 '지역 간 경쟁을 통한 활성화'로 옮겨가야만 하고, '스스로의 판단과 재원으로 매력 있는 지역 만들기'가 필요하다는 것입니다. 그리고 그러한 행·재정기반을 만드는 수단으로서, 시정촌 합병을 통한 대규모 자치단체가 거론되었습니다.

더욱이 이 방침에는 "'개성 있는 지방'의 자립적 발전과 활성화를 촉진하는 것이 중요한 과제이다. 이를 위해 조속한 시정촌의 재편을 촉구한다"(강조점, 지은이)고 기술하면서, 시정촌 합병을 지역 활성화책의 수단으로 명확히 했습니다. 이 문장을 있는 그대로 읽으면, 지역이 활성화되지 않는 것은 국가에 대한 지방의 과도한 의존, 즉 현행의 지방 행·재정 제도에 있으며, 이를 재편하지 않으면, 지역은 자립적으로 발전할 수 없다는 논리입니다. 단순화시켜 말하면, 지역 후퇴의 원인은 기존의 지방 행·재정 제도에 있다는 인식입니다.

실제로 이와 같은 관점이 1991년 7월에 있었던 임시 행·재정 개혁 추진심의회(제3차 행정개혁심의)의 제1차 답신에 이미 등장하고 있습니다. 여기에는 버블경제기에 확대된 지역 간 격차를 해소하고, 지역의 활성화를 꾀하기 위해, '광역적인 행정 수요에 대응할 수 있는 자립적인 지방 행·재정 체제의 확립'이 필요하다며 기초자치단체의 합병을 권고하는 내용이 담겨 있습니다. 이러한 '견해'는 다음과 같은 것이었습니다. "풍요롭다고 불리면서도 그 기본이 되는 개인의 일상생활에 대한 불만·불안·불공평을 느끼는 것은 지금까지 사회와 행정 구조의 폐해가 효용보다 점점 커졌기 때문이다." 즉, '사회와 행정의 구조'가 '제도 피로疲勞'를 일으켜 '폐해가 효용보다 커졌기 때문'이라는 논리입니다. 그런데 이 답신은 그렇게 된 원인이 무엇인지에 대해서는 어떠한 이야기도 하지 않습니다.[1] 이는 앞서 언급한 2001년의 '골태방침'에서도 마찬가지입니다. 여기에서 과학적인 진단은 아무리 해도 찾아볼 수 없습니다. 애초에 '시정촌 합병'이라는 처방전을 결론으로 정해놓고, 이러한 결론에 짜 맞춘 문장이라고 봐도 무방하지 않을까요?

농림수산성 '농산촌 진흥연구회'의 현상 인식

'골태방침'의 입안 과정에서 도시재생이 중시되고 있다는 것에 위기감을 느낀 다케베 쓰토무武部勤 당시 농림수산대신은 산업으로서의 농업정책을 중점화하고, 새로운 공공사업을 확보하기 위해 '다케베 플랜'을 제기합니다.[2]

여기에서는 현상 인식으로 인구감소, 고령화, 경작 포기 농지의 증가, 시정촌 재편의 움직임을 개별적으로 기록하고 있고, "최근 생활환경과 정보·통신기반의 정비가 늦어짐에 따라 인구감소·고령화가 현저하게 진행되고, 일부에서는 취락 붕괴의 우려가 있는 지역도 있다"고 언급하고 있습니다. 그런 다음, 앞으로의 기본 방향으로 '도시와 농산촌 간에 '사람·물건·정보'가 순환하는 사회의 실현을 제기하고, 구체적인 방책으로 ① 매력에 대한 객관적인 평가와 정보 네트워크의 정비, ② 구舊 시구정촌과 초등학교 학구學區 정도의 규모와 넓이•를 가진 커뮤니티로의 재편, ③ 법적 규제가 아닌 계약을 통한 토지 이용으로 조정, ④ 다양한 참가를 위한 조건 정비를 내세웠습니다.

하지만 이러한 인식의 가장 큰 문제점은 인구감소와 고령화, 경작 포기 농지의 증가라는 현상을 단지 개별적으로 나열하는 것에 그치고 있을 뿐, 그것이 발생하는 메커니즘과 상호관계까지는 고려하지 않았다는 것입니다. 예를 들어, 농산물 무역자유화의 영향이 전혀 반영되지 않았고, 결과와 요건이 혼재된 채 열거된 것에 지나지 않습니다. 즉, 현대의 농촌 지역경제의 후퇴의 원인을 밝혀내는 작업 없이, 느닷없이 정책론을 내세

• 한국의 동(洞) 또는 초등학교 학군 범위 정도의 규모.

우고 있는 것입니다. 이러한 분석으로는 농촌재생에 유효한 방향을 제시할 수 없습니다. 그럼, 대체 일본열도는 지금 어떠한 상황에 처해 있는 것일까요? 다음에서는 그 원인을 객관적인 데이터를 바탕으로 검토해보겠습니다.

2. 현대 일본의 역사적 위치

인구감소 지역의 확대

먼저, 일본이 지금 어떠한 역사적 위치에 서 있는지를 확인하는 것부터 시작하겠습니다. 1920년에 실시된 국세조사国勢調査를 근거로 과거 80년간 인구감소 현 수의 추이를 〈표 2-1〉에서 살펴보면, 1980년대 후반 이후 일본의 인구유동 구조가 크게 전환되고 있음을 알 수 있습니다. 즉, 지난 80년의 역사 속에서 전회前回 조사 대비 인구감소 현이 증가한 것은 1935~1940년의 생산력 확충기, 1955~1970년의 고도성장기, 1985~1990년의 버블경제기에 이은 1990~2000년의 대불황기, 이렇게 세 번의 시기뿐이며, 1990년대의 대불황기를 제외한 나머지는

〈표 2-1〉 인구감소 현 수 추이

비교조사 연도	감소 현 수
1920~1925년	2
1925~1930년	0
1930~1935년	3
1935~1940년	22
1940~1947년	3
1947~1950년	1
1950~1955년	7
1955~1960년	26
1960~1965년	25
1965~1970년	20
1970~1975년	5
1975~1980년	0
1980~1985년	1
1985~1990년	18
1990~1995년	13
1995~2000년	24

자료: 国勢調査.

〈그림 2-1〉 시정촌별 인구 동태(1995~2000년)

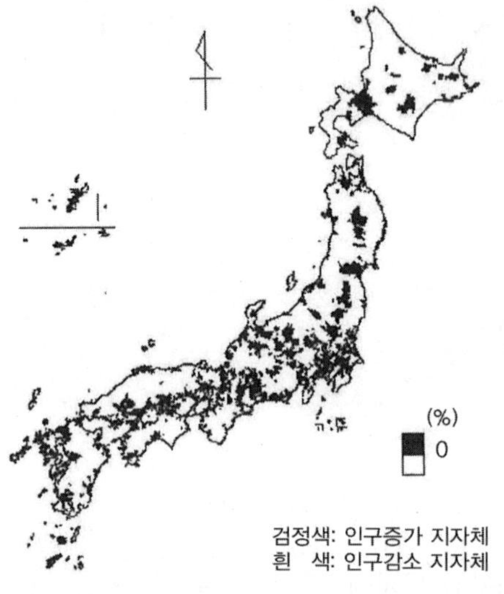

자료: 国勢調査.

모두 대도시를 중심으로 한 경기 확대기였습니다. 경기가 확대되고, 대도시의 노동력 수요가 늘어나면서 지방의 현으로부터 인구가 유출되고, 거꾸로 1970년대 후반과 같은 경기 후퇴기에는 대도시의 노동력 수요가 떨어지므로 인구감소 현 수는 크게 줄어듭니다.

1990년까지의 시기에는 경기변동에 맞추어 인구유동의 순환구조가 존재했습니다. 그런데 1990년 이후로는 불황기임에도 불구하고 인구감소 현의 수가 줄어들지 않았고, 오히려 1995~2000년에는 과반수의 현에서 인구가 감소했습니다. 이들 현은 홋카이도, 도호쿠, 호쿠리쿠北陸, 주고쿠中国, 시코쿠西国, 규슈九州와 같이 열도 주변부에 위치하고 있으며, 이 중 대다수가 1985년 이후로 인구가 지속적으로 감소하고 있는 지역입니다. 즉, 자본축적의 글로벌화에 따라, 경기변동과 동조된 형태의 순환형 인구유동 패턴이 무너지면서, 1985년 이후 열도 주변부의 많은 현을 중심으로 인구가 줄어들고 있는 거대한 구조전환이 일어나고 있는 것입니다.

게다가, 이를 시정촌 단위로 볼 경우, 인구감소 지자체의 영역은 더욱 확대되고 있습니다. 국세조사에 따르면, 1995~2000년 시의 47%, 정촌의

73%에서 인구가 감소했습니다(〈그림 2-1〉). 시정촌의 상황이 도도부현 단위에서의 인구감소보다도 훨씬 심각한 것은 동일한 현 내에서도 현청 소재지나 인구가 가장 많은 도시에는 사람이 집중되지만, 주변이나 가장자리에 해당하는 군 단위의 정촌이나 소도시에서는 인구가 감소하는 '일극집중' 현상 때문입니다.

고령화의 진행과 연금세대 비율의 증가

더욱이, 열도 주변부와 농촌 지역에서의 고령화도 현저하게 진전되었습니다. '연금·퇴직금'에 의존하는 세대의 비율이 2000년 기준, 와카야마和歌山, 야마구치山口, 에히메愛媛, 고치高知, 나가사키長崎, 미야자키宮崎, 가고시마鹿児島 등 7개 현에서 25%를 넘어섰습니다. 특히, 가고시마 현에서는 30%가 넘는 수치를 기록했습니다. 또한 같은 해의 고령화율은 전국평균 17.1%에 달하고 있습니다. 생산활동에 종사하지 않는 고령자가 증가하고 있다는 것은 지금까지와 같은 산업입지정책 중심의 지역경제 진흥의 방식으로는 고령화 지역의 진흥책이 제대로 작동하지 않는다는 것을 의미합니다. 또한 고령자가 가진 지식과 기능, 인적 네트워크와 함께 연금 수입까지 활용할 수 있는 지역 만들기의 방책이 더욱 중요해졌다는 것을 시사합니다.

어찌되었든, 이러한 인구유동 패턴의 전환과 인구의 감소, 고령자 지역의 확대가 어떻게 발생하게 되었는지를 해명해야만 합니다. '저출산·고령화'에는 '자연적' 요인이 작용한다고 보는 경향이 있을지도 모르지만 '저출산·고령화'는 '자연적'인 것이 아니라 지금까지의 사회적 요인이 역사적 축적 속에서 발현된 현상 그 자체라고 할 수 있습니다. 또한 2000년 시점에서 일본 전체의 인구증가율이 아직 증가 추세에 있다고 해도, 그것만으로 지방에서의 인구감소 요인을 이야기하기에는 무리가 있습니다. 오히려 1985년부터 현시점에 이르기까지 일본열도에 공통으로 내재했던 사회적 요인이야말로 이러한 구조 변화를 발생시키고, 지방에서의 인구감소를 만들어내고 있다고 봐야 하지 않을까요? 그럼, 다음에서는 지역 인구 부양력의 원천인 지역산업 및 취업구조의 변화에 초점을 맞추어 보겠습니다.

3. 취업구조의 전환

총 취업자 수가 전후 처음으로 감소

취업구조 역시, 1990년대에 크게 변모했습니다. 국세조사를 근거로 한 취업인구를 〈표 2-2〉에서 보면, 첫 번째로 1995~2000년 사이에 116만 명 넘게 감소한 것이 눈에 띕니다. 전후의 국세조사 역사상, 총 취업자 수가 절대적으로 감소한 것은 이번이 처음입니다. 현 단위로 볼 경우, 오키나와, 시가滋賀, 사이타마埼玉, 아이치愛知 등, 4개의 현을 제외한 43개 도도부현에서 취업 기회가 감소하고 있어, 고용과 생활의 불안정화가 전국으로 확산되고 있음을 확인할 수 있습니다. 전체 취업자 수가 감소한 원인은 크게 두 가지입니다. 하나는 완전실업률의 상승이며, 다른 하나는 고령자가 농업과 상업, 서비스업에서 은퇴한 것입니다. 특히, 가장 큰 문제는 청년층의 완전실업자, 무직자의 증가입니다. 2002년 9월 시점의 완전실업률을 연령별로 보면, 〈그림 2-2〉와 같이 청년층에서 두드러

〈표 2-2〉 일본의 산업별 취업인구의 추이

(단위: 명)

구분	1990년	1995년	2000년	1990~2000년	증감률(%)	1995~2000년	증감률(%)
총 수	61,681,642	64,141,544	62,977,960	1,296,318	2.1	▲1,163,584	-1.8
농업	3,918,650	3,426,497	2,852,259	▲1,066,391	-27.2	▲574,238	-16.8
임업	107,500	85,824	67,153	▲40,347	-37.5	▲18,671	-21.8
어업	365,131	307,528	253,097	▲112,034	-30.7	▲54,431	-17.7
광업	63,381	60,597	53,607	▲9,774	-15.4	▲6,990	-11.5
건설업	5,842,027	6,630,578	6,289,765	447,738	7.7	▲340,813	-5.1
제조업	14,642,678	13,556,253	12,227,685	▲2,414,993	-16.5	▲1,328,568	-9.8
전기·가스·열공급·수도업	333,614	364,183	351,347	17,733	5.3	▲12,836	-3.5
운수·통신업	3,675,718	3,890,110	3,902,280	226,562	6.2	12,170	0.3
도매·소매업, 음식점	13,801,675	14,618,405	14,318,544	516,869	3.7	▲299,861	-2.1
금융·보험업	1,969,207	1,974,508	1,758,264	▲210,943	-10.7	▲216,244	-11.0
부동산업	691,590	707,149	747,203	55,613	8.0	40,054	5.7
서비스업	13,886,738	15,932,490	17,263,876	3,377,138	24.3	1,331,386	8.4
공무(기타 분류되지 않은 산업)	2,062,814	2,155,214	2,143,165	80,351	3.9	▲12,049	-0.6
분류 불가능한 산업	320,919	432,208	749,715	428,796	133.6	317,507	73.5

자료: 国勢調査.

〈그림 2-2〉 연령별 완전실업률(2002년)

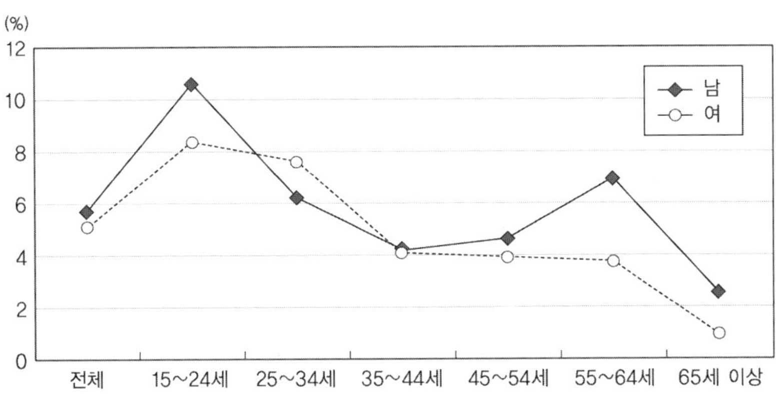

자료: 総務省, 「就業構造基本調査」.

지게 높게 나타나는 것을 알 수 있습니다. 또한 구직, 진학, 취업훈련 모두 하지 않는 청년층 무직자(니트족NEET)는 일본 전체에 약 85만 명에 달하고 있으며, 10년간 27%나 증가한 것으로 추계되고 있습니다.[3]

제조업·농림어업의 큰 폭의 후퇴와 서비스업의 급격한 신장

두 번째로, 1990년부터 2000년에 걸친 10년간의 변화를 산업별로 보면, 여기에서도 큰 특징을 찾아낼 수 있습니다. 1990년 시점에서 취업자 수가 가장 많았던 제조업이 크게 감소해 3위 산업으로 전락한 반면, 3위 산업이었던 서비스업이 1위로 뛰어오른 것입니다. 그 중심에는 정보 관련 서비스업과 복지·보건·의료 관련 서비스업이 있었고, 농림수산업은 절대치로는 작지만 일제히 30% 전후의 큰 폭의 감소율을 기록했습니다.

즉, 농림수산업과 제조업 등, '물건 만들기ものづくり, 모노즈쿠리'=생산 기능이 10년 사이에 크게 후퇴한 대신, 대폭적인 '서비스경제화'가 진행되었다고 할 수 있습니다. 농림수산업과 제조업은 농촌 지역의 기간산업이며, 그 후퇴가 농촌의 취업 기회를 축소시키고 인구 부양력의 위축으로 귀결된 것입니다. 다른 한편으로 대도시에서는 서비스경제화가 급속하게 진행되었습니다.

불안정 취업의 증대

세 번째로, 고용구조의 변화가 있습니다. 1997년과 2002년의 '취업구조 기본조사 결과'를 비교해보면, 정규직원·종업원이 399만 명이나 감소한 반면, 시간제 근로자(파트타이머), 아르바이트, 파견사원, 계약사원, 위탁 등의 비정규직 고용은 362만 명 증가했고, 결과적으로 총 고용자 수(임원을 포함)는 26만 명 감소했습니다.[4] 1996년의 '하시모토 행정개혁' 이후 본격적으로 단행된 고용 유동화정책의 결과, 취업 기회는 감소하고, 그 속에서 불안정 취업의 확대가 진행된 것입니다.

4. 무엇이 지역경제를 후퇴시키고 있는가?: '이중의 국제화'

기업의 해외이전과 자본축적의 국제화

이상에서 살펴본 산업의 후퇴, 취업 기회의 축소 및 불안정화를 만들어낸 가장 큰 요인으로 1980년대 후반 이후 급속하게 진행된 '이중二重의

〈그림 2-3〉 해외생산 비율 추이

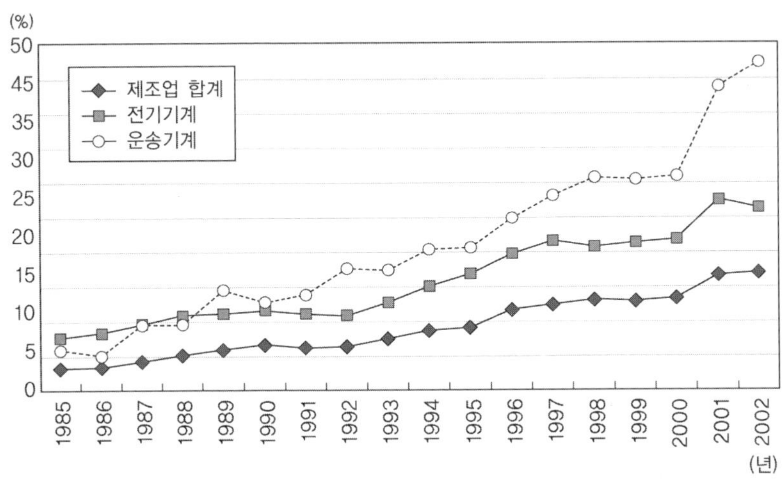

주: 해외생산 비율=현지법인 제조업 매출액/국내법인 제조업 매출액.
자료: 経済産業省, 『2003年海外事業活動基本調査概要』(2004).

〈그림 2-4〉 해외 매출액의 지역적 집중

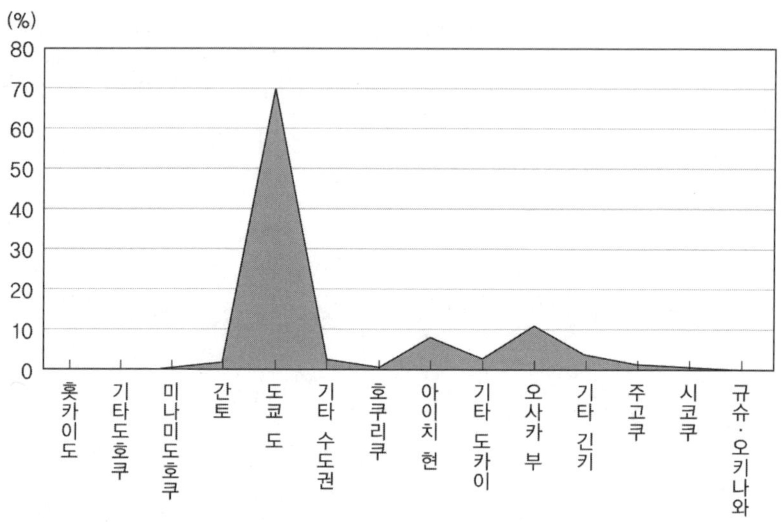

자료: 経済産業省,『平成12年度企業活動基本調査報告書』(2001).

국제화'를 지적할 수 있습니다. 먼저, 해외직접투자의 급증으로 상징되는 자본축적의 국제화, 즉 글로벌화로 설명할 수 있습니다. 일본의 해외직접투자는 1985년부터 급속도로 늘어나서 해외로의 생산이전shift이 진행되었습니다. 1985년 시점에서는 단지 3%에 지나지 않았던 제조업 해외생산 비율이 2002년에는 17%로 상승했습니다(〈그림 2-3〉). 특히, 1980년대 초의 수출산업이자 일본경제를 이끌어가던 자동차산업을 중심으로 한 운송기계산업과 전기기계산업의 해외이전이 두드러졌고, 2002년의 해외생산 비율은 운송기계산업에서 48%, 전기기계산업에서 27%를 기록했습니다. 이러한 해외로의 생산이전은 주로 일본 국내 농업지역에서 전개되었던 분공장分工場과 그 하청공장의 폐쇄, 구조조정, 폐업을 촉진했고, 동시에 일본 국내 공장 신규 입지 건수가 큰 폭으로 감소하게 되었습니다. 다른 한편, 자본축적의 글로벌화는 투자수익의 대도시 집중 현상을 불러일으켰습니다. 〈그림 2-4〉에 따르면, 투자수익과 무역수익을 합한 해외 매출액의 70%가 도쿄 도에 집중되었고, 여기에 오사카 부와 아이치 현을 더하면, 실제로는 90% 이상이 대도시로 집중되었다는 것을 알 수 있습니다.

'정책의 국제화'

제2의 국제화는 다국적기업의 글로벌한 축적활동을 지원한 '정책의 국제화'입니다. 1986년 「마에가와 레포트前川レポート」 이래, 일본 정부는 대미 무역마찰을 회피하기 위해, 해외직접투자 촉진과 동시에 자본과 상품의 적극적인 수입을 촉진하는 경제 구조조정(개혁)정책을 일관되게 전개했습니다. 수입 촉진정책의 대상이 된 것은 농산물과 중소기업성 제품인 섬유품, 목공가구류 등이었습니다. 이러한 적극적 수입 촉진정책의 결과, 가격경쟁에서 패한 일본 국내 농업과 지장산업地場産業• 의 후퇴가 가속화되었습니다.[5]

경영수지 구조의 변용(變容)

이상의 '이중의 국제화'에 따라, 일본의 경영수지 구조도 전환기를 맞이합니다. 2001년 잠정치로 일본의 무역수지와 소득수지의 흑자 폭이 사상 처음으로 역전되는 현상이 발생했습니다. 소득수지는 대외 투자수

• 그 지역 고유의 산업.

익의 차액을 의미하며, 일본은 '무역국가'에서 '투자국가'로 그 모습의 변화를 여실히 보여주었습니다. 그 후 중국 붐이 일어나면서, 다시 무역수지가 소득수지를 상회했지만 장기적으로는 미국처럼 소득수지가 무역수지를 상회할 것으로 예측되고 있습니다.

여기에서 유의해야 할 점은 고도 경제성장기 이래로, 일본경제의 재생산 구조가 크게 무너지고 있다는 것입니다. 즉, 가공무역 방식으로 얻은 무역흑자를 통해, 다음 해의 재생산을 위한 식량, 원재료, 에너지원을 구입해오던 구조가 어느덧 성립하지 않게 된 것입니다. 2001년에는 무역흑자액에 대한 식료품 수입 초과액의 비율이 66%였으며, 여기에 농산물 원재료와 광물성 연료의 초과 수입액을 더하면, 무역흑자의 1.7배에 달했습니다.[6] 전년도의 무역흑자만으로는 다음 해의 식량과 에너지를 안정적으로 확보할 수 없는 구조가 된 것입니다.

세계에는 미국이나 영국과 같은 투자국가가 실제로 존재하지만 이들 국가와 일본 사이에는 결정적인 차이가 있습니다. 일본의 곡물 자급률이 30%, 석유 자급률이 거의 0%인 것에 반해, 미국과 영국은 국내에 상당히 견고한 식량 공급원 및 석유자원을 보유하고 있다는 점입니다. 바로 여기에 일본의 급속한 글로벌화가 내포한 위험이 있습니다. 석유 산출국이나 식료 수출국에서 정치적 불안이나 전쟁, 천재지변 등이 발생하면 국가의 경제적 재생산이 크게 교란됩니다. 인간이 생활하기 위해 절대적으로 필요한 식량·에너지원조차 확보할 수 없는 위태로운 지반地盤 위에 선 '투자국가'가 출현하고 있는 것입니다. 식량·에너지의 대부분을 해외에 의존하고 있는 물질대사 관계는 현재 위험선상에 다다르고 있습니다.

즉, 오늘날 일본 지역경제 후퇴의 주된 원인은 지방 행·재정 제도에 있는 것이 아니라 1980년대 후반부터 20년 넘게 진행된 '이중의 국제화'에 있습니다. 더욱이, 경제의 글로벌화와 '정책의 국제화'는 각각의 지역사회에서 고용·생활 불안을 확대할 뿐만 아니라 일본경제의 지속가능한 발전의 조건 그 자체를 해치고 있는 것입니다.

5. 심각해지는 사회문제

각 지역에 걸친 범죄 확대

게다가, 지금까지 언급한 경제적 모순의 심화·확대가 모든 행·재정 면에서의 시장원리주의적인 '구조개혁'과 함께 연동되면서, 인간 생명의 근원·기본적 가치·생존 조건의 위협으로까지 치닫고 있습니다.

먼저, 형사범죄 건수의 증가를 지적할 수 있습니다. 『경찰백서警察白書』에 따르면, 쇼와昭和 말기에 약 140만 건대로 추이되었던 범죄 건수는 급속하게 증가해 2002~2003년에는 280만 건으로 거의 두 배로 늘었습니다. 한편, 검거율은 쇼와 말기 60% 전후에서 2003년에는 23%까지 떨어졌습니다. 범죄 내용을 봐도 '강도나 주택 침입 강도가 증가하고, 청소년에 의한 흉악범죄가 많이 발생하고 있으며, 일본 내 외국인 등에 의한 조직범죄도 심각해지고' 있는 상황입니다.[7]

인구당 범죄 발생 건수는 지방일수록 그 증가율이 높고, 또한 교외의 간선도로변에 위치한 24시간 영업 대형쇼핑센터, 편의점, 노래방, 패밀리 레스토랑, 파친코 등이 늘어선 익명화된 공간이 범죄의 온상이 되고 있다는 지적도 있습니다.[8] 이러한 범죄 건수 증가와 범죄의 국제화에 대해, 경찰력의 증강을 통한 '경찰국가'화로 대응하려는 움직임도 있지만 그보다 더 중요한 것은 범죄의 온상이 되어, 파괴되고 있는 지역사회의 커뮤니티 능력을 향상시키는 것 아닐까요?

높은 수준의 자살률과 지역경제

두 번째로, 자살자 수의 증가가 있습니다. 경찰청의 조사에 따르면, 자살자 수는 1980년대 초반에 2만 명이었던 것이 1998년에 3만 명을 넘어섰고, 2003년에는 3만 4000명에 달하고 있습니다. 특히, 중년·고령자 남성 계층에서 '경제·생활 문제'로 인한 자살자 수가 '건강 문제'로 인한 자살자 수와 비슷해졌다는 점에 유의해야 합니다. 그중에서도 자영업자 및 피고용자 계층에서 '경제·생활 문제'로 인한 자살자 수가 가장 많습니다.[9] 2002년 인구 10만 명당 자살률을 도도부현별로 살펴보면, 아키타秋田현이 42.1명으로 가장 높고, 아오모리青森 현, 이와테岩手 현이 그 뒤를 잇고 있습니다. 모두가 불황이 가장 심각한 도호쿠 북부지역이라는 것에 주목할 필요가 있습니다. 그리고 이들은 명백히 그동안의 경제적 모순의 희생자라고 할 수 있습니다. 덧붙여서 말하면, 일본의 자살률은 구소련, 동유럽 지역을 제외하고 선진국 중 최고치를 기록하고 있습니다.[10]

계속되는 자연재해의 발생과 위협받는 생명

셋째, 빈번한 '자연재해'의 발생에 따른 소중한 생명과 주민의 생활 조건의 상실이 있습니다. 2004년은 '재해의 해'라고 불릴 만큼 '자연재해'가 집중된 한 해였습니다. 7월의 니가타新潟, 후쿠시마福島, 후쿠이福井의 집중호우로 사망자 및 행방불명자가 21명에 달했습니다. 그 대다수는 피난 대처가 늦었던 고령자들이었습니다. 또한 사상 최대의 태풍이 상륙한 가운데, 10월에는 태풍 23호로 인한 피해로 94명이 사망하거나 행방불명되었습니다. 게다가, 10월 23일에는 주에쓰中越 대지진이 발생해 46명이 사망, 4800여 명이 부상을 당하고 1만 600채가 넘는 건물이 전·반파 되었습니다.[11] 구舊 야마시코山古志 촌에서는 대규모의 지반붕괴가 일어나 마을 전체가 대피해야 했습니다. 여기에 19년 만의 폭설까지 겹쳐 피해복구가 크게 늦어졌습니다. 더욱이, 피해자의 대다수는 고령자였고 현행 '피해자 생활 재생 지원법'으로는 고령자 세대의 자택 재건이 불가능한 상태입니다. 침수와 지진은 단지 자연현상에 지나지 않지만 그 자연현상이 발생한 지역에 인간이 거주하고, 사회관계를 맺고 있다는 점에서 이것이야말로 '재해'인 것입니다. 또한 그러한 '재해'는 사회의 가장 약한 계층에게 피해를 발생시키고 있습니다. 한신阪神 대지진 때처럼, 주에쓰 대지진과 수해水害 피해자의 대다수가 고령자였습니다. 그리고 농산물의 수입 촉진의 결과로 진행된 경작 포기 농지의 확대로, 중산간지역의 국토 보전능력도 계속해서 떨어지고 있으며, 수해, 산사태의 위험이 커지고 있습니다. 재해 복구·부흥에서도 한신대지진 때와 같이 신공항을 시작으로 하는 대형 프로젝트를 우선할 것인지, 인간 생활의 기본적 조건인 주택의 재건을 우선할 것인지 문제가 되고 있습니다.

지역과 지구의 지속가능한 발전을 위하여

네 번째로, 태풍 진로 변화의 한 원인으로도 지적되고 있는 지구온난화 현상 등 심각한 지구환경 문제를 지적할 수 있습니다. 다국적기업에 의한 전 지구적 규모의 경쟁은 자원을 낭비할 뿐만 아니라 그 경제활동에 동반되는 대량의 폐기물질과 에너지를 토양과 대기, 하천, 해양 등에 방출하고 있습니다. 그 결과, 개별 오염지역뿐만 아니라 지구 전체의 생명 유지 능력이 손상되는 단계에 들어섰다고 할 수 있습니다. 인간이 그만큼의 파괴적 능력을 갖기에 이른 것은 원자폭탄을 개발한 제2차 세계대전 이후의 일이라고 볼 수 있는데, 이는 지구사史의 시간 척도로 말하자면, 매우 짧은 순간에 지나지 않습니다.

이처럼 개별 자본에 의해 지속적으로 진행된 단기적인 경제적(화폐적) 이익 추구는 인간을 정신적·물질적으로 생존의 위기에 빠뜨리고 있습니다. 인간이 스스로의 생존기반뿐만 아니라 지구 그 자체의 생명력을 파괴할 정도의 생산력과 그 급속한 확대를 촉진한 무정부적인 경쟁을 통제할 수 없다면, 머지않은 미래에는 '종種으로서의 인간'이 자멸할 가능성도 현실화되지 않을까요? 현세대가 다음 세대에 각각의 지역뿐만 아니라 지구 그 자체를 지속·발전 가능한 상태로 물려주기 위해서는 글로벌화를 촉진하는 경쟁을 제어하고, 생존 조건인 자연환경을 보전하고 재생해가는 것이 반드시 필요한 시대입니다.

제3장

'글로벌 국가'형 '구조개혁'과 일본, 그리고 지역의 미래

1. 경제단체연합회의 '글로벌 국가'론

'글로벌 국가'론과 하시모토 행정개혁

이 장에서는 지금까지 서술해온 지역경제와 지역사회의 황폐화에 대해 일본의 재계와 정치가들이 '자본의 활동영역으로서의 지역'을 어떻게 재편하려고 하는지, 또 그렇게 하려는 이유에 대해 검토해보겠습니다. 동시에 그러한 재편은 '주민의 생활영역으로서의 지역'과 모순을 띨 수밖에 없다는 점에 대해서도 이야기하려고 합니다.

'글로벌 국가'라는 용어는 경단련(경제단체연합회)이 1996년 1월에 공표한 '매력 있는 일본-창조에 대한 책임-경단련 비전2020'에서 처음으로 사용된, 새롭게 만들어진 말입니다. 여기에는 '활력 있는 글로벌 국가' 만들기를 기본 이념으로, "대경쟁mega competition의 시대에서 일본은 그동안 의욕 있는 청년층과 국내외의 독창적인 기업이 창조적 혁신을 바탕으로

자유롭게 활동할 수 있는 사업환경과 생활환경을 정비하지 못했다"는 인식하에서 규제의 근본적인 수정, 중앙정부의 축소(슬림화)와 성청省庁의 재편성, 수도 기능의 이전 등을 내용으로 하는 '신新일본 창조 프로그램 2010(액션21)'이란 구체적 행동 계획이 담겨 있습니다.[1]

'글로벌 국가'로의 재편이란, 한마디로 다국적자본 단계에 조응한 국가의 정책체계 및 관료기능으로의 재편성을 의미하며, "교육을 포함한 지방자치단체 행정의 모든 것이 평가된다"고까지 단언한 것에 주목해야 합니다. 즉, 산업정책이나 경제정책뿐만 아니라 교육과 복지를 포함한 주민의 모든 생활분야 및 행정분야에 걸친 개혁을 촉구한 것입니다. 이 '경단련 비전2020'의 뒤를 잇는 형태로, '하시모토 행정개혁 비전'이 작성되었습니다. 그리고 '다국적기업에게 선택받을 수 있는 국가 만들기·지역 만들기'라는 선전문구하에서, 다국적기업 입지의 저해 요인이 되는 법인세, 임금수준, 공적서비스 부담 등 '고비용 구조'의 개혁을 목표로, 6개의 행정개혁과 중앙성청 등의 재편이 실시됩니다.

'made in Japan 전략'에서 'made by Japan 전략'으로

2001년에 등장한 고이즈미 내각의 '구조개혁' 노선은 우익 성향인 하시모토 행정개혁 비전을 계승한 것이라 할 수 있습니다. 그리고 경단련과 일경련(일본경영자단체연맹)이 합쳐져 2002년에 발족한 일본경단련은 이듬해인 2003년에 '글로벌 국가'화를 목표로 한 '구조개혁'을 더욱 가속화하기 위해, 신新비전 '활력과 미래가 넘치는 일본을 향해(오쿠다奧田 비전)'을 발표합니다.[2] 신비전의 사고방식은 무엇보다도 'made in Japan 전략'에서 'made by Japan 전략'으로의 전환이라는 표현으로 집약할 수 있습니다.

전후 일본의 산업정책은 일본에서 생산한 제품을 국내외로 판매해서 성장하는 전략이었지만 다국적기업이 중심인 현시대에 일본이 세계의 선두주자top-runner로서 살아남기 위해서는 '일본기업의 대외직접투자에서 발생하는 수익, 특허료 등의 기술료 수입을 일본 국내의 경제활동의 연결고리로 삼아, 선진적인 기술혁신으로 결속시켜간다'와 같은 'made by Japan 전략'으로 전환할 필요가 있다는 사고방식입니다. 그 배경은 다국적기업화한 일본기업의 수익기반이 해외에 크게 의존하게 되었기 때문입니다. ≪일본경제신문日本経済新聞≫의 조사에 따르면, 비교 가능한 498개 상장사의 2002년 3월 결산에서 영업이익의 27%가 해외사업에 의한 것이었으며, 전년도 같은 기간 대비 21% 이상 증가했습니다(≪日本経済新聞≫, 2002년 8월 17일 자).

이 비전의 'made by Japan 전략'이란 구체적으로 기술혁신에 대한 국가 지원의 강화, 국내외로부터 투자를 유치하기 위한 기반(인프라) 정비, 법인세율의 인하 등을 가리킵니다. 덧붙여, 오쿠다 일본경단련 회장이 강연에서 "대학에 경쟁원리를 도입"하고 "산학, 즉 기업과 대학이 상호 협력해서 신기술의 산업화를 추진할 것을 제안"한 것도 이러한 '글로벌 국가' 전략의 일환이라 할 수 있습니다.[3]

두 번째로, 이 비전은 '공公을 담당하는 민民의 활동을 지원한다'라는 지방제도의 개혁을 제창하고 주제州制의 도입을 통해, 300개 기초자치단체로 재편할 것을 요구하고 있습니다. 이미 경단련은 2000년 12월에 「지방 행·재정 개혁에 대한 새로운 대처 — 행정·주민·기업의 전원참가에 의한 개혁촉진을 —」라는 제목의 문서를 발표하고, 시정촌 합병의 추진을 주장했습니다. 그 이유로 "예를 들어, 중소규모 지자체의 행정 전산화가 늦고, 지방자치단체별로 번거로운 인허가 등의 신청수속과 관청 내의 종적縱的 행정 등이 효율적·합리적인 기업활동의 전개를 방해하여 사업비용을 발생시키며, 글로벌한 시장경쟁 측면에서 장해가 되고 있다"고 지적했습니다.[4] 즉, 여기에서도 글로벌 경쟁에서 이기기 위한 방책으로서 지방자치단체의 광역화와 '관에서 민으로'의 행·재정개혁을 요구한 것입니다. 신비전은 이를 더욱 강력히 추진하기 위한 목적으로 만들어진 것입니다.

공적사회보장제도의 해체

세 번째로, 신비전에는 국민 한 사람 한 사람의 삶의 방식까지 언급하고 있습니다. 이는 '개인을 존중한다'는 말 아래, '인생의 모든 장면에서 한 사람 한 사람이 다양한 선택을 통해, 새로운 도전을 할 수 있는 제도·시스템을 마련한다'는 것을 의미합니다. 구체적으로는 '개인의 능력과 개성에 어울리는' 교육, 일, 육아, 의료, 그리고 '마지막(죽음)을 맞이하는 방법'까지 선택할 수 있도록 하는 것입니다. 개인의 능력과 개성, 자기책임을 전제로 교육, 취업 기회, 교육 기회, 의료 기회 그리고 '죽음'까지도 '다양하게 선택'할 수 있다는 것은, 거꾸로 말하면 현행 헌법의 뒷받침을 통해 그럭저럭 잘 정비되어온 공적사회보장제도를 해체하고, 민간의 영리기업이 참가할 수 있도록 '시장화'해서 그 이후 '시장'에서의 선택은 모두 개인의 능력과 책임에 따라 이루어진다는 것입니다.

그렇게 되면, 경제력이 있는 가정에서 태어난 사람들은 언제나 '승자 조'의 인생 경로를 걷게 되고, 그렇지 못한 압도적으로 많은 사람들은 공적 지원마저 사라져, '패자 조'의 인생을 걷게 됩니다. 이러한 개혁을 통해, 국가와 지방자치단체의 재정부담을 경감시키고, 민간의 교육, 육아,

의료, 복지시장을 대도시지역에서 확대한다 해도 그러한 서비스를 누릴 수 없는 사회계층과 지역에서는 아무리 개인이 능력과 개성이 있어도, 그것을 꽃피울 가능성이 희박할 뿐만 아니라, 심지어 살아갈 수조차 없게 됩니다. 이렇게 되면 계층사회로의 분화와 계층의 고착화가 진행되고 각각의 인간과 사회의 피폐가 만연해지며, 한 사람 한 사람이 인간으로서 행복한 생활을 실현할 수도 없을 뿐 아니라, 지역사회와 일본사회의 재생으로도 이어지지 않습니다.

자유경제권 실현에 대한 요구와 '정치에 대한 적극적 발언'

게다가, 글로벌화를 더욱더 추진하기 위해, 이 비전에서는 '동아시아 자유경제권의 실현'을 제창하고 있습니다. 재화, 서비스, 사람, 돈, 정보, 이 다섯 가지의 이동이 동아시아권 전체에서 자유롭게 이루어져야 한다는 것입니다. 이는 동아시아 지역에 대한 직접투자가 늘어나는 가운데, 부품이나 반제품, 완제품을 둘러싼 국제적 분업이 다국적기업에 의해 최적으로 이루어지기 위해서는 대폭적인 관세 인하와 노동력 이동에 대한 규제완화 등을 통해 다섯 가지 경제적 요소가 좀 더 자유롭고 낮은 비용으로 이동해야 할 필요성이 커지고 있는 것이 그 배경이 되었습니다. 이것이 자유무역협정FTA의 실현 요구입니다.

거기에, 이상의 '글로벌 국가'를 실현하기 위해, 이 비전에서는 억지로 '정치에 대한 적극적 발언'을 강조하고 있습니다. 구체적으로는 이미 추진 중인 정당 평가를 더욱 신속히 실시함으로써, 정치자금의 '선택과 집중'을 꾀하고 자신들의 정책제언에 가까운 '2대 정당'을 만들자는 것을 공공연히 표명한 것입니다.

일본경단련의 교육개혁·헌법 개정론

더불어, 이러한 신비전의 사고방식을 바탕으로 일본경단련은 2004년 4월에 '21세기를 살아가는 차세대 육성을 위한 제언'을 발표했습니다. 이 제언의 기본 인식은 IT화, 글로벌화가 진전되는 가운데, 글로벌 경쟁에서 이길 수 있는 차세대 인재육성이 시급한 상황임에도 불구하고, 현재의 학교교육에서는 청년들이 '졸업 후, 실제로 사회에서 필요로 하는 지식과 판단 능력을 체화하지 못하고 있다' 그리고 '사회생활을 위한 기본적인 자질조차도 부족한 청년이 증가'하고 있어, '지혜와 힘', '행동력', '지적 능력'의 신장과, 각계에 걸친 리더 육성의 필요성을 주장하고 있습니다. 또한 '전체적인 최저 수준을 끌어올림과 동시에 고위층의 강화에도 주력'해야 한다고 강조하고 있는 것이 큰 특징입니다.

구체적으로는 초·중등교육에서 '지방행정과 각 학교, 교원의 발의로 학교·수업 개혁을 실시'하고 고등교육에 대해서는 '경쟁적인 환경하에서의 절차탁마切磋琢磨, 즉 유용한 인재를 배출'하기 위한 '대담하고 신속한 개혁'이 필요하다고 말하고 있습니다. 산업계는 이러한 개혁에 적극적으로 협력해 커리큘럼 개발, 강사 파견, 인턴십internship, 학외연수externship를 실시해야 한다고 덧붙이고 있습니다. 마지막으로 '21세기의 교육이념과 그 실현을 위한 방책은 교육기본법과 밀접하게 관련'되어 있으며, 부모나 교육을 받는 쪽의 의무, 자국의 문화·역사교육의 방법 등이 포함된 '교육기본법을 수정해야 한다'고 강조하고 있다는 점에 주목할 필요가 있습니다.[5] 모든 내용에서 무엇보다도 글로벌 경쟁에서 이길 수 있는 차세대 육성을 목표로 한 교육개혁을 요구하고 있습니다.

또한 일본경단련은 2005년 1월에 '일본의 기본 문제를 생각하다'라는 제목의 제언을 발표했습니다. 이 제언은 '차세대 일본의 기반을 다지기 위해, 헌법을 포함한 기본 시스템을 재검토하고, 이를 새로운 방향으로 실행할 필요가 있다'는 인식을 바탕으로 외교·안전 보장, 헌법 개정, 통치시스템 등에 대한 검토, 과제를 언급하고 있습니다. 특히, 주목해야 할 것은 헌법 제9조 2항(전력불보유戰力不保有)과 제96조(개정 요건)의 개정에 착수할 것을 강력하게 요구하고 있다는 점입니다.[6] 이는 국제적인 전개를 계속하면서 서로 깊은 깊은 상호관계를 맺고 있는 일본 국내외 다국적기업들의 공동권익을 보호하기 위해, 미군과 공동으로 전 지구상의 '유사시'에 참전할 수 있는 군사체제의 확립과 무기 수출시장의 확대를 노리는 것이라 할 수 있습니다.

2. 고이즈미류 '구조개혁'과 지방자치·교육·헌법

고이즈미류 '구조개혁'과 지방제도 개혁의 의미

2001년에 발족된 고이즈미 내각은 기본적으로 우익성향의 경단련이 제창하는 '글로벌 국가'의 방향으로 일본의 '국가 형태'를 만들고, 바꾸려 했습니다. 2001년의 '골태방침'에서는 '구조개혁 없이는 경기회복도 없다'며, 무엇보다도 '구조개혁'의 중시를 선언했습니다. 그리고 '창조적 파괴'라는 이름으로 '불량채권의 최종 처리'와 민영화·규제개혁을 차례로 단행하고, 2005년에는 고이즈미 수상의 '공약'인 '우체국 민영화' 실현에 본격적으로 몰두했습니다. 다른 한편으로, 재정위기가 전혀 개선되지 않고 있는 상황에서, '자조와 자립'을 기본으로 한 사회보장제도 개혁으로

의료, 연금, 간호, 보육에서의 '규제개혁'과 '관제官製시장의 개방', 민영화, 민간투자사업Private Finance Initiative: PFI 추진, 지정관리자 제도의 도입 등을 순차적으로 단행했습니다.

다른 한편으로, '지역 활성화'를 위해 '자립할 수 있는 지자체' 만들기를 꾀한다며, 시정촌 합병을 강력하게 추진했습니다.[7] 2005년 3월 말에 만료되는 합병특례법에 따라, 합병특례채와 지방교부세교부금 산정대체 특례라는 '당근'과, 과소한 소규모 지자체일수록 많이 분배되던 지방교부세교부금 단계보정의 삭감, '삼위일체 개혁'에 따른 지방교부세교부금의 대폭 삭감이라는 '채찍'을 통해, 3200여 개 존재하는 시정촌을 1000개의 지자체로 집약시키려 했습니다.

수상의 자문기관인 지방제도조사회의 논의에는 인구 1만 명 미만의 소규모 지자체는 행정적으로 무능력하며, 재정적으로도 비효율적이므로 인접한 도시 혹은 도도부현으로 행·재정 권한을 강제로 이전해야 한다는 니시오西尾 사안私案 같은 극단론까지 나왔던 것은 아직도 기억에 새롭습니다. 또한 시정촌의 수가 큰 폭으로 감소하고 정령시政令市•나 중핵시中核市••가 증가하면 도부현의 일자리도 급감하므로, 도주제道州制를 도입해야 한다며 제28차 지방제도조사회의에서는 이에 대한 논의를 본격적으로 전개했습니다. 이 회의에서는 주민에 의한 직접선거가 아닌 도주의회에서 간접선거 혹은 임명제로 도주의 수장을 정해야 한다는 의견도 나왔습니다.

• 일본의 지방자치법에서 정령으로 지정한 인구 50만 명 이상의 도시.

•• 인구 20만 명 이상 등의 조건을 만족한 지자체가 국가로부터 지정을 받아, 정령시 다음의 권한을 갖는 도시.

소규모 지자체 주민으로부터의 강제적 지방자치권 박탈도, 주민의 직접투표를 근거로 하지 않는 도주 정부 수장의 선출 방식도, 현행 헌법으로는 불가능합니다. 원래 현행 헌법의 지방자치조항은, 메이지헌법에 지방자치가 존재하지 않았던 것이 중앙정부의 군사적·관료적 집권성을 높였고, 이것이 일본을 전쟁의 길로 돌진하게 만들었다는 점에 대한 반성에서 포함된 것입니다. 이 때문에 지방자치단체는 자치단체의 자치와 주민자치가 보장되어 있습니다. 이를 이상의 형태로 재편한다는 것은 앞서 언급한 헌법 제9조의 문제와 깊게 관련되어 있다고 할 수 있습니다.

즉, 글로벌 국가 단계에서 미국 등과 공동으로 다국적기업의 경제권익을 확보하면서, 효율적인 국민의 보호를 꾀하고 전쟁이 가능한 국가를 만들기 위해서는 중앙정부와 지방자치체를 대등한 관계에서 상하관계로 역재편할 필요성이 필연적으로 발생하기 때문입니다. 차세대 교육, 특히 윤리관이나 국가의 역사를 중시한 교육 내용을 전국적으로 추진하기 위해서도 새로운 지방제도 개혁을 요구하고 있습니다.

외국자본 유치정책의 전개와 효과

고이즈미 내각은 '글로벌 국가' 만들기의 일환으로, 금융기관의 '불량채권'을 강제적으로 처리하고 적극적인 외국자본 유치정책을 전개했습니다. 2001년 6월에 고이즈미 수상과 조지 부시George Bush 미국 대통령 사이에 '성장을 위한 일·미 경제파트너십'이 합의되어, 이를 바탕으로 '일·미 투자 합의initiative'가 이루어집니다. 이 합의는 상호 직접투자 조건의 정비를 꾀한다는 명목으로 이루어졌는데, 보고서의 대부분은 일본 측의 제도적인 투자장벽 철폐와 회계제도, 스톡옵션 제도, 기업의 지배 구

〈그림 3-1〉 일본의 대내·대외직접투자 추이

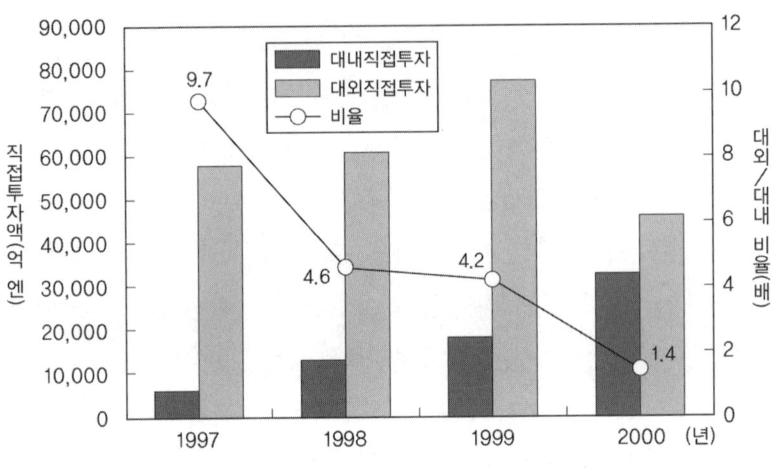

자료: 財務省.

조corporate governance 제도, 토지제도, 노동제도 등 법제도의 아메리칸 스탠더드화를 요구한 것이었습니다.[8]

이러한 외국자본, 특히 미국자본의 적극적 도입정책으로, 외국자본에 의한 대내직접투자는 〈그림 3-1〉과 같은 추이를 보입니다. 특히, 버블 붕괴 이후 한층 불황이 심화되었던 1996년도 이후 자본 유입이 두드러진 것이 특징입니다. 이 시기에는 부동산 가격이 큰 폭으로 하락하고, 임금비용이 하락해 일반적인 '투자 환경이 개선'되었고, 이에 따라 파산한 은행과 보험회사, 제조업체를 매수하거나 혹은 불량채권을 인수한 외국자본이 급증했습니다. 또한 대규모 소매점포 입지법의 폐지, 금융빅뱅[•]과 제1종 전기통신사업 등의 외국자본 규제완화 등으로 이 분야에 외국자본의 참가가 잇따랐습니다. 실제로 해외직접투자액의 비율도 1997년

• 1996년 11월에 제2차 하시모토 내각이 제창한 금융제도개혁.

〈그림 3-2〉 외자계 기업의 도도부현별 상근근로자 수

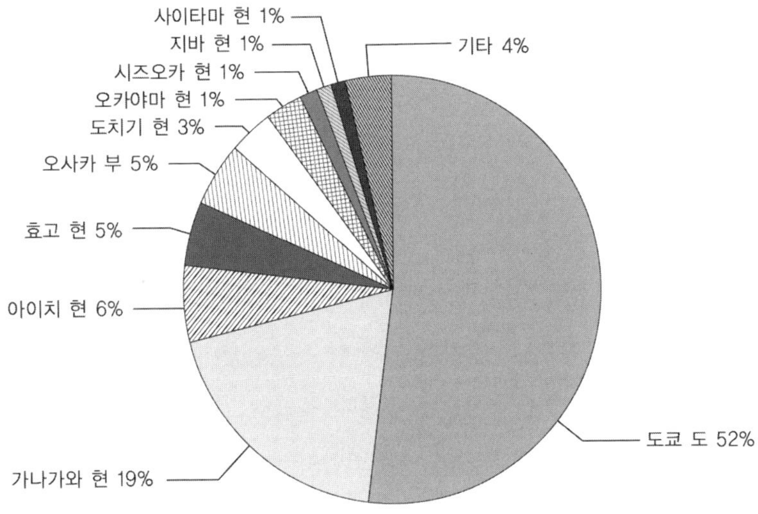

주: 응답 기업 중, 상근근로자를 가장 많이 두고 있는 지역의 상위 3개 기업 근로자 수 합계.
자료: 日本貿易振興会, 「外資系企業効用調査」(2002.10).

의 1:9.7에서 2000년에는 1:1.4로 급속하게 축소되었습니다.

일본무역진흥회Japan External Trade Organization: JETRO의 조사에 따르면, 2002년 5월, 외자계 기업(외자비율 10% 이상)의 상용 고용자 수는 약 100만 명을 넘는 것으로 추계되었습니다. 전체 법인 고용자 수에서 차지하는 비율은 2.3%로, 이는 미국과 독일의 절반 수준에 지나지 않습니다. 업종별로 보면, 금융·보험업이 11.8%에 달하고 제조업도 미국, 독일과 비슷한 5.3% 수준입니다. 그렇다고 이들 외자계 기업이 고용창출을 통해 일본의 산업공동화를 저지했다고도 볼 수 없습니다. 금융·보험업은 불량채권의 처리과정에서 외국자본이 매수한 것이 많고, 제조업에서도 르노Renault(프랑스 자동차회사)의 닛산日産에 대한 출자에서 볼 수 있는

M&A형이 두드러지며, 새로운 투자(그린필드• 투자)를 통한 고용창출은 거의 찾아볼 수 없습니다.[9]

게다가, 이들 외국계 기업의 본사도 도쿄에 집중되어 있습니다. 전체 본사의 70%가 도쿄에 소재하고 있으며, 여기에 시나가와品川 9%, 오사카 7%, 효고兵庫 2% 순입니다. 상근근로자의 지역분포도(〈그림 3-2〉)에 나타난 것처럼, 도쿄 도를 중심으로 수도권에 70% 가까이 집중되어 있고, 아이치, 효고, 오사카와 같은 대도시가 뒤를 잇고 있어 지방의 고용창출로는 이어지지 않았습니다. 일찍이, 미국이 북부의 산업공동화 문제에 직면한 이후, 남부지역을 중심으로 일본과 유럽 기업이 그린필드 투자를 통해 대량의 고용을 창출한 것과는 대조적이라는 점에 주목해야 합니다.

헌법·교육기본법 개정과 '글로벌 국가'

마지막으로, 앞에서 언급한 내용들이 저의 단순한 추론이 아니라 정치가들이 자각적으로 추진하고 있다는 것을 보이기 위해, 아소 다로麻生太郎의 인터뷰 기사를 인용해두려 합니다. ≪주간현대週刊現代≫ 2002년 5월 4일 자에 게재된, 잡지사 기자의 질문에 대한 답변입니다.

> 지금, 행정의 간소화 및 투명화와 함께, 인원 면에서도 절대적으로 작은 정부가 요구되고 있습니다. 그렇지만 동시에 방위나 외교·교육의 측면에서는 강한 정부가 필요합니다. '크고 강한 정부가 아니라 작고 강한

• 해외로 진출한 국내기업이 현지에 직접 새로운 생산라인을 구축하는 등의 해외직접투자를 의미한다.

정부의 이미지가 올바르다'는 의식을 제대로 가지고, 국가를 운영해가려는 사람(고이즈미 수상 ― 지은이)입니다. 역시, 헌법이나 교육기본법개정이 불가피하게 되었습니다.

여기에는 '글로벌 국가', '전쟁을 할 수 있는 국가'를 향한 장해물로서, 현행 헌법과 교육기본법이 존재하고 있으며, 그 개정이 필요하다는 인식이 솔직하게 드러나 있습니다.

3. '글로벌 국가'형 '구조개혁'의 모순

소수의 다국적기업의 이해에 따른 개혁

그렇지만 고이즈미 정권의 '구조개혁' 노선이 반드시 성공하고 있는 것은 아닙니다. 이 '구조개혁'의 목표인 '글로벌 국가'로의 재편이란, 한마디로 소수의 다국적기업의 단기적인 경제적 요구에 대응할 수 있는 국가의 정책체계 및 관료기구로의 재편성이었습니다. 이를 위해서는 먼저, 지금까지의 일국 내부의 독점자본주의가 금융과두제金融寡頭制를 통해, 그 나라의 정치를 장악한 '국가독점자본주의적'인 정책체계와 지배체제를 파괴해야 합니다. 이는 국내외의 다국적기업의 축적활동을 뒷받침할 수 있는 '글로벌 국가'의 정책체계·지배체제로 재편성하기 위해서입니다. 정치기구와 정책체계는 종래의 토건국가적 요구가 아닌, 자동차나 전기·전자기계 계열 다국적기업의 요구에 대응할 수 있도록 전환이 진행됩니다. 재계 단체의 수장이 1980년대에 신일본철도 회장에서 2000년대 초 도요타자동차 회장으로 바뀐 것을 포함해, 산업계 요구의 중심이 민간 활력의 도입을 통한 사회자본 정비에서 'made by Japan 전략'으로 변화하고 있는 점도 주목해야 할 부분입니다.

또한 경제의 글로벌화, 특히 해외직접투자를 촉진하기 위해서는 자본과 상품, 노동력의 이동이 자유롭도록 국내 시장을 근본적으로 개방할 필요가 있습니다. 이 때문에, 집권당의 지지기반이었던 농민과 중소기업에 대한 보호정책을 근본적으로 수정해야 합니다. 이렇게 해서, 국내외 다국적자본의 시장개방 요구에 협조하며 시장원리주의적 정책으로 갈아타고, 소수의 좀 더 강한 경영체에 자원(재정지출)을 집중해 압도적 다수의 약소경영체를 배제해버리는 정책을 차례로 도입하게 됩니다. 그 전형적인 예가, 1990년대 말 농업자본법, 중소기업기본법의 대폭적인 수정입니다. 그리고 교육·복지·의료 등 민간자본의 참가가 가능하게 된 서비스업 분야의 시장을 확대하기 위해, 규제완화정책과 각종 신공공관리론 New Public Management: NPM 시책의 도입을 통한 공적서비스의 폐지와 삭감을 보조금 축소, 지방교부금제도의 개혁과 함께 실시합니다. 이는 '지방' 지배체제의 변경까지 동반한 것으로, 소규모 지자체의 광역재편이라고 할 수 있습니다. 이를 통해, 농촌의 통치비용이 삭감되고 자본의 광역적인 축적활동이 용이해진 것입니다.

지역에서의 모순 발견

그러나 오랫동안 지속된 불황과 재정위기 속에서 극소수의 경영체에게만 행·재정지출을 집중시키고 지역 금융기관의 중소기업 투자를 축소시키는 불량채권 조기 처방책의 강행은, 지역경제를 담당하고 있는 압도적 다수 경영체의 힘을 빼앗고 지역경제를 위축시키며, 사람들의 생활과 지역사회의 재생산을 필연적으로 파괴합니다. 설령, 소수의 다국적기업이 국가의 우대책을 이끌어내어 살아남는다 해도, 무엇보다 가장 중요한 인간과 자연과의 관계가 파괴된다는 심각한 모순에 빠집니다. 본래는 인간의 생활을 위한 수단이었던 경제활동을 지금은 다국적기업이 담당하고, 노동의 과실인 세금과 예금까지도 국가 정책이 독점하여, 인간의 생활과 그 기반이 되는 지역경제·지역환경의 재생산이 불가능한 상태에 이르러 본말전도本末轉倒라는 궁극의 소외 현상이 발생하고 있는 것입니다.

실제로 경기회복은 양극으로 분화되어 있으며 완전실업률은 계속 높아지고 있습니다. 법인기업의 경영수익을 보면, 자본금 10억 엔 이상의 대기업의 경우, 2003년도에 버블 절정기를 넘어서는 지금까지 최고의 경영수익을 기록하고 있는 것에 반해, 자본금 1000만 엔 미만의 중소기업의 경영수익은 버블 절정기의 1/5 정도에 그치고 있으며, 양자 간의 격차는 극단에 이르고 있는 상황입니다.[10]

이 가운데, 글로벌화와 구조개혁의 수혜자는 '승자 조'인 다국적기업을 중심으로 하는 대기업이며, 그 본사가 집중되어 있는 도쿄권이라는 것이 명백합니다. 그런 한편, 중소기업과 도쿄 이외의 지역에서는 경기회복의 모습도, 실감도 없습니다. 또한 제4부에서 자세히 살펴보겠지만 시정촌 합병에서도 정부는 당초 목표를 달성하지 못했습니다. 이는 무엇보다도 이번 '헤이세이 대합병'이 시정촌에게는 '대의 없는 합병'이었기 때문이며, 강제 합병에 대한 주민들의 반발이 커졌기 때문입니다. 더욱이 주민들이 자발적으로 학습하면서, 주민투표를 통해 합병의 옳고 그름을 스스로 결정한 시정촌이 380여 곳에 달했습니다. 이는 일본의 지방자치 역사상 획기적인 것이며, 정부의 지방제도 개혁의 강행이 오히려, 주민자치를 질적·양적 측면 모두에서 향상시키는 결과를 낳았다고 할 수 있습니다. 그리고 자립을 결정한 소규모 지자체에서, 지금까지의 지역개발정책과는 본질적으로 다른, 지역과 주민의 개성을 제일로 한 새로운 지역개발모델을 창조하고 있습니다. 이들 모두 '글로벌 국가'형의 '구조개혁'이 아닌, 인간과 지역사회, 지구의 지속가능한 발전을 제일로 한, 또 하나의 길을 탐구하고 있습니다.

제 2 부

/

지역개발정책의 실패에서 배우다

제4장

전후 지역개발정책의 전개와 지역

1. 국토정책, 지역정책이란 무엇인가?

국토정책, 지역정책과 지역 형성

이 장에서는 현대의 지역 만들기의 올바른 방향성을 이끌어내기 위해 전후 일본의 지역개발정책, 특히 국가의 주로도 이루어져온 국토종합개발법을 중심으로 개발정책을 검증해보려고 합니다. 마침, 2005년 통상국회通商國會에서 국토종합개발법을 대신하는 국토형성계획법안이 성립되어 새로운 국토계획의 책정 작업도 진행되고 있습니다. 이러한 새로운 국토정책이 의미하는 바에 대해서도 함께 검토해 보겠습니다.

그런데 국토정책 혹은 지역정책이란 대체 어떠한 정책을 의미하는 걸까요? 앞에서 언급한 것처럼, 현대 자본주의에서는 자본과 국가, 지방자치단체가 능동적인 지역의 형성 주체입니다. 지역의 형성에는 제1장에서 지적한 것처럼, '자본의 활동영역으로서의 지역'과 '주민의 생활영역으로서의 지역'이라는 두 가지 측면이 있습니다. 원래 이들은 하나였지만 경제발전과 함께 점차 분리되었고 다양한 지역의 계층성을 만들어냅니다.

자본축적의 확대와 더불어 '자본의 활동영역으로서의 지역'의 범위가 확대되면서, 그에 대응한 형태로 국가 및 지방자치단체 체계의 재편이 요구되었습니다. 이것이 현대의 세계화globalization정책이며, 세계적 규모에서의 지역통합의 움직임이라고 할 수 있습니다. 일본에서는 시정촌 대합병이나 도주제 논의라는 형태로 좀 더 광역적인 지자체의 범위, 혹은 지방정부의 범위를 만들어가는 등의 재편이 이루어집니다.

그러므로 국토정책이나 지역정책은 일국 내의 각 지역계층에 걸친 지역 구조의 계획적 재편을 목적으로 하는 국가 혹은 지방자치단체의 정책군群으로 우선 정의할 수 있습니다. 즉, 시정촌 단위에서의 개발정책도 있고, 도도부현 단위 또는 블록 단위, 국가 단위에서 각각의 지역정책이나 국토정책이 만들어집니다.

전후 일본의 경우, 오랫동안 국토종합개발법을 바탕으로 국가 주도의 국토정책, 즉 전총全總(전국종합개발계획)을 통한 국토계획의 역할이 컸으며, 더욱이 국가로부터의 하향top-down식 개발주의 정책을 전개해온 것이 큰 특징입니다. 지방자치단체에 의한 지역정책, 이를 지역진흥정책이라 부르는데, 그 비중은 양적·질적으로 모두 제한된 것이었습니다.

국토정책의 역사적 기원

그럼 이 국토정책의 형성과 발전에 대해서 살펴보겠습니다. 원래 국토정책이란 개념은 일본이 전쟁 중이던 시기에 만들어진 것입니다. 자주 언급되는 것처럼, 전후에 시작된 것이 아니라는 점에 유의할 필요가 있습니다. 전쟁 시기의 근위신체제近衛新体制(1940년~)하에서 당시, 이른바 국가총동원 자원정책의 일환으로 이 국토계획수립이 책정되었다는 것이 역사적 사실입니다.[1]

이때, 모델이 된 것이 나치 독일의 국토계획이며, 소련 각료회의의 국가계획위원회Gosplan● 였습니다. 또한 국토계획의 대상은 일본 국내뿐만 아니라 실제로는 '대동아공영권大東亞共榮圈'을 염두에 두고 '일본 제국' 내의 산업, 사회기반시설, 문화, 교육, 위생시설 등의 배치를 부문별로 정리한 것이었습니다.

이는 전후의 전국종합개발계획 수립과 똑같은 수법으로 만들어진 것이 특징입니다. 최대 목적은 군사력을 통한 자본의 영역적인 확대이며, 그 입지조건의 정비를 꾀하는 것이었습니다.

실제로 이 전시국토계획은 전황의 어지러운 변화 속에서 각의閣議 결정에 이르지는 못했지만 그 계획기술과 공장입지의 규제·유도 혹은 농지전용의 통제 등, 일부 구체화된 국토계획적 정책 수단은 전후에도 계속됩니다.

또한 당시 국토계획에 대한 헌책을 담당했던 쇼와연구회의 제언에 따라 국토계획법의 제정이나 계획을 추진하는 관료기구로서 국토계획청을 신설한 것, 즉 개발관청의 단일화를 포함시킨 것도 주목할 부분입니다. 이는 다나카 가쿠에이田中角栄가 1970년대 초에 구상한 종합개발청 창설

● 소련 각료회의는 1921년에 창립되었으며, 국가계획위원회는 혁명 후의 러시아 국민경제를 사회주의 경제로 발전시키기 위한 계획을 입안·실시하는 과정을 점검하는 것이 주된 임무였다.

계획으로 이어졌으며, 이후 국토종합개발법 개정에서 국토계획과 국토이용계획을 일체화하는 내용을 포함시키는 것으로 이어졌습니다.[2]

2. 국토종합개발법 체제의 성립

국토종합개발법의 제정과 특정지역 개발

전후 곧바로 내무성 국토국의 주도로 부흥국토계획 등의 입안 작업이 실행되지만 내무성의 해체로 이 작업은 좌절됩니다. 그 후, 지역개발의 주도권은 점령군(미국)인 뉴딜러New Dealer(뉴딜정책을 수행한 사람들)의 영향력이 강했던 경제안정본부와 오키타 사부로大来佐武郎로 대표되는 외무관료에게 넘어갑니다.[3]

이때 추진되던 개발 구상은 미국의 테네시 강 유역 개발공사Tennessee Valley Authority: TVA를 모델로 한 거점개발형 종합개발 구상이었습니다. 일본 국내에 가능한 한두 곳 정도의 거점을 만들고, 거기에 수자원 종합개발을 실시함으로써, 전후의 부흥으로 이어가자는 구상이었습니다. 하지만 구舊 내무성 관료들과 정치가들의 반발로 1950년에 국토종합개발법 책정되었고, 여기에서 하향식의 전국계획체계가 수립됩니다.

그렇지만 실제로는 운하 종합개발 방식을 통한 특정지역 개발계획만이 사업화되었고, 전국종합개발계획은 책정되지 않았습니다. 1962년이 되어서야 신산업도시를 포함한 최초의 전국종합개발계획이 책정됩니다.

국토종합개발법 제정의 정치경제적 배경

또 한 가지 주목해야 할 것은, 왜 1950년에 이 국토종합개발법이 제정되었는지, 그 정치경제적인 배경은 무엇인가 하는 점입니다. 당시, 일본은 단독 강화講和를 눈앞에 두고 경제자립화 전략을 세울 필요가 있었습니다. 게다가, 그 이전부터 미국은 점령정책의 전환으로, 일본을 '반공反共의 방파제'로 만들기 위해, 경제개발을 실시할 필요가 있다는 것을 인지하고 있었습니다. 특히, 무역이 불가능한 상황이었기 때문에 국내의 자원개발을 최우선으로 해야만 했습니다. 이를 연합군 총사령부General Headquarters: GHQ의 에드워드 애커먼Edward Ackerman 등이 주장했고, 앞서 언급한 경제안정본부 그리고 오키타 사부로 등이 참여해 일본의 지역개발정책이 구체화됩니다.

또 다른 배경은 미국의 사정인데, 당시의 트루먼 대통령이 실시한 포인트 포 계획Point Four Program•입니다. 미국에는 전후의 마셜 플랜Marshall Plan•• 등으로 인한 달러 살포가 재정위기, 달러위기를 일으켰고, 그래서 미국 정부는 민간자본의 수출로 전환하는 정책을 전개합니다. 이때, 포인트 포 계획을 수립해 다른 개발국과 미 개발국에 우선으로 투자하게 되는데, 투자수익에 대한 송금을 보증할 필요가 있었으므로 원금과 이자의 송금을 약속(그다지 사례가 많지 않은 — 지은이)하는 내용을 포함한 외자법이 일본에서 제정됩니다.

• 해리 트루먼(Harry S. Truman) 전 미국 대통령이 제창한 후진국에 대한 과학·기술 원조계획.

•• 제2차 세계대전 후, 1947년부터 1951년까지 미국이 서유럽 16개 나라에 행한 대외 원조계획.

특정지역 개발을 둘러싼 경제적 이해와 귀결

그 당시, 미국자본인 제너럴일렉트릭GE과 웨스턴하우스WH 등의 중화학 전기자본이 요시다 시게루吉田茂 수상에게 강력하게 판로 확장을 요구했던 사실도 염두에 둘 필요가 있습니다. 즉, 특정지역 개발을 통한 수자원 개발로서 이는 댐을 만들어서 전력을 개발하고, 동시에 9개 전력회사 체제로의 재편을 동반하는 것이었습니다. 거기에서 새로운 시장창출을 기대한 것입니다.

구체적으로 말하면, 아이치 용수사업(아이치 지역) 혹은 다다미只見 강 종합개발사업(후쿠시마 지역)에 미국의 중화학 전기자본이 참가했으며, 다다미 강 종합개발사업에는 다나카 가쿠에이田中角栄가 사업 결정에 깊게 관여했다는 역사적인 사실도 존재합니다. 여기에 1950년의 국토종합개발법 그리고 특정지역 계획이 수립된 정치경제적인 배경이 있습니다.

하지만 특정지역 개발의 실적은 입후보한 지역의 면적을 누계해보면, 국토 전체의 1/3을 넘는 것으로 당초의 구상보다 상당히 대규모의 면적이었습니다. 따라서 그 효과 또한 분산되는 형태가 되어버렸고, 결과적으로 9개 전력회사로의 재편 이후에는 전원電源개발이 중심 사업이 되었습니다.

개발사업의 결과, 댐 개발에 의해 수자원 지역인 산촌부의 취락, 혹은 농지가 물에 잠기게 된 반면, 대도시는 그 수혜를 입어 중화학공업화 혹은 도시화가 확대되는 형태로 일본의 경제부흥이 진행되었습니다.

3. 고도성장기와 전국종합개발계획·신(新)전국종합개발계획

소득배증계획과 '전국종합개발계획'

1960년대에 들어서면서, 이케다 하야토池田勇人 내각은 소득배증계획을 통한 경제성장정책을 추진합니다. 그리고 1962년에 전국종합개발계획이 처음으로 만들어지는데, 미야모토 겐이치가 지적한 것처럼, '소득배증계획의 지역판'과 같은 역할을 했습니다.[4]

이 전국종합개발계획의 입안 과정에서 당초에는 이미 산업이 집적된 태평양벨트 지대에 더욱 집중적으로 투자하는 '태평양벨트 지대 구상'이 제기되었지만 이는 지방의 반발로 좌절됩니다.

그 결과, '신산업도시건설'을 중심에 둔 거점개발 방식 – 후진국의 개발모델이라 불리는 것 – 을 채용함으로써, 일본열도에 소득배증계획 개발거점으로서의 신산업도시를 전개하는 정책이 취해졌습니다.

그 수법은 경제성장의 애로 사항이라 일컬어지던 도로, 공업용수, 항만 등의 사회간접자본에 대한 집중 투자와 이를 기반으로 한 기업유치였습니다. 이를 통해 지역경제, 지역산업 전체의 발전을 꾀한다는 지역개발의 꿈을 이야기한 것입니다.

이 꿈이 어떠한 결과를 가져왔는지에 대해서는 미야모토 겐이치의 뛰어난 연구가 잘 말해주고 있습니다.[5] 현실에서는 기업유치에 성공한 지역에서 공해 문제 등의 사회적 비용이 확대되었고, 이에 대한 재정지출로 재정위기가 심화됩니다. 다른 한편으로, 기업유치에 실패한 곳도 많이 존재하며 이들 지역에서는 선행 투자에 따른 재정난에 허덕이게 되었습니다.

그 결과, 1960년대 말부터 도쿄와 오사카를 시작으로 주요 지방자치단체에서 혁신지자체가 생겨났고, 자민당은 대도시를 중심으로 국회에서 의석을 잃고 정치적 위기에 당면하게 되는데, 이때 국토정책의 근본적인 전환을 꾀하는 흐름이 대두합니다.

신전국종합개발계획에서 '열도 개조계획'으로

그 중심에 있었던 것이 다나카 가쿠에이였습니다. 그가 중심이 되어 1968년에 자민당의 '도시정책 대강령'이 발표되었고, 1969년에는 신전국종합개발계획이 수립되었으며, 1972년에 자신의 저서 『일본열도 개조론日本列島改造論』을 출판합니다. 그럼, 이러한 일련의 새로운 도시정책, 혹은 국토개조정책은 대체 무엇을 의미하고 있었을까요?

당시, 일본은 무역입국立國정책을 추진하면서, 국제수지의 흑자 기조가 정착되는 단계에 들어섰습니다. 이 단계에서 에너지 자원을 석유로 대체하고, 농림수산물을 적극적으로 수입하는 정책을 취해, 농지와 산림이 무너지게 된 것입니다. 또한 토지를 유동화시켜 공업기지화하거나, 도시화·레저기지화하는 정책을 펼쳐, 이들을 고속교통망으로 연결시키는 이른바, '일일 교통망' 구상을 수립합니다.

이렇게 해서, 공공사업을 통한 산업화를 의식적으로 추구하는 시대에 들어서게 됩니다. 즉, '토건국가'라 불리는 정치·경제체제는 이를 계기로 만들어진 것입니다. 그렇지만 이러한 고도 경제성장 노선은 1971년의 달러쇼크, 1973년의 오일쇼크 그리고 식량위기에 직면하게 되고, 경제성장의 외적 조건이 붕괴되면서 무너집니다.

게다가, 일본 국내에서는 과잉축적이 토지 투기를 부추기고, 여기에 오일쇼크가 가세함으로써 광란물가라 불리는 상황에 처해, 국민 생활이 대혼란에 빠지고 맙니다. 이것이 불황과 물가 상승이 동시 병행해 일어나는 스태그플레이션stagflation이라는 특수한 국면입니다.

고도성장의 최종 국면에서 다나카 가쿠에이가 내놓은 정책은 어떤 의미에서 주목해볼 만한 것이었습니다. 즉, 1973년에 신국토종합개발법안을 준비하고, 국토종합개발청 설치를 구상했습니다. 이것들은 일본열도개조로 상징되는 개발 촉진을 위해, 일원적으로 하향식의 국토계획과 개발체제의 정비를 겨냥한 것이었습니다. 특히, 토지계획에 관해서는 중앙정부에서 시정촌까지 하향적 일체성을 실현함으로써, 좀 더 효율적으로 토지의 유동화를 꾀해 이를 개발로 연결시키려는 생각이었습니다.

그러나 당시의 사회·경제 정세를 반영하듯, 국회의 큰 반발에 부딪힙니다. 그 결과, 토지거래와 지가 억제를 목적으로 한 국토이용계획법 및 국토청의 발족이라는 그 자신의 당초 목표와는 전혀 다른 방향으로 전환됩니다. 더욱이, 그 후 드러난 록히드Lockheed 의옥•으로 다나카 가쿠에이는 퇴진하게 되고 이 구상은 못 다 꾼 꿈으로 끝납니다.

• 미국의 항공기 제조회사 록히드가 1976년 미국 상원에서 항공기 판매 공작금으로 일본 정부의 고위 관료들에게 200만 달러를 주었다고 증언한 것이 불씨가 되어, 다나카 가쿠에이 전 총리가 구속된 사건.

4. 제3차 전국종합개발계획(1977년)에서 제4차 전국종합개발계획(1987년)으로

구조불황과 제3차 전국종합개발계획

그 후 일본은 저성장의 시대, 즉 구조불황의 시대로 접어들게 됩니다. 당연히 이에 대응해 전국종합개발계획도 수정이 필요하게 되었습니다.

1977년에 책정된 제3차 전국종합개발계획의 가장 큰 특징은 지금까지의 개발 중시에서 환경 중시로 전환한 것이라 할 수 있습니다. 단지, 이 역시도 미야모토 겐이치가 '제2.5차 전국종합개발계획'이라 지적한 것처럼 신전국종합개발계획에 포함된 공공사업, 교통네트워크의 건설 등을 계승하고 있다는 점에 주의할 필요가 있습니다.[6]

제3차 전국종합개발계획의 또 하나의 특징은 달러위기, 오일쇼크, 식량위기를 경험한 이후였다는 것이며, '종합안전보장'을 중시한 점입니다. 여기에도 큰 시대적 특징이 있습니다.

이러한 배경하에서, 개발방식으로는 하천 유역권을 기반으로 한 '정주권' 구상을 내세웁니다. 여기에서는 자연과 조화를 이룬 인간의 거주 공간의 형성을 주장하지만 동시에 산업정책이 약하다는 지적을 받습니다.

즉, 당시의 구조불황하에서 지금까지 일본을 이끌었던 이른바, 중후장대형의 철강, 석유화학 등의 중화학공업을 대신할 수 있는 산업에 대한 전망이 없었다는 점에서 큰 한계가 있었습니다.

테크노폴리스 구상

그 후 1980년대에 들어서면서, 통상산업성(현, 경제산업성)이 테크노폴리스technopolis 정책을 제기합니다. 새로운 산업에 대한 전망이라는 관점에서 보면, 미국의 실리콘밸리silicon valley에서 컴퓨터를 시작으로 첨단산업이 성장하기 시작했고, 일본에서도 전자기기나 생명공학biotechnology 혹은 뉴 세라믹new ceramics 등 첨단산업입지의 움직임이 나타났습니다.

이에 대응한 형태로 일본에서도 실리콘밸리를 만드는 것이 정책적인 목표가 되었습니다. 그렇지만 테크노폴리스 구상은 국토의 불균형을 바로잡는 정책이 아니라 새로운 첨단산업의 입지조건을 정비한다는 의미에서 그야말로 산업입지정책의 형태로 진행되었습니다.

당초에는 몇 군데의 지역을 지정할 계획이었지만 신산업도시처럼 다수의 지역이 신청하면서 많은 테크노폴리스가 지정되었습니다. 또한 첨단산업의 입지도시 외에는, 오이타 현의 일촌일품一村一品 운동으로 상징되는 지역산업 진흥을 각 지자체의 자립자조로 실행할 것을 장려했습니다. 이러한 형태로, 비유하자면 '싸게 먹히는' 지역정책을 제기한 것입니다.

나카소네 내각과 「마에가와 레포트」·제4차 전국종합개발계획

그 후, 나카소네 야스히로中曾根康弘가 정권을 잡으면서 개발주의적 방식이 더욱 가속화됩니다. 나카소네는 이른바, '어번 르네상스Urban Renaissance'•를 강조하는데, 그 배후에는 일·미 간의 큰 문제가 되어왔던 일·

• 재개발을 통해 도시의 기능을 회복시킴으로써 인간성을 회복하려는 운동.

미 무역마찰이 있었습니다. 수출 드라이브 정책을 통해, 무역흑자를 늘린다는 저성장 시대의 축적양식이 미국과 통상 마찰을 일으켰고, 이를 회피하기 위한 '내수 확대' 실행이 필요해진 것입니다.

그렇지만 장기간의 구조불황과 재정 제약하에서 지금까지처럼 보조금을 투하해서 공공투자를 이끌기 어려운 시대에 들어섰습니다.

게다가, 다른 한편으로 일본프로젝트산업협의회가 중후장대형산업의 대표들로 결성(1979년)되어 다양한 대형프로젝트, 예를 들어 도쿄만 횡단도로와 마쿠하리 메세幕張メッセ(지바 현에 있는 회의 및 전시시설) 그리고 간사이関西 신공항과 주부中部 신국제공항 등의 제안형 공공사업이 나왔습니다.

나카소네 내각은 그들이 제안한 규제완화, 민간 활력 도입을 통한 토지개조론을 받아들여 다국적기업 시대에 어울리는 '세계도시=도쿄'의 형성을 주장하는 '어번 르네상스'를 추구하게 됩니다.

한편, 미국과의 무역마찰을 조정·회피하기 위해 1986년에 「마에가와 레포트」가 발표되었고, 일·미 수뇌부회의에서 합의된 경제 구조조정정책은 그 후 일본열도를 크게 규정하는 중대한 역할을 했습니다.

그 후 일·미 구조협의日美構造協議를 통해 확인된 공공투자 430조 엔과 630조 엔의 내수 확대 계획, 그리고 해외직접투자를 촉진하는 한편, 광산물, 중소기업성 제품, 농산물의 수입을 확대하고 유통업의 규제완화를 적극적으로 추진할 것 등을 대외적으로 약속했습니다.

이러한 대미공약과 지방에서의 비판을 의식해 '다극분산형 국토의 구축'을 내세운 제4차 전국종합개발계획이 1987년에 책정되고, 이를 통해 내수 확대정책이란 이름으로 도시 재개발과 리조트 개발이 추진됩니다. 리조트 개발은 당시 일본에서 장시간의 노동이 비판을 받고 있는 상황에서 여가 시간을 확대하고, 이를 위한 여가 비즈니스의 육성이라는 목표까지 겹쳐, 법률 제정을 시작으로 전국적으로 전개되었습니다.

이렇게 전국적인 개발을 부채질하는 형태로 버블경기가 지가 상승을 동반하면서 출현하게 됩니다. 이와 함께, 도쿄로의 일극집중 또한 가속화됩니다.

다른 한편, 달러 약세·엔화 강세로 광산물과 중소기업성 제품, 농산물의 수입이 확대되고, 지장산업과 중소기업은 큰 타격을 받아 농촌과 농업은 더 심각하게 후퇴할 수밖에 없었습니다.

5. 버블붕괴와 제5차 전국종합개발계획(1998년)

'마지막 전국종합개발계획'=제5차 전국종합개발계획의 책정

그렇지만 버블경기도 그렇게 길게 지속되지 못했습니다. 1991년에는 버블이 붕괴되고 해외직접투자가 더욱 본격화되는 가운데, 일본경제는 본격적인 산업공동화 현상이 나타납니다.

일본의 경우, 자본이 해외로 빠져나가면서, 산업공동화와 더불어 농산물과 중소기업성 제품, 그리고 광산물의 적극적인 수입으로 인해 그동안 지방경제의 기간이었던 산업부문이 크게 위축되었다는 점에서 미국의 산업공동화 현상보다도 심각했습니다. 저는 이것을 '정책적 산업공동화'라고 부르는데, 바꿔 말하면 일본은 이중의 공동화 현상에 빠지게 된 것입니다.

특히 재정위기가 한층 심화되면서 새로운 국토계획의 방향성이 큰 문제가 되었습니다. 1998년에 만들어진 다섯 번째 전국종합개발계획의 책정에 대해서 시모코베 아쓰시下河辺淳•는 국토계획, 혹은 전국종합개발계획이란 명칭을 쓰는 것을 싫어했습니다.[7]

이는 제4차 전국종합국토개발계획에 대한 비판이 너무나도 거셌다는 것을 잘 보여줍니다. 동시에 경제의 글로벌화가 진행되는 상황에서 국가 차원의 국토계획 그 자체가 갖는 한계성, 모순이 명백해졌다는 것도 그 배경이 되었습니다. 이제는 새로운 시대에 맞는 계획행정의 필요성이 제기된 것입니다.

실제로 이는 '마지막 전국종합개발계획'으로도 표현되고 있습니다. 제5차 종합개발계획에서 기간사업으로 정해진 것 중 하나는 글로벌화를 주시한 사회기반시설의 정비입니다. 즉, 태평양벨트 지대만을 강화한 종래의 국토 축에 복수의 다른 국토 축을 추가해 이를 횡으로 연결시켜 지역 연대 축을 배치함으로써, '다축형 국토 구조 형성'을 계획의 목표로 설정했습니다. 이는 분명히 고속도로·고속철도, 혹은 공항 건설 등을 글로벌화와 연결시켜 대형 공공사업을 지속하는 정책이었습니다.

또 하나는 도시의 혁신renovation, 이른바 재개발을 중시하고 농촌에서는 친자연 거주라는 형태로 도시와 농촌의 교류거점을 정비하는 것입니다. 거꾸로 말하면, 농촌에서 농업의 생산기능과는 전혀 관련 없는 정책이 추진된 것입니다.

더욱이, 국가와 지방자치단체의 재정 제약하에서 공공투자를 추진하기 위해, 민간투자사업PFI 등을 통한 민간 활력의 도입을 적극적으로 추진함으로써, 자금을 확보하고 민간자본의 축적을 위한 하나의 기회로서

• 일본 국토계획입안에 크게 관여한 도시계획가이자 건설관료.

개발계획을 설정하게 됩니다.

국토교통성하에서의 새로운 국토계획 만들기

지금(2005년 당시)은 제5차 전국종합개발계획의 계획 기간 중에 있지만, 2003년경부터 새로운 국토계획 수립 작업이 시작되었는데, 이 점에 대해 살펴보겠습니다.

이 수정 작업은 기본적으로 제5차 전국종합개발계획의 과제가 계속해서 이어진 것이라 할 수 있습니다. 즉, 제5차 전국종합개발계획은 국토이용계획법과의 일체화라는 과제가 남아 있었고, 글로벌화에 대한 대응도 명확한 형태로 제시하지 못한 한계가 있었습니다.

또한 2000년의 지방분권일괄법을 통해, 지방분권의 흐름이 강화되고 종래와 같은 국가로부터의 하향식 계획행정이 모순을 보이면서, 이에 대한 조정이 필요하게 되었다는 것도 그 배경이 되었습니다.

그리고 2001년에 국토청과 건설성 등 공공사업을 실시하는 사업자가 일체화되어, 개발과 규제를 모두 담당하는 국토교통성이라는 거대 국가기관이 탄생합니다.

그 결과 2005년 봄, 국토종합개발법을 개정하는 국토형성계획법안이 국회에 상정되었는데, 이 계획법안이 국토교통성의 주도로 책정되었다는 것에는 한 가지 중대한 의미가 있습니다. 언론의 발표자료에 따르면, 이 국토형성계획법안의 목적은 종래의 개발 기조에서 국토의 이용·보전에 역점을 둔 것으로 알려져 있습니다.

이 계획은 전국계획과 광역지방계획이라는 두 가지 내용을 담고 있으며, 도도부현계획 혹은 시정촌계획에 관해서는 언급하지 않기로 했습니다.

또한 전국계획과 국토이용계획을 일체화해 책정하는 내용을 새롭게 포함시켰습니다. 지금까지는 전총(전국종합개발계획)의 계획과 국토이용계획이 서로 분리된 형태로 책정되었지만 이를 일체화함으로써 이제는 이용뿐만 아니라 개발까지도 합리적으로 실시하겠다는 의도였습니다.

그리고 또 한 가지, 지방의 의견을 존중한다는 내용이 담겨 있는데, 지방으로부터의 건의·제안을 받아들여 계획을 책정한다는 사항도 법안에 구상되어 있습니다.

국토심의회에서는 이 법안의 수립과 병행해서 시스템뿐만 아니라 새로운 국토계획의 내용을 어떻게 할 것인지, 지금까지의 국토정책을 총괄하고 앞으로의 과제 해결과 국토형성의 방향성에 관한 준비 작업을 추진해왔습니다. 이는 2004년 5월에 확정되었는데, 뒤에서 자세히 검토하겠지만 '이층二層의 광역권론'을 전개합니다.

이상의 새로운 국토계획 수립의 방향이 정말로 개발 기조에서 벗어나 지방 주도로 이루어졌는지, 주민의 생활을 향상시키는 내용이었는지는 면밀히 따져볼 필요가 있습니다.

6. 경제의 글로벌화와 지역정책의 전환

'글로벌 국가'와 국토계획

이러한 맥락에서 이 국토계획 수립의 의미를 현대 경제의 글로벌화와의 관계를 통해 짚어보겠습니다. 앞 장에서 언급한 것처럼, 현재 정부에 의해 강력하게 추진되고 있는 지자체의 재편은 명백히, '글로벌 국가' 대응형 지방제도로의 재편이며, 더욱이 그 지역정책 주체로서의 지자체를 크게 재편하는 것을 목표로 설정하고 있습니다. 그러므로 현재 책정 중인 새로운 국토계획안도 그러한 지자체 재편·지방제도 개혁과 대응하고 있다는 것을 짐작할 수 있습니다. 여기에서 앞서 소개한 국토심의회가 제기한 국토계획안의 내용을 검토해보고자 합니다.

2004년 5월에 발표된 국토심의회 조사개혁부회 보고에는 부제목으로 '새로운 국가 형태를 향해'라는 표제가 붙어 있습니다.

이 문서에서 향후 일본의 과제로 지적하고 있는 것은 첫 번째가 저출산·고령화의 진행입니다. 두 번째는 글로벌화, 세 번째는 환경문제, 네 번째는 자립적인 발전, 마지막 다섯 번째로 재정 제약을 들고 있습니다.

'이층의 광역권 구상'과 도주제·시정촌 합병과의 대응관계

이 문서는 이러한 문제들을 주축으로 '이층의 광역권 구상'을 제기합니다. 이층의 상층은 지역블록 구상입니다. 이는 인구로 말하자면, 대체로 700만~800만 명 정도의 단위로 도주제의 도주에 해당하는 범위라 할 수 있습니다.

하층은 생활권이라 불립니다. 이 생활권역은 시정촌 합병을 통한 광역자치단체 규모로 30만 명 정도를 상정하고 있습니다. 명백하게 이것은 앞 장에서 본, 일본경단련 비전에 등장했던 도주제 및 대규모 기초자치단체의 형성이라는 제도개혁에 대응하는 것입니다.

그리고 상층인 지역블록에서의 정책으로 '선택과 집중'을 강조하며, 국제화에 대응해 공항·항만의 정비와 이들을 연결하는 고속도로망 확충에 집중해야 하고, 이것들의 건설에 중점적으로 투자한다는 것입니다.

이때, 이미 실패했던 거점개발 방식을 다시 활용하려고 합니다. 그리고 개별 '지역블록'을 서로 경쟁시키면서 연대시킨다는 '자립권 연대형 국토의 형성'을 전망하고 있습니다.

즉, 블록별로 '경제적 자립'을 촉구하고, 각각이 경쟁함으로써 글로벌 경쟁에서 승리할 수 있도록 한다는 사고방식인데, 이때 주의해야 할 점은 도쿄의 위치 설정입니다.

도쿄로 집중되는 경제력을 분산하지 않으면, 지방블록에서는 지점경제로서의 기능이 강화되므로 경제적 자립은 사실상 불가능합니다. 그럼에도, 도쿄의 경제력 삭감에 대해서는 지극히 부정적인 견해를 보이고 있습니다.

도쿄의 경우 국제경쟁에서 이겨야 하므로 도쿄로 집중된 경제력은 온존한다는 방향입니다. 도쿄 대 지방이라는 사고방식이 아닌, 세계 속에서의 일본을, 그 안에서의 세계도시 도쿄를 특별 취급하겠다는 관점입니다. 이러한 사고방식으로는 지역블록의 '경제적 자립'은 아마도 그림의 떡이라 할 수 있겠지요.

그럼, 생활권역에 관해서는 어떨까요? 이에 대해서는 '도시의 콤팩트화compact론 혹은 '적정 규모의 마을 만들기'를 강조하고 있습니다. 짐작하건대 인구 10만 명 정도의 소도시를 상정하고 있는 것으로, 그러한 공간에 알맞은 마을 만들기를 하는 것이 바람직하며, 여기에 이론적으로 내발적 발전론, 또는 성장 관리론이라는 지속가능한 발전론을 이입하는 형태입니다.

'상층의 지역블록에는 공적자금을 집중적으로 투하하면서, 하층의 생활권에는 자주적인 지속가능한 발전을 위한 자립자조를 촉구한다', 국토정책에 대해 이와 같은 입장을 취하고 있습니다.

그렇다면 인구가 적은 지역에 관해서는 어떨까요? 국토심의회의 논의를 살펴보면 국토이용의 재편, 즉 취락의 재편을 통해 취락을 이동시키는 것도 고려해봐야 한다는 의견도 있습니다. 그렇지만 재편으로 인해 사람이 살 수 없게 되는 지역이 확대되면, 재해에 약한 국토 만들기로 이어지고 맙니다.

주에쓰 대지진 그리고 후쿠오카福岡 세이호오키西方沖 지진에서도 나타나는 것처럼, 중산간지역이나 낙도落島에서는 국토의 보전력이 굉장히 약해지고 있습니다. 산촌 혹은 농지를 개간하고 경작함으로써 국토가 유지되고, 이렇게 국토를 보전해서 그것이 도시에서의 안전한 생활을 보장해가는 관계인 것입니다. 재정적인 효율성에만 초점을 맞춰서 국토이용과 거주공간의 재편을 생각하는 사고 자체가 지극히 문제입니다.

'복지국가'형 지역정책에서 '글로벌 국가'형 지역정책으로의 전환

2005년 10월에 시행된 국토형성계획법과 새로운 국토계획은 앞서 살펴본 것과 같은 내용입니다. 그 특징은 지금까지 그럭저럭 이야기되어왔던, 적어도 제3차 전국종합개발계획까지는 논의되었던 지역 격차의 시정을 목표로 한 '복지국가'형 지역정책이 완전히 그 생을 다했다는 점에 있습니다.

그런 한편, 다국적기업의 입지를 무엇보다 중시하는 이른바, '글로벌 국가'에 대응한 지역정책으로의 전환이 명확해졌습니다. 그것이 지금의 신자유주의라 불리는 정책의 실제 내용입니다.

실제로 이는 일본만의 움직임이 아닙니다. 쓰지 고이치辻悟一가 지적한 것처럼,[8] 영국에서도 지역경쟁력 확보를 위한 지역정책의 전환이 1990

년대부터 진행되고 있습니다. 그리고 독일에서도 요아힘 히르슈Joachim Hirsch가 국민적 경쟁국가라고 이름 붙인 것처럼,[9] 다국적기업의 입지를 확보하기 위한 지역정책으로 전환하려는 움직임이 있습니다. 일본의 새로운 국토정책, 국토계획의 움직임도 이러한 정책적 전환과 방향을 같이 하는 것으로 볼 수 있습니다.

7. '다국적기업 입지 촉진형' 국토정책의 모순과 한계

그러나 이 다국적기업 입지 촉진형 국토정책에는 모순이 있습니다.

첫째, 국내의 지역적 불균등이 굉장히 심각한 상태에서 다국적기업 입지 촉진형 정책은 큰 한계가 있습니다.

일본 국내의 산업공동화가 진행되고, 사람이 계속해서 살아갈 수 없는 지역이 지방을 중심으로 확대되고 있습니다. 금융기관의 통합으로 노년층이 은행이나 농협에서 예금을 찾을 수 없거나, 대형점포의 진출로 인해 작은 마을 안에서는 신선한 식료품을 살 수 없게 되는 지역이 많아지고 있습니다. 더욱이, 대량의 실업자와 반실업자가 증가하고 소득격차, 계층 간의 격차가 커지고 있으며 사회적 범죄도 늘어나고 있습니다.

둘째, 이미 언급한 것처럼 그동안의 글로벌화 정책의 귀결로 식량 및 에너지 자원의 자급률이 크게 떨어지고 있습니다. 게다가, 석유 역시 대부분 중동에 의존하는 지극히 불안정한 재생산 토대를 이루고 있습니다.

다른 한편으로, 자본은 해외투자에 뛰어들고 그 투자이익은 본사가 있는 도쿄로 집중되고 있습니다. 반대로 지방에서는 산업기반이 총체적으로 붕괴되고, 과소화가 진행되는 등 지극히 불균형적인 국토 구조가 되어 있습니다.

식량위기 그리고 에너지 위기가 발생하면 일본 국민의 생활, 특히 대도시 주민의 생활은 필연적으로 큰 혼란에 빠지게 될 것입니다. 글로벌화 시대인 지금은 국내에서 식량 그리고 에너지를 조달하는 식의 사회적 안전보장을 꾀하는 것이 매우 중요합니다.

또한 지방의 후퇴와 이와 함께 늘어나는 사회적 범죄 그리고 빈발하는 재해에 대한 세세한 지방자치단체의 서비스가 점점 더 중요해지고 있습니다. 공공의 재원을 주민의 생활영역 범위에 맞게 배치하는 것이 지금 필요함에도 불구하고, 전혀 반대의 방향으로 지자체 재편이 실행되고 있습니다. 여기에도 커다란 모순이 있습니다.

셋째, 국토계획 그 자체에 관해 말하자면, 글로벌화 단계에서 과연 일국 규모의 국토계획을 세우는 것이 어느 정도 의미가 있는지를 새삼스럽게 따져볼 필요가 있습니다.

예를 들어, 독일의 국토계획은 공간 정비계획이란 형태로 국가 단위에서는 원칙적인 조항만을 정하고 있습니다. 그런 다음, 가장 기본이 되는 것이 지역의, 특히 시정촌의 지구계획입니다. 마을 안 소가구의 계획이 가장 상세하며, 그것을 겹쳐 올리면서 각 공간 단위에서의 계획을 상향식으로 만들어가는 계획체계입니다.

일본에서도 지방분권이 진행되고 있지만 그 이념을 생각해보면, 생활영역인 지역에 기반을 두고 계획을 쌓아 올려가는 것이 본래의 취지입니다. 이러한 취지를 따르면서 국토계획 형성의 기본방침만을 국가가 정해가도록 해야 하지 않을까요?

또 하나의 문제는 지방분권이라고 말하면서도, 일본의 지방분권은 광역자치단체를 만드는 방향으로만 돌진하고 있는 점입니다. 게다가, 도주제 논의에서도 도주의 지사에 관해서는 임명제, 혹은 호선제互選制로 하면 어떤가라는 논의가 이루어지고 있습니다. 지금의 헌법으로 보면, 지방자치단체의 수장은 선거를 통해 주민이 직접 선택하도록 규정하고 있지만 이를 바꾸어 헌법 개정 문제에까지 발을 들여놓는 개혁을 염두에 두고 있는 것입니다.

이는 한편으로, 유사국가체제를 구축하기 위해서는 지방자치와 단체자치를 억누를 필요가 있기 때문입니다. 다른 한편으로, 국토계획을 통해 사회간접자본에 대한 투자를 지속하기 위해, 새로운 주州 정부의 모체는 지금의 국토교통성 등의 출선기관出先機關이 담당하는 것도 논의되고 있습니다.

그러한 의미에서 주민의 의향이 얼마나 새로운 주정부와 대규모 광역자치단체에 반영될지에 대해서는 상당한 한계가 있을 것으로 예상됩니다. 현재, 책정 작업 중인 다국적기업 입지 촉진형 국토계획은 이와 같은 모순과 한계를 갖고 있습니다.

전후 60년을 되돌아봤을 때, '자본의 활동영역'으로서의 국토·지역 만들기에만 매진하면서 실패를 거듭해온 일본의 국토정책·지역정책을 근본적으로 수정할 필요가 있습니다. 글로벌 시대이며, 재해 열도화되고 있는 현 일본의 상황하에서는 소수의 다국적기업의 단기 이익을 제일로 한 '경제성' 중시가 아니라, 압도적 다수의 국민과 주민의 '인간다운 생활'과 그 국토의 지속가능한 발전을 가장 중요시하는 정책으로의 전환이 필요한 것 아닐까요?

제5장

프로젝트형 지역개발과 지역

1. 프로젝트형 개발의 등장과 일본프로젝트산업협의회

제4차 전국종합개발계획과 프로젝트형 개발

공항과 고속도로, 신칸센(일본의 고속철도) 등의 대규모 프로젝트가 실행되면, 지역은 '활성화'되지 않을까? 라고 생각하는 사람이 많을 겁니다. 그럼, 실제로 제4차 전국종합개발계획 기간에 전국 각지에서 전개되었던 대규모 프로젝트로 지역은 '활성화'되었을까요? 오히려 막대한 공공투자에도 불구하고, 지역경제는 후퇴하고 국가와 지방의 채무만 누적된 것이 현실 아닐까요? 이 장에서는 1980년대 후반의 제4차 전국종합개발계획으로 전개된 프로젝트형 지역개발의 하나인 간사이 신공항을 사례로 들어, 이것이 왜 지역경제의 발전으로 이어지지 않았는지를 검증해 보려고 합니다.

프로젝트형 개발 등장의 배경

제4차 전국종합개발계획 시대에 프로젝트형 개발이 중시되었던 배경에는 크게 두 가지 요인이 있습니다. 하나는 1970년대 후반에 구조불황에 빠진 기초소재산업을 중심으로 철강과 종합건설genecon 등의 중후장대형산업에 속해 있던 기업들이 1979년에 일본프로젝트산업협의회Japan Project Industry Council: JAPIC를 설립하고, 제안형 공공사업을 추진함으로써 시장 확대를 꾀한 것입니다. 다른 하나는 미국과의 무역마찰을 회피하기 위해, 「마에가와 레포트」에 집대성된 경제 구조조정정책의 일환으로 규제완화와 민간 활력의 도입을 통한 내수 확대를 꾀하는 노선을 선택한 것입니다. 이는 이후, 일·미 구조협의에서 430조 엔, 그리고 630조 엔 규모의 공공투자 기본계획이 대미공약이라는 이례적인 형태를 취하며 구체화됩니다. 그 투자계획의 대부분이 JAPIC이 제안한 사업이었다는 것이 이 시기의 큰 특징이며, 이것이 현재의 국가 및 지방재정의 위기를 불러일으킨 원인이 되었습니다.[1]

그 대표적인 사업으로는 도쿄만 횡단도로와 마쿠하리 메세, 요코하마 MM21•, 간사이 신공항과, 간사이 문화학술연구도시 건설, 리조트 개발, 이벤트형 개발, 지역 정보화정책 등이 있었습니다. 다음에서는 간사이 신공항 프로젝트를 예로 들어, 왜 대규모 투자가 지역의 발전으로 이어지지 않았는지를 살펴보겠습니다.

• 가나가와 현 요코하마(横浜) 시의 서구와 중구에 걸쳐, 요코하마 항과 맞닿은 지역의 개발.

2. 민간 활력형 간사이 신공항 건설

'간사이 복권'론과 신공항 구상

간사이 신공항 구상은 1960년대부터 간사이 재계가 '간사이 복권復權'의 기폭제로 추진해온 프로젝트였습니다. 이타미伊丹 공항이 비좁아지고 소음공해 문제가 심해지면서, 새로운 국제공항 건설에 대한 요구가 나날이 커져갔습니다. 처음부터 공항입지점이나 공사 방법이 정해져 있었던 것은 아니지만 고베神戸 먼바다부터 와카야마 먼바다까지 많은 입지점이 후보가 되어, 각 지역의 줄다리기가 팽팽했습니다. 또한 공사 방법에서도 매립 방식이냐 부체浮體 방식이냐를 놓고 대립이 있었습니다. 더욱이, 1970년대에 공해 반대 운동과 주민운동이 거세지고, 오사카 부에 구로다黒田 혁신 부정府政이 탄생함으로써 이 구상은 구체화되지 않았습니다. 그런데 1979년에 구로다 혁신 부정이 신공항 건설을 추진하는 기시岸 보수 부정으로 교체되면서, 단번에 공항 구상이 구체화됩니다. 1982년에는 나카소네 내각이 발족되었고, 민간 활력 도입을 통한 내수 확대 노선을 취합니다. 그 결과, 1984년에 간사이 국제공항주식회사법이 성립되고 간사이 신공항은 1987년 1월에 착공, 1994년 9월에 개항합니다.[2]

간사이 신공항의 거액 투자와 지방자치단체의 광역부담

간사이 국제공항(이하, 간사이 신공항)은 지금까지의 공항에는 없었던 몇 가지 특징이 있습니다. 첫째, 센슈泉州 먼바다 5km의 해면을 매립해 인공섬을 건설하는, 세계 최초의 본격적인 해상공항 방식을 채용한 점입니다. 이를 통해, 일본 최초의 24시간 공항을 실현하게 됩니다. 둘째, 이러한 공법을 채용하기 위해 막대한 건설비가 소요되었습니다. 실제 건설비용은 공항용지에 5977억 엔, 연락교에 1800억 엔, 폐기물 처리장에 64억 엔으로 총 7841억 엔에 달했습니다. 이에 반해 내륙부에 건설한 나리타成田 공항의 경우, 공항용지로 529억 엔이 든 것이 전부였습니다.[3] 여기에 공항 관련시설·기반시설 정비까지 포함한 간사이 신공항의 총 사업비는 1조 5000억 엔에 달했습니다. 셋째, 이러한 막대한 금액의 투자는 제1종 공항인 이상, 나리타 공항처럼 국가가 모든 것을 부담해야 하지만 간사이 신공항의 경우, 제3섹터 방식을 채용하게 되었습니다. 이는 재정위기를 계기로 '임시 조사 행정개혁'이 추진되고 있던 상황에서 국가가 재정지출을 꺼려했기 때문입니다. 결국, 간사이 재계 및 지역 지자체들의 '청원'에 의해 공항 건설에 대해 국가는 회사출자금의 2/3를 부담한 것이 전부이며, 나머지 1/3은 지방자치단체와 민간기업이 부담했습니다. 게다가, 지방자치단체에는 해당 지역인 오사카 부, 오사카 시뿐만 아니라 와카야마 현, 효고 현, 고베 시, 나라奈良 현, 교토 부, 교토 시, 시가 현, 미에三重 현, 후쿠이 현, 도쿠시마德島 현 등의 3개 정령시, 9개 부현이 들어갔습니다. '간사이 복권'을 호소함으로써, 정관재政官財 일체의 광역적인 '성장동맹'이 탄생한 것입니다. 하지만 이는 무엇보다 이들 지자체에 살고 있는 주민의 부담을 더욱 심화시키는 것을 의미했습니다.

3. 공항 건설로 지역경제는 풍요로워졌는가?

보이지 않는 대규모 투자의 지역 파급효과

〈표 5-1〉 긴키권의 전국 비중

(단위: %)

순위	1985년	1990년
인구	16.6	16.5
공업출하액	18.5	17.7
현 내 총생산	17.3	16.6
현민소득	17.4	16.8

주: 긴키권은 시가, 교토, 오사카, 효고, 나라, 와카야마 등의 6개 부현을 가리킴.
자료: 東洋経済新報社, 『地域経済総監』; 経済企画庁経済研究所, 『県民経済計算年報』.

간사이 신공항은 간사이 문화학술연구도시, 아카시明石 해협대교와 함께 '간사이 복권'의 기폭제가 될 것으로 기대되었습니다. 그런데 〈표 5-1〉에서도 명확하게 보이는 것처럼, 이들 프로젝트 건설이 집중된 1980년대 후반 긴키 지방이 전국에서 차지하는 상대적 비중은 계속해서 낮아졌습니다. 도쿄 일극집중의 영향이 크게 작용했다는 것은 쉽게 예측할 수 있지만 여기에서 주목해야 할 것은 긴키 지방의 총생산과 소득분배의 양상입니다. 〈표 5-2〉에 나타난 것처럼, 긴키 지방의 현 내 총생산 증가율은 전국 평균을 밑도는 32.6%였는데, 현민소득 증가율은 전국 수준을 더욱 밑돌고 있습니다. 현민소득 증가의 내용을 살펴보면, 그동안 가장 많은 증가를 기록한 것이 버블과 관련된 움직임인 재산소득이며, 실제로 87.4%에 달합니다(특히, 오사카 부는 이 지표만이 전국, 긴키권 평균을 웃도는 97.2%를 기록). 그리고 민간 법인기업소득이 46.6%로 그 뒤를 잇고 있으며, 고용자소득은 현민소득 증가율을 크게 밑도는 25.7%에 그치고 있습니다. 더 큰 문제는 개인기업소득(농림어업을 포함한)의 증가율이 마이너스로 전환되었다는 점입니다. 그 감소율은 중소규모의 개인경영이 집적된 오사카 부에서 특히

〈표 5-2〉 긴키권 현 내 총생산과 분배소득 증가율(1985~1990년)

(단위: %)

구분	전국	긴키권	오사카 부
현 내 총생산	37.6	32.6	32.4
현민소득	36.6	31.6	30.4
고용자소득	31.8	25.7	22.1
재산소득	90.0	87.4	97.2
기업소득	30.5	22.2	20.3
민간 법인기업소득	51.8	46.6	46.1
개인기업소득	7.0	▲1.5	▲13.5

자료: 経済企画庁経済研究所, 『県民経済計算年報』.

심각합니다. 즉, 프로젝트를 통한 경기의 확대효과가 있었다고 해도, 대부분이 재산소득이나 민간 법인기업소득으로 흡수되고, 개인경영이나 노동자의 소득분배로는 이어지지 않았다고 할 수 있습니다.

거대 독점기업 그룹에 의한 사업독점

게다가, 민활형 대규모 프로젝트 개발이 갖는 특성 자체가 '공항을 건설하면, 간사이경제는 활성화된다'라는 단선적인 개발론을 허용하지 않는 중요한 한계를 지닌다는 것을 알아두어야 합니다.[4]

첫째, 간사이 신공항 프로젝트 구상, 간사이 학연도시 구상 모두 중후장대형산업의 시장창출을 꾀하려는 JAPIC의 제안사업이며, 거대 기업그룹에 의해 사업이 독점적으로 이루어진 것이 중요합니다. 〈표 5-3〉에서 명확히 알 수 있듯이, 간사이 신공항의 경우 당시 6대 기업 집단이 이미 그룹을 형성해 간사이 신공항 프로젝트에 참가할 기회를 노리고 있었습니다. 여기에, 일·미 구조협의와 일·미 건설협의와 같은 양국 간 협의를 이용해, 미국 정부는 일본의 토목건설업계의 담합체제를 비판하면서, 미

〈표 5-3〉 간사이 신공항 건설에 참여한 기업단체

그룹	산와	스미토모	다이이치 권업은행 (현, 미즈호 은행)	미쓰이	후요	미쓰비시
명칭	간사이 신공항연락회	스미토모 간사이 신공항협의회	FKC 공항대책 연락회	미쓰이 간사이 공항연락회	간사이 신공항연락회	오오조라회
입회사 수	116사	169사	72사	116사	63사	135사
사무국	미도리회 닛쇼이와이	미쓰이 상사	가와사키 중공업 이토추	미쓰이 물산	마루베니	미쓰비시 상사
발족연월	1976.5	1976.10	1977.10	1978.3	1978.3	1978.4

자료: 大阪科学技術センター,『エアポートハンドブック』(月刊同友会, 1986).

국 자본에 대한 건설시장 개방을 집요하게 재촉했습니다.[5] 그 결과, 이들 프로젝트의 컨설턴트, 공사, 시설·설비품의 조달에서 〈표 5-4〉와 같이 외자계 기업의 참가가 잇따르게 됩니다. 이 밖에 수주기업이 공사용 기자재로서 조달한 것은 매립용 강판(스미토모금속, 30억 엔), 쇄석용 대형굴착기(히타치건설기계), 덤프트럭(신캐터필러 미쓰비시, 10억 엔), 준설선(이시카와지마하리마중공업, 30억 엔), 연락교용 트러스교(미쓰비시중공업), 터미널용 스테인리스 자재(가와사키제철, 10억 엔) 등이 있습니다.[6]

즉, 건설투자의 직접적인 수혜자는 대형 종합건설회사를 중심으로 한 조인트 벤처(공동기업체)그룹과 중후장대형산업의 대기업 그리고 미국과 유럽의 토목건설설계·공항 관련 기업임을 알 수 있습니다. 이는 간사이 신공항 프로젝트가 JAPIC와 일·미 구조협의가 얽힌 프로젝트였다는 점에서 당연한 귀결입니다. 이 때문에 간사이계 기업에 대한 발주도 처음부터 제한되었던 것입니다. 당연히 건설 단계에서 지역 중소기업의 사업참가는 토목건설 하청을 제외하면 상당 부분 제한적일 수밖에 없었으며, 1988년에 있었던 오사카 상공회의소의 조사에서도 많은 기업들이 신공

〈표 5-4〉 간사이 신공항 프로젝트 주요 공사 등의 수주기업(간사이 국제공항 주식회사 발주분)

(단위: 억 엔)

수주공사 등의 내용	수주액	수주기업 명
해상 작업기지	2	신니혼제철
지반개량 조사공사	28	고요건설, 미쓰이부동산건설, 도요건설, 도아건설공업, 와카치쿠건설을 중심으로 하는 5개 그룹
호안공사	913	도요건설, 고요건설, 도아건설, 사이키건설, 와카치쿠건설, 미쓰이부동산건설을 중심으로 하는 6개 그룹
연락교	1,200	하자마, 오바야시, 니시마쓰건설, 구마가이, 마에다건설, 고노이케, 미쓰비시, 이시하리, 미쓰이, 히타치, 가와사키, 가와다, 고마이, 닛바시, 마쓰오, 신니데츠를 중심으로 하는 16개 그룹
컨설턴트(여객터미널)	40	벡텔(미국)
컨설턴트(여객터미널)	117	파리공항공단 등 구미의 공항 당국
컨설턴트(정보통신)	40	A T & T 인터내셔널(미국) 등 공동기업체
정밀전파 거리측정계	25	델타(미국)
범선용 엔진	35	G M(미국)
컨설턴트(보안)	49	T R W(미국)
컨설턴트(보안)	15	벡텔(미국)
컨설턴트(여객터미널)	23	파리공항공단
트랜시버	1	모토로라(미국)
컨설턴트(여객터미널)	330	파리공항공단 등 공동기업체
설계경기	110	베르나르 추미(미국) 등 구미 11개사
컨설턴트(정보통신)	20	A T & T 인터내셔널(미국) 등 공동기업체
기상해상 관측 데이터처리장치	59	일본 유니시스(미국)
컨설턴트(상업)	7	브리티시 에어포트 서비스(영국)
컨설턴트(경영)	17	댈러스 포트워스 국제공항위원회 등 구미 4개 공항 당국
매립조성	1,277	다이세이건설, 도아건설, 미쓰비시 광업시멘트, 가시마건설, 도요건설, 오바시, 고요건설, 고노이케 등 8개 그룹
컨설턴트(여객터미널)	1,435	렌초피아노 빌딩워크숍 재팬사(파리공항공단, 니켄세케이, 렌초피아노 설계회사의 공동기업체)
컨설턴트(통신)	182	A T & T 인터내셔널(미국) 등 공동기업체
여객안내시스템 설계	2	스미토모금속공업 등 2개사의 공동기업체
자동전동차 여객운송시스템	50	니가타철공, 스미토모상사 등의 공동기업체
여객수하물 처리시스템	65	가와사키중공업, 오스틴(미국), 모이마(독일) 공동기업체
관제탑	114	오바시, 도다건설, 아사누마, 다이니혼토목, 샤를어소시에이트(미국) 공동기업체
여객터미널	1,085	오바시, 다케나카공무점을 중심으로 하는 2개사 공동기업체
쓰레기 소각 설비	45	미쓰미시중공업과 미쓰이건설의 공동수주
화물터미널	73	마에다, 도카이, 도요건설 공동기업체, 오쿠무라, 무라모토, 다이스에건설공사 공동기업체

자료: 関西国際空港株式会社 資料; 関西空港調査会, 『関西新空港ハンドブック』(ぎょうせい, 1990); ≪日本経済新聞≫ 기사를 토대로 작성.

항 사업에 신중한 자세를 보였습니다.[7]

지역 시정촌의 지역산업에는 마이너스 경제효과

여기까지, 긴키권 및 오사카 부라는 광역적인 지역에서의 파급효과에 대해 살펴보았습니다. 문제는 주민의 생활영역에 가까운 시정촌이란 지역에 신공항 건설이 어떠한 영향을 미쳤는지를 확인하는 것입니다. 결론을 먼저 말하자면, 간사이 신공항 건설사업은 해당 지역인 센슈 지역산업과 주민에게 마이너스 효과를 가져왔습니다. 〈표 5-5〉는 공항 건설 개시 이후의 신공항 주변의 지역경제 동태를 정리한 것입니다. 공항섬에서 가장 가까운 이즈미사노泉佐野 시의 데이터가 전형적으로 보여주는 것처럼, 건설 붐 아래 지가가 상승하면서 건설업과 운수통신업뿐만 아니라 부동산업과 금융·보험업의 사업소 수 및 종업원 수가 크게 증가했습니다. 그러나 다른 한편으로 공항섬, 접근도로, 린쿠타운•의 건설과 공유수면매립公有水面埋立에 따른 농지면적과 어선 수는 감소했고, 농업과 어업이 축소되었을 뿐 아니라 제조업의 사업소 수·종업원 수도 감소한 지자체가 적지 않았습니다.

오사카 부가 신공항 지역 8개 시, 5개 정의 기업을 대상으로 실시한 설문조사에서, 신공항이 경영 면에서 플러스가 되었다고 응답한 기업은 금융업, 통신업, 서비스업에 집중되어 있으며, 반대로 마이너스가 되었다고 평가한 업종은 경제 구조조정하에서 임금 상승·인재 확보에 어려움을 겪었던 지장地場 섬유업계를 비롯한 제조업이었습니다.[8] 신공항 건설

• 간사이 신공항의 개항에 맞춰 오사카 등 도시의 해안선을 따라 개발된 부도심.

〈표 5-5〉 간사이신공항 건설과 주변 지역의 산업 동태(증감률)

(단위: %)

구분		기간	오사카 부	사카이 시	다카이시 시	이즈미오쓰 시	다다오카 정	이즈미 시	기시와다 시	가이즈카 시	구마토리 정	이즈미사노 시	다지리 정	센난 시	한난 시	미사키 정
인구		1985~1990	0.8	-1.3	-2.8	-1.1	1.9	6.1	1.5	-0.4	16.0	-2.9	-9.5	0.0	8.9	-3.5
농가 수		1985~1990	-20.1	-23.9	-14.7	-31.6	-9.1	-19.5	-24.5	-20.2	-23.2	-11.2	-12.3	-7.0	-19.4	-29.7
경영경지면적		1985~1990	-12.7	-18.3	-8.6	-19.4	-13.2	-18.7	-14.1	-13.9	-10.1	-7.8	-12.7	-8.0	-16.5	-22.7
사용 어선 수		1984~1988	-35.9	-29.8	-26.7	-29.2	-54.3	-	-22.4	-	-	-50.7	-57.7	-35.3	-49.2	-23.9
어획량		1984~1988	-39.5	-32.9	8.0	316.0	-85.1	-	-38.0	-	-	-81.0	-56.3	3.5	-34.3	-21.0
민영 사업소 수	전산업	1986~1991	0.6	0.5	-4.8	-5.3	-4.1	0.7	3.6	-0.6	6.4	1.2	4.0	2.2	10.0	1.2
	건설업	1986~1991	5.9	10.0	-8.6	-2.6	6.8	5.8	17.7	24.0	34.5	29.1	12.5	3.2	-2.0	30.2
	제조업	1986~1991	-3.1	-2.6	-12.7	-15.5	-7.1	-8.9	-6.5	-2.2	-12.9	-6.8	-17.8	-5.2	-9.8	0.0
	운수통신	1986~1991	11.3	28.2	19.6	14.9	13.8	0.0	21.4	23.7	114.3	26.3	25.0	37.5	-42.9	11.1
	도소매·음식업	1986~1991	-4.0	-5.1	-7.2	-5.2	-9.0	-0.8	-1.7	-9.8	9.1	-3.5	-1.4	-2.2	8.9	-13.0
	금융보험업	1986~1991	9.0	0.4	6.1	3.3	50.0	32.7	-1.9	8.9	15.8	30.3	42.9	16.0	50.0	28.6
	부동산업	1986~1991	14.1	16.9	19.4	6.4	36.4	23.2	37.3	25.8	35.7	55.8	116.7	58.8	44.4	80.0
	서비스업	1986~1991	8.4	5.9	-1.7	2.7	6.1	13.7	16.7	14.4	19.0	6.6	12.6	9.1	21.8	16.2
동종 업자 수	전산업	1986~1991	11.2	10.4	3.6	1.6	10.2	12.7	14.5	9.3	35.3	14.4	11.4	11.6	20.3	-3.4
	건설업	1986~1991	18.5	23.8	-18.0	12.6	45.3	19.7	40.6	36.8	151.0	95.3	71.7	11.3	27.5	-1.0
	제조업	1986~1991	2.9	5.1	6.3	-8.4	3.5	-2.7	-1.8	-5.0	4.3	-4.1	-31.3	-8.2	-7.5	-12.1
	운수통신	1986~1991	23.6	-0.6	14.9	44.1	13.1	9.2	17.7	38.1	280.0	56.1	-8.3	91.8	-8.8	14.8
	도소매·음식업	1986~1991	4.6	7.0	6.9	-2.4	11.4	19.0	9.1	11.9	35.7	12.5	34.3	17.9	30.3	-11.3
	금융보험업	1986~1991	11.0	12.5	7.9	-0.5	70.8	32.0	28.7	11.4	20.2	29.9	-8.9	-11.0	45.5	17.9
	부동산업	1986~1991	32.8	36.5	29.9	36.2	16.0	79.9	50.2	11.0	14.6	119.4	106.7	114.8	69.3	28.0
	서비스업	1986~1991	27.9	24.6	0.5	16.2	28.5	32.3	36.0	31.5	73.9	25.6	47.1	54.0	45.5	6.5
지가(전 용도 합계)		1987~1990	270.5	305.7	379.1	328.1	-	288.9	333.5	338.7	-	338.4	-	373.8	-	-

자료: 総務庁, 『国勢調査報告』; 農水省, 『世界農林業センサス』; 近畿農政局大阪統計情報事務所, 『大阪農林水産統計年報』, 「大阪府農林部水産課資料」, 「大阪府地価調査」. 大阪府統計協会, 『大阪府統計年鑑』(昭和60年版·平成2年版); 大阪府企画調査部統計課, 「平成3年事業所統計調査結果概報」; 東洋経済, 『地域経済総覧(各年版)』(東洋経済新報社)에서 재인용.

의 대규모 투자는 기존의 지장산업에 마이너스 효과를 가져왔다고 할 수 있겠지요. 여기에 지가 상승과 재개발은 주민을 몰아내 인구가 감소하고 있는 지자체도 과반수였습니다.

따라서, 신공항 건설로 대규모 투자가 이루어졌다고 해도, 그것이 직접적인 주변 지역경제의 번영으로 이어지는 것은 아니었습니다. 신공항 건설의 수혜를 입은 JAPIC 관련 산업과 공항 관련 사업 그리고 마이너스 효과를 입은 지역산업으로 크게 구분된 것입니다. 또한 전자의 경제적 성과 대부분이 프로젝트 관련 기업의 본사가 집중된 도쿄로 흡수되었습니다.

지방자치단체 재정에 무거운 부담

간사이 신공항 프로젝트는 지역산업뿐만 아니라 지방자치단체에게도 큰 부담을 남기게 되었습니다. 이미 언급한 것처럼, 간사이 신공항은 '청원공항'이라는 인식으로 건설에서부터 운영에 이르기까지 제3섹터에서 담당했고, 해당 지자체의 부담이 동반되었습니다. 그 결과, 해당 지역인 오사카 부뿐만 아니라 정령 3개 시를 포함한 12개 지자체의 출자가 이루어졌습니다. 게다가, 당초 계획으로는 합계 534억 엔으로 비교적 작은 규모였던 것이, 공항섬의 지반침하로 인한 공사 연장과 사업계획 수정으로 1992년에는 715억 엔으로 불어났습니다. 특히, 오사카 부가 이 중 362억 엔에 가까운 부담을 지게 되었습니다. 당연히 프로젝트 관련 자본의 입장에서는 나중에 남겨질 공항회사의 채산성과 지자체의 부담이 어떻게 되든 공사가 진행되기만 하면, 그걸로 좋은 일이었습니다. 그리고 공항회사로서는 실컷 쏟아부은 건설비용을 단기간에 회수할 필요가 있었기 때문에 착항요금과 연락교 통행료 등을 비싼 값으로 설정해야 했습니다. 거기에 버블붕괴 후의 장기불황으로 이용객 수와 취급 화물량도 줄어들었고, 아직 이타미 공항의 국내선이 남아 있었기 때문에 공항 이용객은 당초 계획에 상당히 못 미친 상태로, 공항회사의 재무 상황은 계속해서 악화되었습니다.

간사이 국제공항 주식회사 측에서도 "거액의 자본을 투입해서 바다 위에 건설한 결과, 회사의 지불이자, 고정자산세, 감가상각비 등의 고정경비가 전체 경비의 2/3를 차지한다", "'경직적인 수지 구조'이다"라고 인정하고 있을 정도입니다.[9] 2004년도 결산에서 간사이 국제공항 주식회사는 '그룹에서 처음으로 경영이익 52억 엔의 단년도 흑자를 달성'했다고 발표했지만, 자세히 살펴보면 이는 10% 이상의 인원 감축, 2003년도부터 받게 된 정부보조금으로 만들어진 '단년도 흑자'였습니다.[10]

다른 한편, 출자한 12개 부현·정령시는 '성장을 위한 간사이 동맹'이라는 맹약을 맺은 지 얼마 지나지 않아, 적자 보전과 제2기 확장공사를 위한 추가 투자를 해야 하는 등, 다음 연도의 부담 위험을 장기적으로 떠안게 되었습니다.

게다가, 공항 본체와 함께 간사이 신공항 프로젝트의 핵심사업의 하나였던 '린쿠타운'에 진출을 단념하는 기업이 잇따르면서 개발 주체인 오사카 부의 재정위기뿐만 아니라 세수 증가를 예상하고 선행투자를 했던 해당 지역인 이즈미사노 시에 심각한 재정위기를 일으켰습니다.[11] 이들 지방자치단체들이 제3섹터를 설립하여 구성·건축한 토지와 빌딩은 그대로 '행정의 불량채권'이 되어버렸습니다.[12] 그중에서도 이즈미사노 시는 그 이후에도 지방재정위기가 심화되었고, 오사카 부 내에서 가장 최악의 재정상태에 빠지게 됩니다.[13] 덧붙여, 2003년도의 결산을 보면, 실질수지는 약 30억 엔의 적자로 부에서 가장 높고(오사카 시를 제외) 경영수지 비율은 106.6%로 최저 2위에 있습니다. '신공항이 생기면, 지역이 활성화된다'는 것을 글자 그대로 받아들인다면, 신공항 바로 앞에 있는 이즈미사노 시가 가장 번영하고 풍요로운 재정을 갖고 있어야 하지만 전혀 반대의 결과로 끝난 것입니다.

4. 왜 프로젝트형 개발로 지역이 풍요로워질 수 없는가?

대규모 공공사업의 대부분을 차지하는 대기업

이상의 간사이 신공항의 사례를 보면, 거액의 프로젝트 투자가 이루어져도 지역이 풍요로워질 수 없는 이유는 분명합니다. 대규모 공공사업일수록, 해당 지역과는 관계없는 대형 종합건설회사와 자재업체가 공사를 수주하고, 이들 기업과 거래관계가 없는 해당 지역산업은 오히려 마이너스의 영향을 받기 때문입니다. 실제로 대규모 공공사업은 대형 종합건설회사를 중심으로 한 대기업이 압도적인 지배력을 갖고 있습니다. 〈표 5-6〉은 공공사업의 총 평가액별로 본 자본금 1억 엔 이상 기업의 수주점유율을 나타낸 것입니다. 이 표를 통해, 5억 엔 이상의 대규모 공공사업에서는 건수로는 85%, 총 공사평가액으로는 90% 정도를 자본금 1억 엔 이상의 기업이 차지하고 있다는 것을 알 수 있습니다. 1990년과 1999년을 비교해보면, 공사평가액 5000만 엔 이상에서는 감소하는 경향이 있지만 그 미만의 중소규모 공사에서는 점유율이 급증하고 있습니다. 그 결과, 전체 건수에서 차지하는 점유율도 1999년에는 23.6%, 총 공사평가

〈표 5-6〉 공공사업의 공사평가액별로 본 자본금 1억 엔 이상 기업의 수주 점유율

(단위: %)

총 공사평가 규모	건수		총 공사평가액	
	1990년	1999년	1990년	1999년
총 수	12.2	23.6	44.0	51.6
100만 엔 이상~500만 엔 미만	8.2	21.6	8.1	21.2
500만 엔 이상~1000만 엔 미만	8.4	20.1	8.4	19.8
1000만 엔 이상~5000만 엔 미만	11.1	19.5	11.8	18.7
5000만 엔 이상~1억 엔 미만	24.8	22.8	25.6	23.3
1억 엔 이상~5억 엔 미만	49.0	46.0	53.4	51.4
5억 엔 이상	86.3	85.4	92.5	91.1

자료: 建設省建設経済局調査情報課, 『公共工事着工統計年度報』, 第40号(建設物価調査会, 2000) 참조.

액 점유율은 51.6%에 달했습니다. 버블붕괴 후, 대기업이 중소규모의 공공사업에 대한 참여를 강화했다는 것을 알 수 있습니다. 또한 2002년 공공기관으로부터의 수주공사 청부계약액에서 차지하는 도쿄 소재 대기업(자본금 50억 엔 이상)의 점유율은 23.1%에 달했습니다. 금액으로는 그해 15조 5000만 엔의 전체 수주공사 중, 4조 6000만 엔을 도쿄 소재의 기업이 수주했고, 이 중 3조 6000만 엔이 자본금 50억 엔 이상의 대기업이 차지하고 있습니다.[14]

바로 이러한 구조 때문에 비단 공항뿐만 아니라, 예를 들어 도시보다 지방으로 공공사업비가 많이 배분된다고 해도 그 공사의 적지 않은 부분을 도쿄에 본사를 둔 대기업이 수주하고 수익도 도쿄로 환류되며, 결국 그 지역의 경제력은 향상되지 않습니다. 건설공사가 이루어져도 자금은 단지 그 지역을 통과하는 것으로 끝나며, 그 지역에 뿌리를 내리고 지속적으로 경제활동을 하는 기업이 생겨나지 않습니다. 게다가, 생산파급효과 면에서도 지방에 대규모 투자나 최종소비가 이루어졌다 해도, 건설자재나 소비자재를 공급업체 대부분이 도쿄권에 거점을 두고 있어 그 생산

〈그림 5-1〉 각 지역에서 1조 엔의 최종수요가 확대되었을 경우, 각 지역으로의 생산유발액

(1985년 기준)

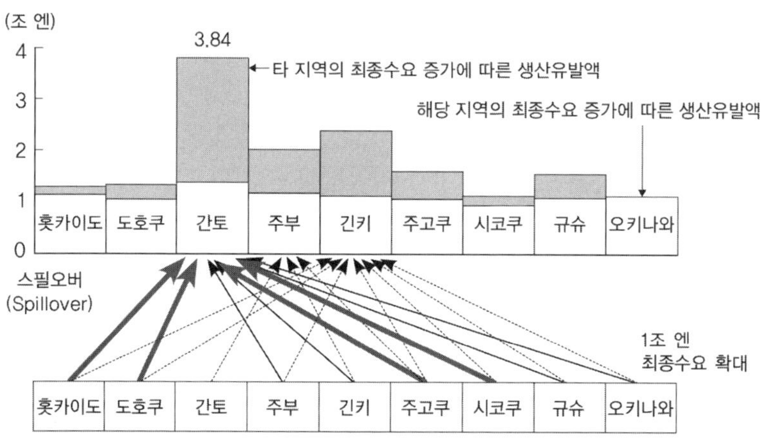

주: 1) 통상산업성 '지역 간 산업연관표'를 근거로 작성.
2) 지역 구분은 B.
3) 실선은 어느 지역으로 어느 정도 스필오버가 있었는지를 나타냄.
······▶ : 0.1조 엔 이상 0.2조 엔 미만.
——→ : 0.2조 엔 이상 0.3조 엔 미만.
➡ : 0.3조 엔 이상.

자료: 経済企業庁調査局 編, 『平成4年 地域経済レポート』(大蔵省印刷局, 1992).

유발 효과가 도쿄권으로 집중되는 경향이 있습니다. 〈그림 5-1〉은 각 지방에서 1조 엔의 최종수요가 발생할 때, 그에 따른 제1차 생산유발 효과가 어디로 가는지를 1985년의 '지역 간 산업연관표'에서 추계한 것입니다. 도쿄를 중심으로 한 간토關東로의 집중이 확연하게 드러납니다. JAPIC 주도의 간사이 신공항 프로젝트에서는 이러한 경향이 더욱 현저하게 나타났습니다.

지방자치단체의 행·재정은 누구를 위해 존재하는가?

간사이공항의 사례분석을 통해 새삼스럽게 따져봐야 할 것은, 지방자치단체의 행·재정이 민활형 대규모 프로젝트를 위해 존재하는지, 지방자치단체의 주권자인 주민의 생활과 영업에 대한 지원을 위해 존재하는지 하는 근본 문제입니다. 대규모 개발을 통해 축적을 꾀하려는 거대자본이 자금조달과 재정지원뿐만 아니라 규제완화와 여러 행정절차의 간소화의 이점을 위해 광역행정을 요구해온 것은 이미 반복해서 지적한 것입니다. 하지만 그 대규모 개발의 대상이 된 지역은 자본의 투자 대상이기 이전에 주민의 생활의 장이기도 합니다. 지방자치단체는 무엇보다도 주권자인 주민의 생활을 제일로 해야 하는데, 대형 프로젝트에 대한 출자·협력을 최우선으로 하는 지자체의 모습은 그 본래의 취지와 정면으로 대립하는 것 아닐까요?

제6장

기업유치로 지역은 풍요로워지는가?

1. 기업유치의 꿈과 현실

기업유치를 둘러싼 보조금 경쟁

지역경제를 활성화시키기 위해서는 누구나 마음속으로 '기업을 유치하면 된다'는 생각을 떠올리지 않을까요? 지방자치단체의 간부들, 의원들과 이야기해보면 "우리 지역에는 특별한 산업도 없고, 외부에서 기업을 유치하는 것이 가장 효과적이라고 생각한다"고 많은 사람들이 대답합니다. 실제로 상당수의 지방자치단체에서 기업유치를 위해 조례를 만들거나 보조금이나 세금감면, 기반시설의 정비 등 각종 우대조치를 시행하고 있습니다. 재정위기에 빠져 있는 오사카 부에서도 최대한도 30억 엔의 보조금제도를 만들어 2005년에 기업유치추진센터를 설립했습니다. 교토 부도 산업입지를 권장하기 위한 보조금을 2005년부터 최고 20억 엔까지 끌어올렸습니다. 이렇게 전국적인 기업유치 경쟁이 거액의 재정

투입과 함께 전개되고 있습니다.

그 배경에는 제2장과 제4장에서 언급한 것처럼, '글로벌 국가' 구상을 바탕으로 한 '다국적기업에게 선택받을 수 있는 국가 만들기·지역 만들기'론이 있다는 것은 말할 것도 없습니다. 즉, 국제적인 '대경쟁' 속에서 기업은 '입지환경이 마음에 들면, 다른 지역으로 혹은 국경을 초월해 그 시설을 이전해가기' 때문에, '이제는 기업이 지역을 선택하는 시대이다. 세계적 차원에서도 기업이 국가를 고르는 시대가 되었다. 기업의 입지를 둘러싼 지역 간 경쟁이 일반화된 시대이다.[1] 국가와 국가, 지역과 지역에서 얼마나 매력적인 입지조건을 제공할 수 있는지가 중요하다'며, 기업유치의 지역 간 경쟁을 부채질하고 있습니다.

1920년대 중반부터 시작된 공장유치

'기업유치를 통한 지역진흥'이란 사고방식은 이제 막 시작된 것이 아닙니다. 일본에서 지방자치단체의 공장유치정책이 본격적으로 시작된 것은 1920년대 중반부터입니다. 이 무렵, 토지의 무상제공과 보조금 지출, 도로와 용·배수로의 정비, 과세 면제, 가스·수도·전기 사용요금 우대 등, 지금의 우대조치와 같은 특혜를 줌으로써 공장유치에 뛰어드는 지자체가 나타났습니다. 지역별로는 시즈오카静岡, 아이치, 기후岐阜, 미에 등 교통조건의 혜택을 받은 도카이 지방의 지방자치단체가 활발한 기업유치활동을 전개했으며, 공장유치를 통해 인구를 늘리고 세수를 증가시키는 것이 목적이었습니다.[2]

1930년대에 들어서면서, 기존의 방적공장뿐만 아니라 중화학공업의 공장유치가 본격화되었고, 예를 들어 미에 현·욧카이치 시에서는 전후

욧카이치 내의 공해 발생원이었던 콤비나트kombinat의 전신공장인 제2 해군연료창과 이시하라산업石原産業株式会社(오사카에 본사를 둔 대형 화학회사) 유치가 진행됩니다. 또한 아이치 현 고로모挙母 정은 거액의 정비町費를 투입해 도요타자동차 유치에 뛰어들어 '도요타豊田 시'의 발판을 만들었습니다. 이러한 공장유치가 가능하게 된 것은 자본의 축적활동이 확대, 광역화되어 단일공장뿐만 아니라 많은 분공장을 둔 기업 내 분업이 발달하게 되었고, 또 철도와 도로의 정비, 전원개발이 이루어져 공장유치가 전국적으로 확대되었기 때문입니다. 전시에 들어서면서, 국방상의 이유로 대규모 공장의 지방 분산화가 추진되었고, 이러한 대규모 공장의 입지를 계기로 급속하게 도시화를 이룬 '신흥공업도시'가 지방에 속속 생겨납니다.[3]

전후 공장유치정책의 흐름

전후 공장유치의 물결은 쇼프 세제개혁권고* 후의 지방재정위기 속에서 일기 시작했습니다. 예를 들어, 기후 현에서는 1951년에 기후 시가, 1953년에는 오가키大垣 시에서 세금감면조치 등이 포함된 공장유치장려조례를 제정했습니다. 이 조례제정의 과정은 현 내의 각 지자체로 퍼져, 1956년에는 기후 현이 공장유치조성조례를 제정하고 공장을 유치한 시정촌에 대한 지원을 시작합니다. 그 결과, 기후 현에서는 1956년부터

* 미국의 경제학자 칼 쇼프(Carl Shoup)를 단장으로 한 세제 사절단이 1949년과 1950년에 일본의 세제개혁에 관해 제출한 권고로 직접세 중심주의, 지방세의 독립세 전환 등을 주요 내용으로 하고 있다.

1965년 사이에 117개의 공장유치가 결정됩니다.[4]

전국적으로는 1960년대 초반의 신산업도시건설을 둘러싸고, 극심한 지정 경쟁과 기업유치활동이 전개되었습니다. 지정을 둘러싼 진정비용陳情費用은 공식적으로 약 6억 엔에 달했고, 이는 신산업도시건설 보조금의 초년도분과 같은 액수로 알려져 있습니다.[5] 결과적으로 15개 지역이 지정되어, 그밖에 준準산업도시로서 '공업정비특별지역' 6개 지역이 지정되었고, 거점개발 방식의 지역개발을 전개합니다. 그에 따라, 고도 경제성장정책의 일환으로 공해를 발생시키기 쉬운 철강이나 석유화학 등의 중화학공업 콤비나트 유치 경쟁이 일어납니다.

현과 시정촌은 공장유치를 위한 '선행투자'로 지방채를 발행하고 공장용지, 도로, 항만, 용수 등의 산업용 기반시설infrastructure에 대한 공공투자를 중점적으로 실시했습니다. 하지만 미야모토 겐이치가 지적한 것처럼, 미야자키 현의 휴가日向·노베오카延岡 지역과 같이 지정된 이후에 실제로 공장입지가 이루어지지 않았던 곳에서는 막대한 이자 지불액 때문에 현이 재정위기에 빠지게 되는 등, 농림어업과 지장산업의 급속한 후퇴, 공장공해의 발생, 공공사업의 산업기반 편재偏在로 인해 주민복지가 뒤로 밀려나는 사태가 현저하게 나타났습니다.[6] 유치한 공장 대다수는 본사가 도쿄와 오사카에 있는 기업의 분공장이었고, 그 수익의 대부분이 본사로 이전되었습니다. 당연히 법인세도 본사 소재지에서 국가에 의해 징수되었습니다. 지역에는 공해와 지방채의 누적 채무만이 남게 되었고, 중화학공장 유치를 통해 지역경제의 활성화와 주민의 복지 향상을 꾀하려던 거점개발의 꿈은 무너졌습니다.

이렇게 공해 문제의 영향이 컸다는 점과 1960년대 말이 되면서, 신규 공장입지가 이루어지지 않았던 까닭에 각지에서 공장유치조례를 폐지하기에 이릅니다. 1969년에 기후 현이 조례의 폐지를 표명했고, 이듬해 4월에 폐지됩니다. 이어서 현 내의 각 시정촌에서 조례가 순차적으로 폐지되었습니다.

2. '첨단화' 신화의 허와 실

'첨단화' 정책의 등장

그런데 1980년대 초반에 다시 공장유치활동이 활발해집니다. 그 배경에는 국가가 두 번의 오일쇼크를 겪은 후, 종합안전보장정책의 일환으로 '기술입국'론을 내세워 '첨단화' 정책을 추진한 것과 지역경제의 후퇴에 따른 지방재정위기의 심화가 있었습니다.

'첨단화'는 일본은 물론, 여러 선진국에서 1980년대의 산업정책, 지역개발정책의 상징적인 용어였습니다. 이들 국가들은 그때까지 각광받는 산업이었던 철도, 석유화학, 알루미늄 등의 중후장대형 소재산업이 두 번의 오일쇼크를 거치면서 '구조불황'에 빠지고, 거기에 '중진국'과의 경쟁이 격화됨에 따라, 자국 경제성장의 열쇠를 첨단기술의 개발 및 상품화에서 찾았습니다.

첨단기술을 활용한 상품은 종래의 상품보다 고부가가치이며, 기업과 국민경제에 고수익을 가져올 뿐만 아니라 다른 선진국 및 중진국과의 경쟁에서도 이길 수 있는 '협상력bargaining power'이 있다며, 맹렬한 연구개발 투자가 이루어졌습니다.

그리고 같은 논리로, 테크노폴리스 정책으로 대표되는 지역의 '첨단화'가 정책적으로 전개되었습니다. 당시 통상산업성(현, 경제산업성)에 따르면, 이상의 산업정책을 실제 공장과 연구소의 입지로 유도하고 또 실현할 필요가 있었습니다. 또 지방자치단체 측에 따르면, 당시 '무공해'로 불리는 첨단기업을 유치해서 지역산업의 고부가가치화를 추진해, 첨단기술의 지역 이전과 현민소득의 향상을 꾀하는 것이 공식적인 목적이었습니다. 이렇게, 예전의 '중화학공업화'와 같이 '첨단화'를 추진하면 지역을 활성화시킬 수 있다는 말이 급속히 퍼져나갔습니다. 저는 이것을 '첨단화 신화'라고 부릅니다.

많은 지자체가 '첨단화'를 추진하는 가장 손쉽고 빠른 방책으로, 1970년대에 일단 폐기되었던 공장유치조례를 부활시켜, 고정자산세 감면과 공장 단지의 구성, 주변 정비 등을 통해 첨단기업 유치 경쟁을 전개했습니다. 기후 현에서 1980년 3월에 미노카모美濃加茂 시가 공장유치조례를 다시 제정했고, 그 후 2년 사이에 17개 시정촌에서 조례가 제정됩니다. 미노카모 시의 경우, 유치 후 3년에 걸쳐 고정자산세에 맞먹는 조성금이 기업에게 제공되었고, 투자 총액이 100억 엔을 넘는 것에 대해서는 주변 정비를 공공부담으로 실시하는 내용이 조례에 포함되어 있었습니다.[7]

'첨단화'정책과 지방자치단체의 어긋난 기대

그런데 이상의 산업입지정책으로서의 '첨단화' 정책은 그 자체에 이미 모순이 숨어 있었습니다. 통상산업성이 특정 산업분야의 보호·육성·규제에만 눈이 향해 있던 것에 반해, 지방자치단체는 그 지역에 존재하는 산업 전반을 살펴야 할 필요가 있었습니다. 더욱이, 1980년대 초반의 구조불황을 떠안고 있던 것은 지방의 중소도시였다는 점과 '나카소네 민활

民活'에 의한 규제완화와 금융자유화가 진행되면서, 경제력이 가장 집중된 곳이 도쿄였다는 것은 '첨단화'를 표방한 지방자치단체의 기대와는 어긋난 사태를 초래하게 됩니다.

첫째, 한마디로 '첨단화'라 해도 그 내용의 이해에 문제가 있습니다. '첨단화' 정책의 대상target은 통상산업성이 '기술첨단형 산업'으로 인정한 '의료품, 통신·관련기기, 전자계산기·부속부품, 전자응용장치, 전기계측기, 전자기기부품, 의료용 기계, 광학기계·렌즈' 등의 8개 업종이었습니다. 대체로 이들 업종의 '첨단기업'을 유치하는 것이 '첨단화'로 인식되었습니다.[8]

그런데 통상산업성이 말하는 '기술첨단형 산업'이라는 개념 자체가 기술적으로 정리한 산업 분류가 아닌, 제조되는 상품에 따른 산업 구분이었습니다. 그래서 각각의 공장이 어떠한 입지요소를 원하는지는 제각각이었고, 고용의 양과 질, 기술을 포함한 전체 생산공정, 그리고 지방에 입지하는 공장과 연구소가 기업 내에서 어떠한 위치에 있는지에 대해서는 그다지 고려되지 않았습니다. 하지만 후자야말로 지방의 지역경제에서 가장 중요한 문제였습니다.

실제로, '기술첨단형 업종' 기업의 입지 패턴을 보면, 본사 기능과 연구개발 기능을 갖춘 기간基幹적 부분은 수도권에 집중되어 있고, 생산라인은 도호쿠 남부와 규슈를 중심으로 고속도로망이 정비된 지방에 입지하고 있습니다. 즉, 기업의 중핵부분은 금융·정보·연구기관이 집적되어 있는 수도권에 누적적으로 집중되었고, 생산거점은 양질의 물, 값싼 토지와 노동력을 확보할 수 있는 지방을 지향해 입지했습니다.[9]

기술첨단형 공장과 지역경제의 미스매칭

둘째, 유치정책이 효과를 발휘해서 첨단기업이 입지한다 해도 이것이 지역의 활성화로 이어지느냐의 문제는 그리 단순하지 않습니다. 역설적이지만 입지기업이 대기업이고, 첨단기술을 이용한 부가가치 생산성이 높을수록 지역경제와 미스매칭mismatching의 정도가 커지며, 지역진흥에 대한 기여도가 상대적으로 작은 경향이 있습니다. 여기서는 제가 1980년대 중반에 조사한 미노카모 시의 거대 전기업체인 A사의 자회사를 예로 들어 설명하겠습니다.

A사는 '첨단기술'을 자랑하는 세계적인 전기업체 중 하나이며, 1987년에는 일본에 5개의 공장과, 해외에 50개의 현지법인을 보유하고 있는 다국적기업이었습니다. A사 자회사의 공장입지에는 미노카모 시의 공장유치조례의 고정자산세 감면과 입지 주변 도로 정비라는 우대조치가 적용되었습니다. 본사 분공장이라는 형태가 아닌 자회사의 형태를 취한 것은 본사의 급여체계와 비교해서 진출하는 곳의 임금수준이 낮았고 세제상의 이점이 있었기 때문이었습니다. 독립된 현지법인의 형태이기는 했지만 이 자회사에는 재량권이 거의 없었습니다. 기본적인 상품개발, 설비투자, 인사채용 등은 모두 도쿄에 본사를 둔 모회사가 결정했습니다. 당시 미노카모 공장의 주력 제품은 비디오카메라였는데, 최종 조립은 하지 않았고 반제품 단계에서 아이치 현 이치노미야一宮 시에 있는 본사의 분공장으로 출하했습니다. 사실상 모회사의 기업 내 공장 네트워크의 일부를 담당하고 있었습니다. 공정은 상당히 자동화되어 있었고 기후 현 내의 하청기업은 단 한 곳밖에 없었습니다.

A사와 같은 기술첨단형 기업은 기술의 비밀이 상품경쟁력의 첫째 조

건이기 때문에 지역 중소기업으로의 기술이전에 굉장히 소극적입니다. 또한 지역의 입장에서는 유치기업에 의한 취업 기회의 확대를 기대했겠지만 기술첨단형 기업은 공장 내의 자동화가 진행되어, 자본 투하 규모에 비해 고용력이 작은 경향이 있습니다. 게다가, 반도체나 가전제품, 공작기계 등과 같이 경기에 민감한 업계에서는 경기 대책의 조정 수단으로 대량의 시간제 고용part-time, 아르바이트 노동력을 사용합니다. 그것도 입지지역의 노동력을 고용하면 좋겠지만 A사 자회사의 경우, 노동비용이 적게 드는 오키나와의 젊은 여성 100여 명을 3~6개월간 계약직으로 확보하고, 상근근로자의 입지지역 내 비율도 15%에 그치는 등 지역 지 자체의 고용 확대에 직접적인 영향을 미치지 못했습니다. 이렇게 유치공장과 지역경제는 입지지역 중소기업과의 거래관계와 지역고용과의 관계 모두에서 지역경제와 미스매칭을 일으킵니다.

기술첨단형 분공장의 지역경제 효과는 제한되어 있다

〈표 6-1〉은 1986년의 제조품 출하액 규모가 500억 엔 정도로 거의 같은 유치공장과 다지미多治見 시 도자기 산지의 지역경제 효과를 비교한 것입니다.

고용 규모를 보면, A사의 분공장은 상근직이 605명인 것에 비해, 다지미 산지는 6151명으로 고용력이 10배나 높습니다. 지장산업이므로 임금수준이 낮기 때문이라 생각할지도 모르지만 종업원 1인당 현금급여액의 격차는 10% 정도밖에 되지 않습니다. 이 차이는 임금수준이 아니라 다지미 산지의 지역 내 분업의 발달로 설명할 수 있습니다. 다지미 산지에서는 도자기의 원료로 쓰이는 점토의 채취부터 마무리 그리고 패키지 제

〈표 6-1〉 거대 기술첨단형 기업의 분공장과 지장산업의 지역경제 효과 비교

구분	A사 분공장	다지미 도자기 산지
1986년도 출하액	520억 엔	503억 엔
상용 고용	605명	6151명
현 내 관련 사업소 수	하청 1개사	728개사업소
상업연관	없음	935개사업소
상업연관을 통한 고용	0명	2570명

자료: 岐阜県シンクタンク, 「岐阜県経済の成長過程と県内企業の事業活動の展開」(1988).

조에 이르기까지 지역 내의 도자기 관련 사업소가 사회적 분업의 형태를 이루고 있습니다. 이를 통해, 지장산지에서는 지역 내 자본을 계속해서 회전시키면서 고용을 몇 배나 창출할 수 있는 것입니다. 다지마 산지는 제조업에서 728개 사업소가 상호거래를 하고 있으며, 도자기 관련 도소매업도 935개 사업소가 존재하며 여기에서도 2570명의 고용을 창출하고 있습니다.

이에 비해 A사 분공장의 경우, 모회사의 기업 내 분업에 편입되어 자동공정으로 생산하고 있기 때문에 현 내 거래공장은 겨우 1개사에 지나지 않습니다. 또 제품을 직접 본사로 판매하는 형식을 취하고 있으므로 도매업도 거치지 않으며, 직접고용도 극히 제한되어 있습니다.

테크노폴리스 정책을 추진하기 위해, 기술첨단형 공장의 입지를 통해 지역 내 중소기업에 대한 기술이전이나 거래관계가 증가할 거라 예상했지만 기술첨단형 기업일수록 이마저도 기대하기 어렵습니다. 이들 기업은 기술의 우위성 그 자체가 경쟁력이기 때문에 그것을 외부의 기업에게 쉽게 '이전'하는 것을 피하는 경향이 있습니다. 더욱이 도쿄에 있는 본사를 중심으로 국내의 각 생산거점은 물론, 세계 각지에 있는 해외생산거점을 네트워크화한 기업 내 세계분업체제를 펼치고 있습니다. 이 같은 체제는 동질의 생산관리하에서 부품조달, 중간제품 제조, 최종 조립, 판

매 과정이 기업 내부에서 글로벌한 규모로 좀 더 효율적으로 이루어지도록 수직적으로 통합·관리되고 있습니다. 따라서 이러한 기업시스템하에서 지역 내 중소기업이 거래관계를 갖는 것은 매우 어렵습니다.

3. 유치기업의 이익은 어디로 가는가?

분공장으로부터의 소득이전

다음으로 주목해야 할 것은 투자에 대한 수익이 어떻게 분배되는지입니다. 〈그림 6-1〉은 다지미의 도자기공업과 미노카모 시 전기공업의 제조업 출하액 등의 가액價額 구성을 비교한 것입니다. 미노카모 시에는 A

〈그림 6-1〉 다지미 도자기 산지와 미노카모 전기공업의 가액 구성

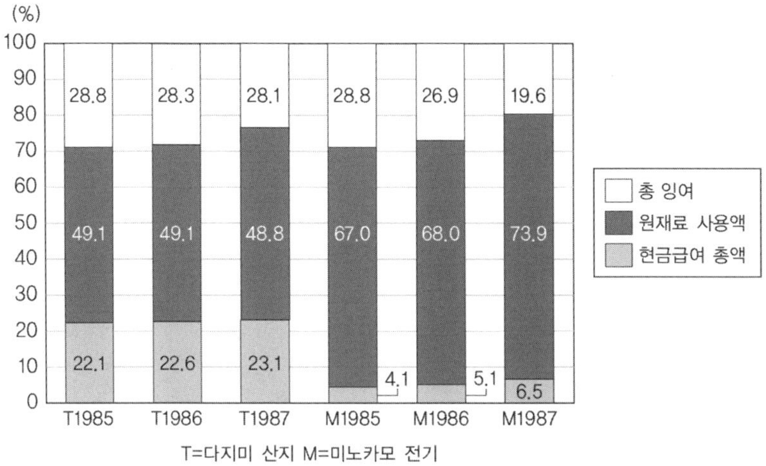

자료: 岐阜県, 「工業統計調査(各年版)」.

〈표 6-2〉 본사 기능 등에 의한 소득이전

(단위: 십억 엔)

구분	1975년	1976년	1977년	1978년	1979년	1980년	1981년	1982년	1983년
홋카이도	-13	47	-1	7	42	-25	14	31	-7
도호쿠	0	57	-39	-7	-98	-109	-146	-68	-137
간토	1,317	1,336	1,776	2,013	2,539	2,511	2,914	3,271	3,419
호쿠리쿠	-122	-122	-167	-171	-280	-314	-295	-251	-255
도카이	-453	-613	-675	-678	-681	-542	-937	-1,125	-1,422
긴키	-365	-105	-388	-495	-798	-803	-812	-959	-680
주고쿠	-283	-342	-292	-399	-491	-518	-387	-603	-603
시코쿠	-63	-220	-44	-35	-53	-43	-56	-24	-74
규슈	-17	-37	-171	-236	-181	-205	-295	-272	-240
전국	0	0	0	0	0	0	0	0	0
도쿄	2,098	2,360	2,795	3,390	3,802	4,617	4,617	4,862	5,242
아이치	17	-87	-28	-3	96	62	62	-116	-105
오사카	11	52	-15	-95	-217	-171	-171	-263	-141

자료: 経済企画庁, 『県民経済計算年報』; 通商産業省, 『工業統計表』. 経済企画庁調査局, 『昭和62年地域経済レポート』(大蔵省印刷局, 1987), p.181 재인용.

사의 자회사 공장과 같은 거대 전기업체 B사의 분공장이 있었는데, 당시 미노카모 시의 전기·기계공업 생산의 대부분이 이들 2개의 공장에서 이루어졌습니다.

그래프의 가장 아래쪽이 현금급여 지불액, 가운데가 원재료 사용액, 가장 위쪽이 총 잉여를 나타내고 있습니다. 두 지역의 분명한 차이는, 미노카모 전기공업의 현금급여비율이 5% 전후로 다지미 산지가 23% 전후인 것에 비해 매우 낮다는 점입니다. 따라서 여기에 총 잉여를 더한 부가가치율은 1987년에 23.2%로 다지미 산지의 약 절반에 머물고 있습니다. 상용 근로자 1명당 부가가치 생산성은 공장의 자동화로 종업원 수가 적은 미노카모 전기 쪽이 높지만 지역경제에 환류되는 부가가치 비율은 명확하게 낮다는 것을 알 수 있습니다. 이러한 점에서는 결코 '고부가가치'가 아니었습니다.

더욱이, 문제는 미노카모 전기의 원재료 사용 비율이 눈에 띄게 높다

〈그림 6-2〉 도쿄 도의 산업별 순이출입액(1997년)

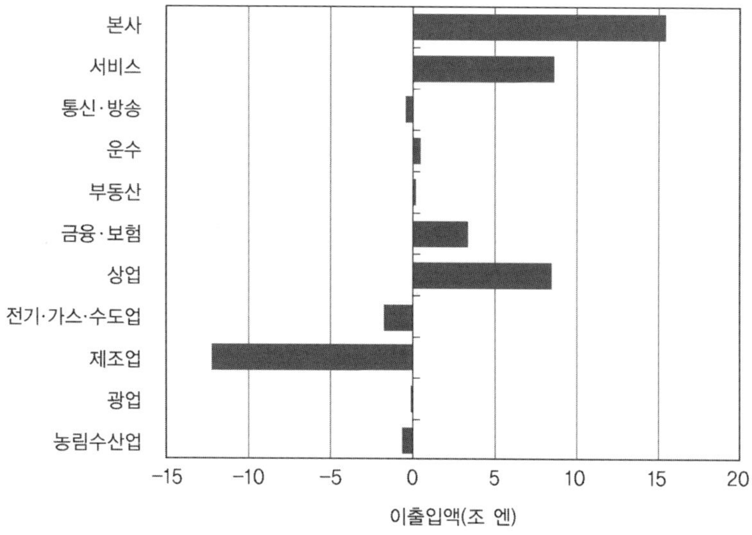

주: 이출입액에는 수출입액은 포함되지 않음.
자료: 東京都, 『平成9年(1997年) 東京都産業連関表(延長表)』(2002)의 개요를 근거로 작성.

는 점입니다. 왜 그런 것일까요? 이것은 다국적기업의 본사와 현지법인 사이의 수익이전의 방법과 매우 흡사하다고 할 수 있습니다. 즉, 모회사와 현지법인은 법인으로서 서로 대등하게 독립된 관계이며, 무상으로 수익을 모회사에 직접 송금하는 것은 허용되지 않습니다. 그래서 몇 가지 수익이전의 방법을 취하고 있는데, 한 가지는 이전가격transfer pricing이라는 방법으로 모회사로부터 구입한 원재료·부품가격에 수익의 일부를 얹어서 본사로 송금하는 방법입니다. 또 한 가지는 모회사가 보유하고 있는 특허 등을 이용하는 것으로 현지법인이 특허료, 수수료의 명목으로 수익을 이전하는 방법입니다.[10] 이러한 방법은 다국적기업이 본사로 수익을 이전하기 위해 이용하고 있으며, 실제로 A사의 자회사도 본사에 대

〈그림 6-3〉 도도부현별로 본 지역경제의 불균등 발전(2001년 기준)

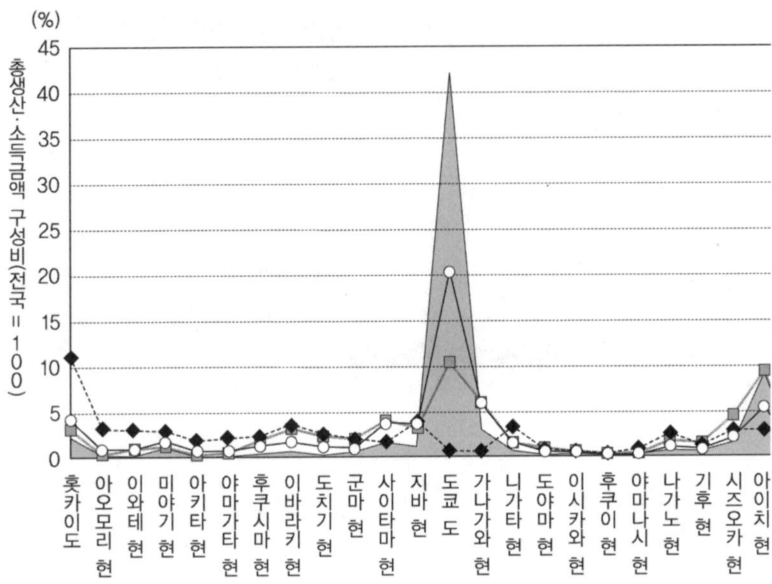

자료: 内閣府, 『県民経済計算年報』(2001); 国税庁, 『法人税統計』(2001)을 바탕으로 작성.

한 특허료, 수수료를 지불하고 있습니다. 또한 거의 모든 원재료를 본사에서 구입하는 관계이며, '원재료 사용액' 명목으로도 본사로의 수익이전이 이루어지고 있다고 볼 수 있습니다.

자회사 형태가 아닌 본사의 분공장일 경우에는 이러한 제약도 없으므로, 지방의 분공장에서 생산한 물건의 판매수익은 본사가 직접 받게 됩니다. 즉, 통계적으로 공장의 생산액을 나타내는 공업통계의 제조품 출하액 등과 공업부문의 소득액을 계산하고 있는 현민소득통계의 수치를 비교해보면, 지역별 소득이전의 상황을 알 수 있습니다.

〈표 6-2〉는 경제기획청経済企画庁이 계산한 것으로 간토, 특히 도쿄에 공업부문의 소득이 집중적으로 이전되고 있는 것을 알 수 있습니다. 오

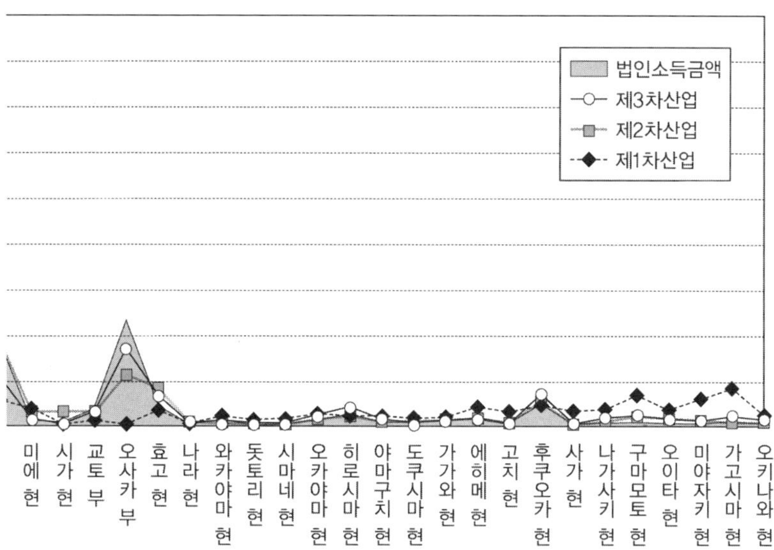

사카조차, 1977년부터 도쿄로 소득을 이전하는 위치로 전락했습니다.

기업소득의 도쿄 일극집중

앞에서 언급한 도쿄로의 수익이전을 도쿄 측에서 본 것이 〈그림 6-2〉입니다. 이 그림은 도쿄 도의 1997년 산업연관표에서 작성한 부문별 지역수지입니다. 도쿄 도 산업연관표의 특징 중 한 가지로 '본사부문'을 독립시킨 점을 들 수 있습니다. 이것은 본사의 업무서비스를 다른 국내 지역에 실시해서 얻은 수입을 의미합니다. 그림에 나타난 것처럼, 본사부문이 15조 엔의 초과 수입을 올려 최대의 수익부문인 것을 알 수 있습니다. 거꾸로, 제조업과 농림업 등은 초과 지불을 보이고 있습니다. 바꿔 말하면, 도쿄는 지방에서 생산된 경제적 과실을 본사 기능을 통해 흡수하여 비로소 성립된 지역경제구조라고 할 수 있습니다. 〈그림 6-3〉은 제1차산업, 제2차산업, 제3차산업 생산액의 도도부현별 점유율과 법인기업소득의 도도부현별 점유율을 비교한 것입니다. 도쿄가 각각의 산업부문 생산액을 훨씬 웃도는 비율로 법인기업소득의 40% 이상 차지하고 있는 것을 알 수 있습니다. 이는 일본 내 지방에서 발생한 수익이전뿐만 아니라 제2장에서도 언급한 해외로부터의 소득이전과 무역수익도 흡수한 결과입니다. 바로 여기에서, 시마 야스히코島恭彦가 '지역경제의 불균등 발전'이라 이름붙인 현상의 현대적 모습을 확인할 수 있습니다.[11]

그는 '공장의 분산에 성공한다 해도 금융력의 지역적 집중이라는 벽에 부딪힌다'[12]고 주장했는데, 이러한 도쿄 일극집중의 메커니즘을 제어하는 것이 무엇보다 중요하지 않을까요? 이를 위한 재정 수단으로 지방교부세교부금이 있는데, 이 또한 뒤에서 설명하듯이 '삼위일체 개혁'이나 '헤이세이 대합병' 정책을 통해 지방에 대한 지출분을 삭감하고, '도시재생'이라는 명목으로 도쿄를 비롯한 대도시에 집중적으로 재분배해 격차를 더욱 확대하는 결과를 가져왔습니다.

4. 기업유치는 지역 활성화를 위한 최선의 수단인가?

글로벌화와 일본 내 공장입지의 감소

지금까지 분공장이 입지했을 때, 그것이 지역경제에 미치는 파급효과

〈그림 6-4〉 일본 내 공장입지의 동향

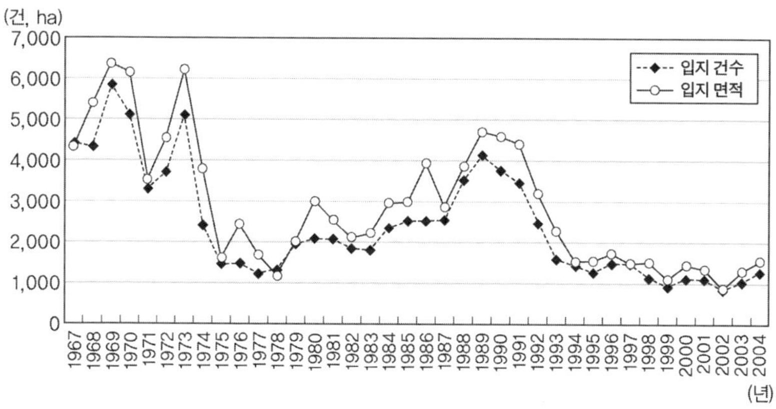

자료: 経済産業省,『平成16年工場立地動向調査結果(速報)』(2005.3).

는 본사로의 수익이전 구조 때문에 제한적이라는 점에 대해 이야기했습니다. 하지만 입지하지 않았을 경우가 더 심각한 문제입니다. 실제로, 경제의 글로벌화가 진행되면서 기업유치는 제대로 이루어지지 않는 상황입니다.

〈그림 6-4〉는 부지면적 1000m² 이상의 공장입지 동향을 나타낸 것입니다. 일본의 공장입지는 고도성장기인 1960년대 말과 버블 시기인 1980년대 말, 두 번의 절정기에 비해 최근에는 계속 줄어들고 있습니다. 이는 무엇보다도 제2장에서 명확히 밝힌 것처럼, 해외로의 생산이전이 계속해서 진행되었기 때문입니다. 게다가, 국내의 공장입지는 모든 지역에서 골고루 이루어진 것이 아닙니다. 2004년도의 공장입지 동향조사에 따르면, 50건 이상의 입지가 있었던 시즈오카, 군마群馬, 효고, 아이치, 후쿠오카, 홋카이도, 미에, 이바라키茨城, 도치기栃木 등의 상위 9개 도현이 전체 입지 건수의 40% 이상을 차지하고 있습니다.

유치기업의 낮은 입지확률과 공장폐쇄·축소

〈표 6-3〉은 1990년대 초 농촌 지역에서의 유치기업 건수를 구舊 시구정촌 수로 나눈 입지확률을 나타낸 것입니다. 1995년을 기점으로 과거 5년간의 유치 실적을 보아도, 평지농업지역에서 0.59건, 중간농업지역에서 0.39건, 산간농업지역에서 0.23건에 머물고 있습니다. 이 수치는 공장 단지에 복수의 유치기업을 보유한 구 시구정촌도 포함되어 있기 때문에 최대 수치라 생각해도 되겠지요. 평균적으로 40%, 산간 지역에서는 많게 짐작해도 1/4 이하의 구 시구정촌에 유치기업이 입지하고 있다는 것을 의미합니다.

다른 한편, 지역 내의 농산물 등 가공판매사업소 수는 0.69건입니다. 이는 주민과 지자체, 협동조합의 노력만으로도 충분히 설립 가능한 것으로, 특히 생산 조건이 가장 불리한 산간농업지역에서는 1.05건을 기록하

〈표 6-3〉 유치사업소와 지역농산물 등 가공판매사업소의 대(對) 구 시구정촌 수당 입지 확률

구분	지역 구분	유치기업				지역 내 농산물 등 가공판매
		제조업	서비스업	기타 업종	소계	
사업소 수 (건)	평지농업지역	0.49	0.04	0.06	0.59	0.48
	중간농업지역	0.32	0.03	0.04	0.39	0.68
	산간농업지역	0.18	0.03	0.02	0.23	1.05
	합계	0.35	0.04	0.04	0.43	0.69
종업원 수 (명)	평지농업지역	25.40	1.55	2.67	29.62	9.96
	중간농업지역	16.86	1.42	1.27	19.55	12.03
	산간농업지역	6.26	1.09	0.40	7.75	12.77
	합계	17.73	1.39	1.61	20.73	11.40

주: 1) 입지확률 = N 지역에서의 해당 사업소 수(종업원 수)/N 지역에서의 구 시구정촌 수.
2) 유치사업소는 과거 5년간 시정촌, 도도부현이 유치한 것. 지역 내 농산물 등 가공판매사업소는 지역 내(현 및 시구정촌)에서 생산·수확된 농림수산물에 부가가치를 더해 판매할 목적으로 시설을 보유하고 가공판매하고 있는 것.

자료: 農林水産業統計情報部, 『1995年農業センサス農村地域環境総合調査結果概要』(1996).

고 있습니다. 이는 유치기업의 입지확률을 크게 웃도는 것이며, 상당히 넓은 범위에 존재하고 있다는 것을 의미합니다. 중간농업지역도 비슷합니다. 또한 종업원 수를 봐도, 산간농업지역에서 12.8명으로, 유치기업의 7.8명을 크게 넘어서는 것을 알 수 있습니다.

이렇게 유치기업의 입지확률은 지방의 조건불리 지역일수록 낮고, 선행투자를 했다고 해도 유치확률은 매우 낮습니다.

그뿐만이 아닙니다. 공장폐쇄와 철수가 해외로의 생산이전으로 인해 증가하고 있다는 것도 빠뜨리면 안 됩니다. 일본에는 공장폐쇄에 관한 통계가 없지만 총무성의 사업소·기업통계조사로 알 수 있는 제조업의 '지소支所', 즉 분공장의 수는 1996년부터 2001년에 걸쳐 8382개 사업소나 감소했고, 종업원 수도 55만 4000명이 줄었습니다. 이러한 수치에는 지역 내 제조업 분공장도 포함되어 있으며, 다른 산업으로 전업한 사업소도 포함되어 있기 때문에 분공장 폐쇄 모두가 해외진출로 인한 것은 아니지만 상당수에 이른다는 것은 분명합니다. 1980년대 이후, 고속도로망의 정비 등으로 해외진출 기업의 공장입지가 성행했던 이와테 현에서는 2001년 이후, 아이와Aiwa와 알프스 전기 등의 유치공장의 폐쇄·철수가 이어졌습니다. 2001년부터 2년에 걸쳐, 유치기업의 사업소는 13개소나 줄었고, 종업원 수는 2301명, 공장출하액은 1417억 엔이나 감소하는 등, 이와테 현도 '유치기업의 철수와 공장폐쇄의 영향을 심각'하게 받고 있습니다.[13]

맹목적인 기업유치정책은 누구의 이익이 되는가?

이미 언급한 것처럼, 정부는 1996년 이후 지역이 '기업에게 선택받을 수 있도록 하는' 정책 대응이 필요하다고 반복해서 강조해왔습니다. 구체적으로는 공장 단지 구성 등 기업 입지에 대한 경제적 우대책incentive 부여에 중점을 둔 지금까지의 산업입지정책과 함께, '기업이 지역을 고를 때에는 순수한 산업정책적 입지환경뿐만 아니라 교육환경, 문화 수준, 주택사정, 교통사정 등 지역 전체가 얼마나 살기 좋은지, 그 정도를 확인해야 한다'고 말해왔습니다.[14]

이 점에 대해서는 1997년판 『지역경제레포트』에 자세히 언급되고 있습니다. 먼저, "산업공동화의 극복과 지역의 고용을 지키기 위해서는 지금까지 고용의 원천이었던 기업에만 의존하지 않고, 새로운 기업을 유치해서 육성해야" 하며, 기업은 "세제, 그 밖의 공적부담의 정도나 사회기반시설infrastructure의 정비, 교육환경과 주거환경 등 지방공공단체 행정의 모습 전반에 큰 관심"을 가지고 있다. 바꿔 말하면 '지방공공단체 행정의 모든 것'이 기업의 입지 선택에 평가된다는 것입니다.[15]

즉, 기업이 글로벌하게 입지를 이동하는 시대이므로 기업이 마음에 들어 할 만한 조건을 지역이 만들면 기업이 입지해 산업공동화를 극복할 수 있다는 시나리오입니다. 또한, 기존 산업은 고용의 원천으로서 전망이 불투명하기 때문에, 무엇보다도 신규 기업 입지를 위해서 지방자치단체가 지방세를 시작으로 기업의 고비용 요인을 제거하고 거주환경, 생활환경 등의 정비에 '공공'투자를 실시해야 한다는 주장입니다.

이는 '글로벌 경쟁'시대에 상응하는 기업유치론의 새단장이라 할 수 있습니다. 그렇지만 이를 통해 산업공동화를 막을 수 있다고 생각하는 사람이 얼마나 있을까요? 애초에 산업공동화란, 기업유치를 통해 입지한 기업이 해외로 생산시설을 이전해서 국내의 생산과 고용을 줄이고, 더욱이 공장을 폐쇄함으로써 일어난 문제입니다. 또한 반도체산업의 예를 들 것까지도 없이, 기업 간의 기술개발 경쟁의 심화에 따른 사업소의 입지와 폐쇄, 철수의 주기는 점점 짧아지고 있습니다. 한 지역에 겨우 10년에서 30년밖에 머물지 않는다면, 그 기업에 직간접적으로 고용되어 있는 주민은 몇 번이고 일자리를 옮겨야만 생활할 수 있는 구조입니다.

앞에서 지적했듯이 『지역경제레포트』의 기업유치 희망론에서 이야기하는 기업에게 선택받을 수 있는 지역은 중산간 조건불리 지역에서는 물론, 도시에서도 지극히 한정적이며 설령 입지가 이루어진다 해도 유치기업이 장기간 입지하면서 지역경제에 지속적으로 공헌할 가능성은 매우 희박합니다.

그렇지만 지방자치단체 측이 '지역 간 경쟁'론에 가세해 입지 주체인 글로벌기업에게 가능한 한 유리한 조건을 '출혈서비스'를 통해 제공하기 때문에 기업에게 굉장한 이점이 있다는 것은 틀림없습니다. 따라서 '기업이 지역을 선택하는' 처방전으로는 일부 기업에게 이익이 될 수 있을지 몰라도, 일본열도로 퍼지는 지역산업의 공동화 문제 그 자체를 해결하지는 못합니다.

실제로 지금까지 일본의 산업입지정책, 지역개발정책은 해당 지역주민의 '사회적 편익'보다 기업의 '사적 편익'을 우선시해왔던 역사의 반복이었습니다.[16] 그렇지만 이렇게 편의주의적인 자본활동의 글로벌화가 진행되면 될수록, 지역주민의 '사회적 편익'을 제일로 한 지역산업정책으로 새롭게 전환할 필요가 있습니다. 바꿔 말하면, 자본축적의 글로벌화를 바탕으로 사업활동의 기반을 해외에 두고 있는 자본을 위해 중앙정부와 지방자치단체의 재정정책이 동원될 것인가, 지역에 살면서 생산활동을 통해 가치를 만들어내는 주민을 위해 재분배될 것인가를 분명히 따져봐야 하는 시대가 된 것입니다.

그럼 사회적 편익을 제일로 한 정책으로의 전환은 어떻게 실현할 수 있을까요? 그 힌트는 앞의 〈표 6-3〉에 숨어 있습니다. 즉, 조건불리 지역일수록 유치기업보다는 지역의 개인·단체가 경영하는 지역 내 농산물 가공판매사업소의 입지확률이 높고, 고용자 수도 많다는 것을 여실히 보여주었습니다. 국제적으로 이동하는 대기업을 믿고 지역의 미래를 맡기는 것이 아니라 지역의 자원을 활용하여 지역자본을 의식적으로 형성·육성해가는 것이 훨씬 확실하고 효과적이라고 할 수 있지 않을까요? 원래 기업활동의 결실인 자본은 주민의 압도적 다수를 차지하는 노동자가 자신들의 기술을 활용해 창출한 가치인 것입니다. 지역을 떠나 언제 다른 곳으로 이동할지 알 수 없는 기업의 유치를 위해 막대한 선행투자를 할 것이 아니라, 지금 존재하고 있는 지역의 여러 자원(자연자원뿐만 아니라 경영자원, 인적자원 등을 포함하는)을 주민의 주권을 발휘하면서 활용하는 것이 더욱 합리적입니다.

제 3 부

/

‘지역 내 재투자력’과 지역 내 경제순환

제7장

지역개발에서 지역의 지속가능한 발전으로

'지역 내 재투자력'

1. 지역의 '활성화'란 무엇인가?

한 사람 한 사람 주민의 생활이 풍요로워지는 지역발전

우리는 지역의 '활성화'라는 말을 자주 듣고, 또 말합니다. 그런데 지역의 '활성화'란 대체 무엇을 의미하는 것일까요? 이는 '지역'이라는 말처럼 결코 자명한 것은 아닙니다. 따라서 그 내용을 정확하게 또 과학적으로 받아들이지 않는다면, 지역경제와 지역사회의 쇠퇴를 야기할 수도 있습니다. 예를 들어, 총무성의 시정촌 합병 추진 홈페이지에는 합병의 이점으로, '지역의 이미지 상승과 종합적인 활력의 강화'를 들어 "좀 더 큰 시정촌의 탄생은 지역의 존재감, '격格'의 향상과 지역의 이미지 상승으로 이어지며, 이것으로 기업의 진출과 젊은 세대들의 정착, 중요 프로젝트 유치를 기대할 수 있다"고 쓰여 있습니다.[1]

이 문장 자체에 상당한 문제가 있다는 것은 다음 장에서 자세하게 살펴보기로 하고, 여기서는 먼저 '활성화'의 내용으로 대형 프로젝트 유치, 기업의 진출, 청년고용 창출이 상정되어 있는 점에 주목하려고 합니다. 청년고용 창출에서 그 전제로 생각할 수 있는 대형 프로젝트 유치와 기업의 진출은 이미 본 것처럼 결코 새로운 사고방식이 아닙니다. 공항이나 고속도로, 항만, 공업용지 등의 프로젝트형 개발을 통해 기업을 유치해서 고용을 창출하겠다는 사고방식은 신산업도시건설 이래, 전후 일본의 지역개발정책으로 일관되게 흘러온 것이었습니다. 이러한 지역개발정책의 결과, 해당 지역 혹은 일본열도의 각 지역은 정말 '활성화'되었다고 말할 수 있을까요? 거꾸로, 산업구조의 전환과 경제의 글로벌화 속에서, 기업이 철수 혹은 규모를 축소해 많은 지역이 구조적 불황으로 고민하고 있는 것이 현 실태가 아닐까요?

훌륭한 공항과 도로가 건설되어 새로운 기업이 진출했다 해도, 그 자체가 지역의 '활성화'로 이어지는 것은 아닙니다. 해당 지역의 지역경제가 확대 재생산되고, 고용 규모와 소득의 순환이 지속적으로 확대되어, 한 사람 한 사람 주민의 생활이 풍요로워지는 것을 지역의 '활성화' 혹은 '발전'이라 부를 수 있지 않을까요?

원래 '지역개발'이라는 용어는 영어로 'Regional Development'인데, 'Development'에는 '개발'이라는 뜻뿐만 아니라 '발전'이라는 의미도 있습니다. '개발'이라는 말은 위 혹은 외부에서 해당 지역을 개조하는 것을 의미하지만 '발전'은 스스로 주체적으로 지역을 만들어가는 것을 표현하는 말입니다. 제4장에서 본 것처럼, 발전이라는 개념을 포함하는 '지역개발'의 관점에서 지금까지의 지역개발정책을 검증해보면,[2] 몇 가지 중요한 한계점이 분명하게 드러납니다. 동시에 이것은 새로운 지역발전의 내용과 방법에 대한 반면교사反面教師이기도 합니다.

기존 지역개발정책의 한계

첫째, 지금까지의 지역개발정책은 어디까지나 그 시대의 리딩산업을 육성하기 위한 입지정책이며, 그 지역의 총체적인 발전, 특히 주민생활의 향상이나 자연환경과 역사환경의 보전을 목표로 한 것이 아니었습니다. 이는 중화학공업 육성을 위한 신산업도시, '기술첨단형 산업'의 입지를 겨냥한 테크노폴리스 그리고 리조트산업의 육성을 위한 리조트 개발을 보면 잘 알 수 있습니다. 이러한 개발양식에 의거한 지역은 급격한 산업구조의 전환이 진행됨에 따라 불황지역으로 전락하게 됩니다.

둘째, 지금까지의 지역개발정책은 산업입지 촉진을 위해 전국적으로 획일적인 조건정비를 목표로 했고, 지역별로 개성 있는 사업의 진흥이나 주민 한 사람 한 사람의 생활 향상에 관한 문제는 2차적인 과제로 다루었습니다. 그리고 산업개발을 통해, 그 이익이 돌고 돌아 지역 내 기업과 주민에게 '떨어지는trickle down' 낙수효과라는 그럴듯한 이론을 들고나왔습니다. 하지만 실제로 '낙수효과'는 매우 작았고, 오히려 공해나 재정적자가 지역 내에 남게 되는 구조가 생겨나, 해당 지역경제의 지속가능한 발전으로 연결되지 않았던 것은 이미 살펴본 그대로입니다. 단순히 산업입지정책에 그치지 않고 총체적인 지역으로서, 특히 주민생활 전체의 유지·발전을 추구하고, 한 사람 한 사람이 빛나고 안심, 자부심을 갖고 살 수 있는 지역을 만드는 것이 지역'개발'='발전'정책의 가장 큰 목적이 되어야 합니다.

셋째, 제5장 및 제6장에서 명확히 한 것처럼 도로와 항만, 공항을 중심으로 한 공공사업 그리고 기업유치를 통한 지역개발이 지역경제의 지속가능한 발전으로 이어지지 못했던 원인은 그 투자방식과 자금 및 소득이

순환되는 모습에 잘 나타나 있습니다. 즉, 공항이나 도로는 '공공투자'로서 건설되지만 이는 일과성 투자이며 그 자체가 수익을 창출해 저절로 재투자의 순환이 시작되는 것이 아닙니다. 거꾸로, 대형 공공투자일수록 거대 종합건설회사가 수주해 공공투자를 통한 수익을 본사 혹은 도쿄 등의 대도시로 이전합니다.

한편, 기업유치에서도 일정 부분의 노동력은 해당 지역에서 조달하지만 원재료나 부품, 서비스는 다국적 대기업일수록 해당 지역보다는 계열기업에서 조달하는 경우가 많습니다. 또한 벌어들인 기업수익의 많은 부분이 역시 도쿄를 중심으로 하는 대도시에 입지한 본사로 환류되고 맙니다. 더욱이, 각종 우대조치를 통해 애써 유치에 성공한 기업도 본사나 모회사가 해외로 활동 거점을 옮기거나 구조조정을 하는 가운데, 철수나 폐쇄를 여지없이 단행하는 경우가 1990년대 말부터 급증하고 있는 실태입니다.

다국적기업에 의한 글로벌 경쟁이 격화되면서, 국가는 '기업에게 선택받을 수 있는 국가 만들기, 지역 만들기'를 강조하고, 지방자치단체의 기업유치를 부추기려고 하지만, 지금 지역경제가 직면하고 있는 열악한 환경은 원래 이러한 입지기업이 지역으로부터 철수해 국제적으로 이동해서 생긴 것입니다. 게다가, 글로벌 경쟁에 휩싸인 산업부문의 기업은 입지에서 철수까지의 주기가 짧아지는 경향에 있고, 그러한 기업에 의존한 지역경제는 장기간에 걸친 지속적인 발전을 바랄 수 없겠지요.

2. 지역의 지속가능한 발전과 '지역 내 재투자력'

지역의 지속적 발전과 투자활동

지역경제가 지속적으로 발전한다는 것은 매년 그 지역에서 일정한 투자가 이루어지는 것을 의미합니다. 투자란, 특정 형태로 모인 자금을 투하해 상품과 노동력을 구입하고, 이들을 결합해 새로운 상품이나 서비스를 만들어내, 그것을 판매한 매출에 따라 이익을 회수하는 경제활동입니다. 이 과정에서 최초 자금을 투자한 사람과 기업, 단체에 이익이 돌아오는 것, 즉 환류된다는 것이 중요합니다. 그리고 자금의 사용방법에는 또 하나의 종류가 있습니다. 우리는 일상적으로 식료품과 같은 소비재를 구입합니다. 이 경우, 손안에 있던 최초의 자금은 상품과 교환되어 다시는 우리에게 돌아오지 않습니다. 여기에 투자적인 지출과 소비적인 지출의 큰 차이가 있습니다.

어찌되었든, 지역 내에서 여러 경제주체가 전자와 같이 일정한 투자를 반복해 생산이 매년 지속되고, 그에 따라서 자본을 가진 사람도, 자금을 획득하는 노동자도, 이들이 소비하는 상품과 서비스를 만들거나 파는 농가와 상공업자, 서비스업자도 매년 생산과 생활을 반복하는 것을 재생산이라고 부릅니다.

재생산이 동일한 규모에서 이루어지는 것을 단순 재생산이라고 하며, 재생산의 규모가 확대된 경우에는 확대 재생산이라고 합니다. 이때는 고용과 인구 모두 증가하고 지역경제는 현저하게 발전합니다. 반대로 재생산의 규모가 축소된 경우를 축소 재생산이라 부르는데, 이렇게 되면 그 지역에서의 취업 기회가 감소하고 지역사회의 병폐도 눈에 띄게 증가합니다. 지금 일본에는 이러한 지역이 광범위하게 늘어나고 있습니다.

'지역 내 재투자력'이 가장 중요하다

지역경제의 지속가능한 발전을 실현하려면, 그 지역 내에 반복적으로 재투자 하는 힘='지역 내 재투자력'을 얼마나 만들어내는가가 매우 중요합니다. 매년 특정한 형태로 모인 자금을 지역 내에 투자함으로써, 거기에서 고용이나 원재료·부품·서비스의 조달을 반복하고, 지역 내의 노동자와 농가, 상공업자의 생산과 생활을 유지·확대할 수 있는 힘이 갖춰진다면, 주민 한 사람 한 사람 그리고 지역경제의 지속적인 발전이 가능합니다.

지역경제의 지속가능한 발전이란, 지역 내의 재생산을 유지·확대하는 것을 의미합니다. 그 재생산의 양과 질을 규정하는 것은 그 지역 전체가 갖고 있는 재투자력임에 틀림없습니다. 재투자력 안에는 물건을 만드는 기술과 기능이라는 질적 역량이나, 상품과 서비스를 판매하는 마케팅력도 포함되어 있습니다. 이러한 관점에서 보면, 지금까지의 공공투자와 기업유치를 목표로 한 지역개발정책이 왜 성공하지 못했는지 쉽게 이해할 수 있습니다.

즉, 공항이나 도로 등은 공공투자로 불리는 투자의 '한 종류'이지만 단기간에는 재투자가 이루어지지 않는 일과성 투자입니다. 따라서 공항이나 도로를 공공투자로 정비하는 것만으로 저절로 지역에 새로운 기업과 고용이 창출되는 것은 아닙니다. 오히려, 공공투자를 수주한 기업, 특히 대형 프로젝트라면 도쿄에 본사를 둔 특정 대형 종합건설회사에 수익이 흡수되어, 도쿄를 기점으로 한 재투자순환을 살찌울 뿐입니다. 일시적으로 특정 공공투자가 이루어진다 해도, 그것을 수주하는 경제주체가 지역 내 기업이 아니면, 그 자금은 단지 해당 지역을 통과할 뿐이며 '지역 내 재투자력'의 형성으로는 이어지지 않습니다.

게다가, 유치기업에 기대를 걸어도 결국 지역에서 만들어낸 과실의 많은 부분이 지역 내에 재투자되지 않고, 본사로 환류되고 맙니다. 그뿐만 아니라 글로벌화 시대에는 철수와 폐쇄의 위기가 항상 존재하고 있습니다. 또한 유치기업에 대한 투자의 의사결정권도 도쿄를 중심으로 하는 대도시에 소재한 본사가 갖고 있습니다. 따라서 유치기업은 입지지역 내에서 지속적으로 재투자하는 주체로서 신뢰할 수 있는 존재가 아닙니다.

이와 같은 유치기업 의존형 개발이 아니라 지역 내에 뿌리를 둔 재투자 주체를 지역 스스로 의식적으로 형성함으로써, 지역에 일자리와 소득을 만들어내는 것이 지역의 지속가능한 발전에 훨씬 도움이 됩니다. 이는 제6장에서 소개한 유치기업과 지역 내 농산물 등 가공판매사업소의 입지확률과 고용효과의 차이를 통해서도 확인할 수 있습니다.

3. '지역 내 재투자력'과 지방자치단체

'지역 내 재투자력'의 주체

그럼, 구체적으로 '지역 내 재투자력'을 담당하는 주체는 누구일까요? 〈그림 7-1〉은 '지역 내 재투자력'의 개념을 나타낸 것입니다. 일반적으로 재투자 주체의 중심에 위치하는 것은 민간기업입니다. 그 안에는 지역 외부에서 진출해온 기업의 분공장이나 점포도 포함됩니다. 민간기업 이

〈그림 7-1〉 '지역 내 재투자력'의 개념도

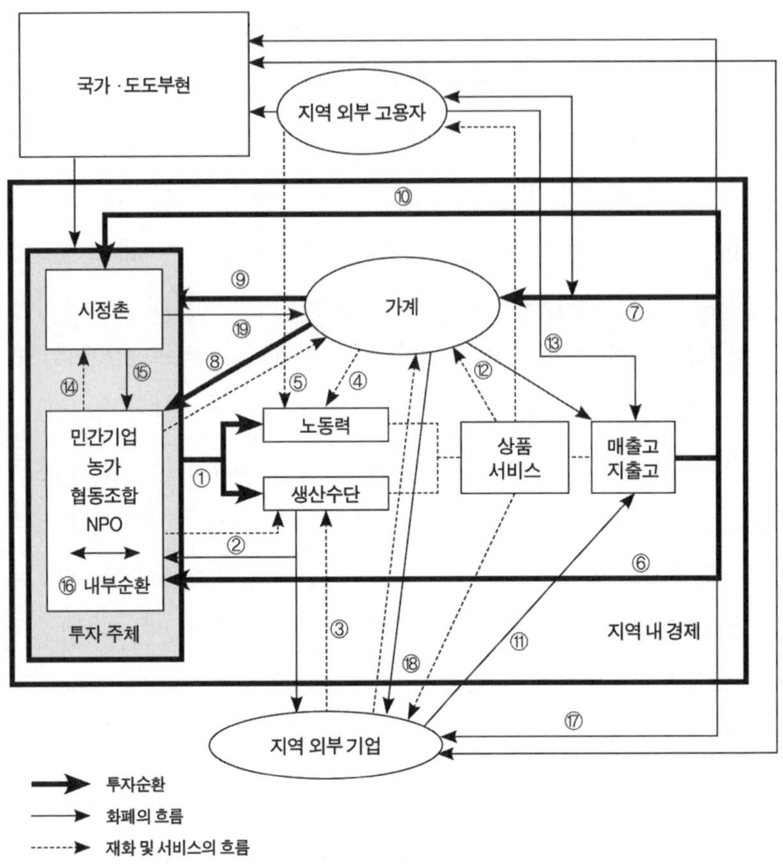

외에도 농가와 협동조합, 비영리법인NPO과 함께 시정촌과 같은 지방자치단체도 투자 주체로서 지역경제에 매년 특정한 형태의 자금을 투하하고 있습니다(①). 물론, 농가와 협동조합, NPO, 시정촌은 '이윤' 획득을 목적으로 한 조직이 아니므로, 본래의 의미에서 투자를 하고 있는 것은 아닙니다. 그렇지만 '이윤'을 낳지 않아도 매년 지역경제의 자금순환 과정에서 지속적인 투자를 반복하고 있으며, 그러한 의미에서 '재투자 주

체'로서 위치 설정을 할 수 있습니다.

지역 내 자금순환의 구조

이들 경제주체는 투자를 통해, 매년 노동력과 생산수단을 구입하는데, 이를 지역 내에서 조달하는 경우(②, ④)도 있고, 지역 외부에서 조달하는 경우(③, ⑤)도 있습니다. 후자의 경우, 애써 투자한 자금이 지역 외부로 유출되어, 지역의 재투자력 향상에는 기여하지 못합니다. 지역경제로의 파급효과를 높이려면, 가능한 한 지역 내 조달률을 끌어올릴 필요가 있습니다.

그리고 투자활동을 통해 생산된 상품과 서비스는 지역 내에서 판매되거나(소비자 ⑫, 시정촌 ⑭, 기타 사업자 ⑯) 지역 외부로 판매되어(⑪, ⑬) 가치를 실현합니다. 그렇게 실현된 가치가 다시 이윤과 다음 해의 원재료비로 기업과 사업자·경영자에게(⑥), 임금으로 가계에(⑦), 그리고 세금으로 시정촌에(⑩) 환류됩니다. 환류된 임금으로 주민은 생활을 위한 가계지출을 하고 지역 내에서 상품과 서비스를 구입하거나(⑧), 대형점포 등의 지역 외부 기업으로부터 구입합니다(⑱). 또한 시정촌으로 세금과 각종 요금을 납부합니다(⑨). 시정촌에서는 국민연금과 사회보장급여로 가계를 보충하는 자금을 투입합니다(⑲).

고령화가 진행됨에 따라, 국민연금을 시작으로 한 연금경제의 역할이 커지고 있습니다. 예를 들어, 고령자율이 약 40%인 나가노長野 현 사카에栄 촌 내의 연금경제 규모는 촌 전체 소매판매액에 맞먹는 10억 엔 가까이에 달합니다. 임금과 연금으로 구성되는 가계지출도 지역 내 조달률이 높을수록, 지역 투자 주체의 재투자력이 커집니다. 그렇지만, 거꾸로 지역 외 기업의 대형소매점 등에서의 구입은 지역 내 상점의 재투자력을 축소시키고, 결국 상점가는 무너지게 됩니다.

소재적 시점에서 본 지역 내 재투자

이상은 자금순환의 시점에서 파악한 지역 내 재투자의 구조인데, 이를 소재적인 시점에서 보면 더욱 중요한 것을 확인할 수 있습니다. 앞에서 본 것처럼 자금 면에서의 경제순환은 생산과 소비, 폐기의 국면에서 특정 지역과 고정적인 관계를 맺고 있습니다. 예를 들어, 생산활동을 위해서는 도로와 철도, 용수, 전기, 통신망이 필요하며, 이들은 모두 토지와 연결되어 있습니다. 또한 일하는 노동자나 경영자가 생활하기 위해서도 주택이나 교통시설 및 교육과 복지시설, 상점가 등이 지역에 존재해야 합니다. 그리고 사업소와 주택에서 나오는 폐기물을 처리하는 시설도 지역에 필요합니다. 이렇게 지역은 경제활동과 자연조건, 생산 및 생활의 기초 조건이 일체화되어 재상산을 반복하고 있는 것입니다.

특히, 농림어업은 생산, 생활, 자연의 재생산이 일체화되어 있는 특징이 있습니다. 게다가, 농림어업을 통한 지역 내 재투자는 단순한 생산행위뿐만 아니라 국토와 자연의 보전 관리를 동시에 하고 있다는 것을 의미합니다. 즉, 그러한 생산활동을 통해 농지와 산, 강, 바다라는 국토환경이 무상으로 유지되고 있습니다.

농림어업에 대한 투자가 부족해지고 재생산이 축소되면 경지와 산림이 황폐화되고, 수해 등으로 대도시 주민의 안전에도 위협을 줄 수 있습니다. 따라서, 대도시 주민도 중산간 조건불리 지역에 대한 재투자를 공적·사적 측면 모두에서 지원할 필요가 있습니다.

그리고 도시와 농촌에서 개별 경제주체의 '지역 내 재투자력'이 유지·확대되면, 건물들이 만들어내는 경관이나 자연경관을 새롭게 하거나 보전하는 일도 순조롭게 이루어집니다. 반대로 '지역 내 재투자력'이 축소되면, 폐가나 빈 땅, 황폐지가 확대되고, 경관이 파괴됩니다.

이와 같은 생산·소비·폐기에 관한 지역경제와 지역 자연환경과의 일체성을 충분히 인식한 대처로서, 이와테 현 시와紫波 정의 '순환형 마을 만들기'를 주목할 수 있습니다. 이 마을에서는 삼림자원으로부터 자재나 로컬에너지local energy를 조달하고 폐기물의 처리나 재활용을 계획적으로 결합하여, 현 내에서 생산된 목재와 목재 팰릿pallet의 구입, 지역 내 건설업자를 활용한 공공시설의 건설 등으로 '지역 내 재투자력'의 형성뿐만 아니라 인간과 자연과의 물질대사 관계도 의식적으로 재구축하고 있습니다.

재투자 주체로서의 기초자치단체

시와 정의 사례를 들 것도 없이, '지역 내 재투자력'의 형성에서 기초자치단체의 재정지출은 민간기업의 투자력이 작은 과소지자체일수록, 양적·질적 측면 모두에서 큰 역할을 하고 있습니다. 예를 들어, 나가노 현 사카에 촌의 경우, 1998년도의 촌내 총생산액 86억 엔 중, 촌의 보통회계 세출액은 39억 엔, 사카에 촌 진흥공사의 지출액이 3억 엔에 달해 약 절반을 차지하고 있습니다.

〈그림 7-2〉는 교토 부의 각 시정촌 내 총생산에서 차지하는 각 시정촌 보통회계 비율을 재정의존도로 산출해 나타낸 것입니다. 재정의존도가 가장 높은 것은 단고丹後 반도 돌단突端의 이네伊根 정으로 49%에 달합니

〈그림 7-2〉 교토 부 내 시정촌 경제의 재정의존도

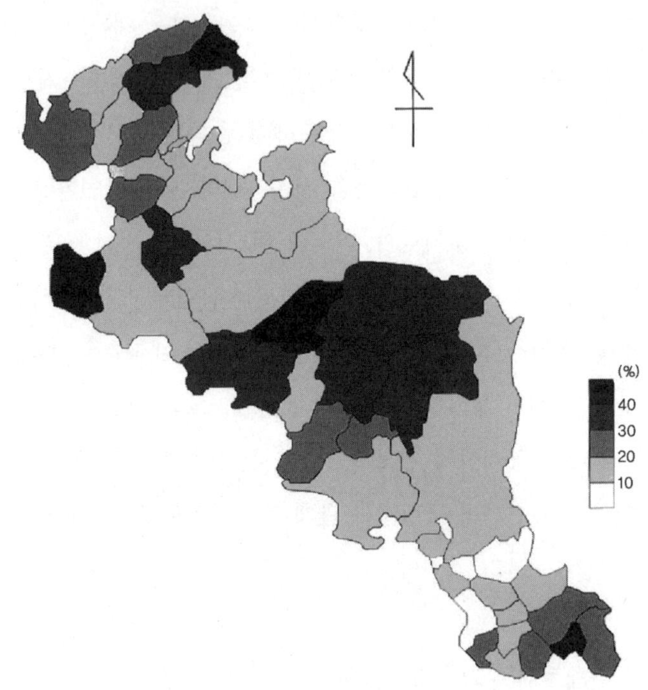

주: 재정의존도=1998년도 보통회계세출액/1998년도 시정촌 내 총생산.
자료: 京都府, 『京都府統計書』; 『平成10年 京都府の地域別·市町村別所得』(2001.3) 참조.

다. 그렇지만 이 수치는 단순한 비율일 뿐이며, 시정촌의 재정지출이 모두 해당 지자체의 지역경제 내부로 환류되는 것은 아니므로 상당히 과대평가된 수치입니다. 사카에 촌과 같이, 밭 정비사업이나 합병 정화조 건설, 나막신 도우미제도, 고액의 사회보장급여, 진흥공사에 의한 높은 지역 내 조달률을 실현해, 지역 내의 재정지출을 가능한 한 사업자와 촌민에게 환류시키는 경우도 있지만, 보통회계지출의 많은 부분을 대형 공공사업 등을 통해 지역 외부로 유출시켜, 지역경제로의 환류가 그다지 이루어지지 않는 지자체도 적지 않습니다. 어찌되었든, 여기에서 확인할 수 있는 것은 민간투자력이 작은 과소지역의 시정촌일수록 지방자치단체의 재정이 큰 비중을 차지하며, '지역 내 재투자력'을 높이기 위해 어떻게 지자체의 재정을 활용할 것인가가 중요한 과제라는 점입니다.

지역사회를 형성하는 능동적 주체로서의 기초자치단체

다른 한편으로, 기초자치단체는 지역 형성의 질적인 측면에서 매우 적극적인 역할을 하고 있습니다. 이를 정리한 것이 〈그림 7-3〉입니다. 본래 기초자치단체는 무엇보다도 특정한 자연조건, 역사적 조건, 문화적 조건, 경제적 조건, 정치적 조건에서 공통성을 가진 지역사회에 사는 주민이 그 공통범위를 구획으로 조직한 자치적인 공동체라고 할 수 있습니다. 동시에 지역사회는 고유한 국토·자연환경을 토대로 그 이후의 역사 과정에서 형성된 역사경관과 자연경관 그리고 그 시대의 생산이나 생활에 필요한 생활기반·생산기반 위에, 각각의 주민이 상호 간에 특정한 관계를 맺으며 생산을 하고 생활함으로써, 매일매일을 형성하며 변화시키고 있습니다. 이렇게 형성된 지역사회와 이를 토대로 한 기초자치단체는 그곳에 사는 주민의 생활영역 안에서 일체성을 갖는 존재인 것입니다.

이 기초자치단체의 운영은 주민의 주권, 자치행위의 발휘를 기반으로 주민이 납부하는 지방세를 그 재원으로 하면서, 국가와 도도부현으로부터의 교부금이나 보조금을 활용해, 수장이나 의회의 의사결정과 직원의 행정서비스를 통해 이루어집니다. 자연스럽게 행정서비스는 그것을 제공하기 위한 물적 기반시설의 형성, 구체적으로는 교육, 의료, 위생, 복지 등의 사회적 기반시설의 형성을 위해 사용됩니다. 또한 좁은 범위의

〈그림 7-3〉 기초자치단체와 지역 형성

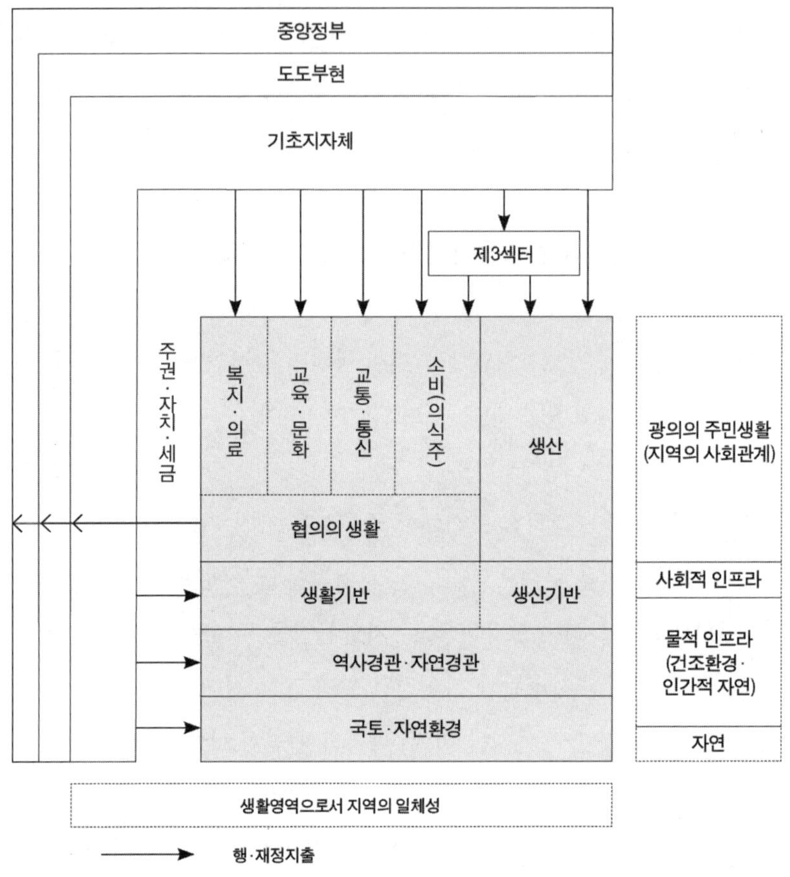

주민생활이나 생산활동에 대해서도 보조금과 융자, 서비스 제공이라는 형태로 행·재정을 전개합니다. 즉, 기초자치단체의 행·재정지출은 지역사회의 구성요소에 직간접적으로 작용하고 있으며, 그러한 의미에서 지역사회 총체의 형성 주체로서 능동적인 역할을 수행한다고 말할 수 있습니다. 더욱이 각각의 지역의 자치 조건, 역사적 조건과 독자적인 정책의 전개 등을 통해 지역의 개성도 재생산되고 있습니다.

대도시·대규모 지자체의 문제점

앞서 살펴본 것처럼 기초자치단체가 '지역 내 재투자력'과 지역 형성에서 차지하는 역할은 과소한 소규모 지자체일수록 명확하게 나타납니다. 반대로, 대도시나 이번 '헤이세이 대합병'으로 출현한 광역의 대규모 지자체의 경우에는 그 역할에 대해 좀처럼 떠올리기 어려울지도 모릅니다.

그렇지만 이러한 대도시와 대규모 지자체에서도 지역경제에 매년 막대한 금액의 투자가 이루어지고 있습니다. 또한 규모가 큰 지자체일수록 대규모의 사업이 기획되고 그곳에 집중적인 투자가 이루어집니다. 그렇지만 제5장에서 본 것처럼, 그러한 대규모 프로젝트가 지역의 지속가능한 발전으로 이어지는 경우는 많지 않습니다.

예를 들어, 교토 시에서는 헤이안건도平安建都 1200년 기념사업으로 지하철 도자이東西 선을 건설했습니다. 이때도 '대규모 프로젝트로 교토의 활성화를'이라는 말이 한창이었고, 건설비도 당초 계획이었던 2450억 엔에서 4710억 엔으로 두 배 가까이 늘어났습니다. 그렇지만 건설비의 대부분을 차지하는 터널·차량공사 등의 건설 수요를 비롯하여 철도 차량과 역 설비 수요의 80%를 교토 부 외부의 대형 종합건설회사와 차량, 설비업체가 차지했습니다. 거꾸로, 이러한 막대한 투자 결과, 교토 시의 재정은 악화되었고, 버스노선의 통폐합과 각종 요금 인상은 주민의 부담으로 전가되고 말았습니다.[3]

도쿄 도를 제외한 정령시의 경우, 인구 100만 명 이상의 단위로 기초자치단체가 형성되어 있으며, 주민과 지방자치단체에 대한 의사결정 사이의 거리는 극히 멉니다. 따라서 자치의 주권자로서, 주민의 발언권은 크게 제약되는 한편, 일정한 투자가 행정당국에 의해 집중적으로 이루어지기 때문에 주민 생활영역으로서의 구區나 초등학교 학구學區를 안배하는 등의 각각의 개성에 맞는 지역정책을 효과적으로 사용할 수 없습니다.

도쿄 도의 특별구제도처럼, 수장, 의원, 독자 재정을 각 구가 갖지 않는 이상, 주민에게는 쓸모없고 비효율적인 투자가 반복되어 주민생활의 향상은 물론, 민간의 지역 내 재투자 주체 형성으로도 이어지지 않습니다.

그러한 의미에서 주민의 생활영역에 대응한 소규모 지자체구획이 개성 있는 지역 만들기에 적합하다고 할 수 있습니다. 더욱이 이는 지자체의 주권자인 주민이 스스로의 생활영역에서 인간답게 생활하기 위한 자치행위를 위해서도 반드시 필요한 것입니다. 이러한 측면에서 1980년대에 미국에서 발전한 '성장의 관리'를 통한 대처는 좋은 참고가 될 수 있습니다.

4. '성장의 관리'에서 배우다

생활의 질적 향상을 요구하는 주민운동

1980년대 초 미국의 도시는 일본의 도시보다 앞서, 고층빌딩의 건설 급증으로 상징되는 열렬한 도시개발의 파도에 휩싸였습니다. 그 결과, 경관 파괴, 교통 혼잡, 지가 상승에 따른 주민의 감소 등 도시 문제가 심각해졌습니다. 고층빌딩 건설을 중심으로 한 도시개발이 생활의 질적 향상으로 이어진다는 신화는 무너지고, 생활의 질적 향상을 위해서는 도시의 성장을 관리해야 한다는 사고방식이 확산되었습니다.[4]

그 대표적인 도시가 샌프란시스코, 보스턴, 시애틀이었습니다. 샌프란시스코에서는 훌륭한 하늘경관skyline을 지키기 위해, 주민투표 끝에 사무용 빌딩의 총량규제와 고도제한을 실시했습니다. 또한 보스턴에서는 전통적인 건축물을 보호하기 위해 1987년부터 경관보존지구에 강력한 고도제한을 실시함과 동시에 고층 건축물을 개발촉진지역으로 유도하는 정책이 전개되었습니다. 그리고 시애틀에서도 용적률 인하, 고도제한, 사무소 총량규제를 내용으로 하는 도시계획이 주민투표 결과, 1989년부터 실시되고 있습니다.

여기에서 중요한 것은 세 도시 모두에서 생활의 질적 향상을 요구하는 주민에 의해 성장의 관리정책이 제안되었다는 점입니다. 특히, 샌프란시스코에서는 약 15년에 걸친 주민운동이 결정적인 역할을 했습니다. 물론 도시의 성장을 관리하자는 제안에 대해서도 강한 반발이 있었습니다.

그중에서도 가장 큰 쟁점이 된 것은 사무소 규제로 인해 대기업이 철수하고, 도시경제가 쇠퇴하는 게 아니냐는 우려였습니다. 하지만 현실에서는 각 도시에서 활력 있는 중소기업가들의 소득·고용창출에 대한 노력으로 지역경제가 후퇴하는 일은 발생하지 않았습니다. '성장의 관리' 정책은 성장을 전면으로 부정하는 것이 아니라 무질서한 개발의 폭주를 억제함과 동시에 개발이 필요한 지역에 투자를 유치하려는 사고방식에 기초하는 것입니다.

성장의 관리와 링키지

이 같은 성장의 관리를 실시하기 위한 구체적인 수단이 링키지linkage입니다. 링키지의 일반적인 역어譯語는 '결합' 혹은 '연결'인데, 미국의 도시개발 용어로서는 특별한 의미가 포함되어 있습니다. 이는 개발업자가 업무용 빌딩을 건설할 때, 주택과 보육소, 혹은 주차장과 공개공지公開空地와 같은 시설 설치를 의무화하는 것을 가리킵니다. 또한 도시의 일등지一等地 개발을 허가하는 대신에, 황폐한 이너시티inner city의 재개발을 의무화하는 등의 링키지도 있습니다.

양쪽 모두, 도시의 일정 부분이 업무공간으로 특화되거나 개발에너지가 집중되는 것을 막아 그 지역에 주민이 계속해서 살 수 있도록 하고, 정말로 개발이 필요한 지역에만 투자를 유도함으로써, 도시 전체의 균형 있는 발전을 꾀하기 위한 수단입니다.

그러한 의미에서 링키지는 두 가지 의의를 갖고 있습니다. 첫째는 번영하는 지구地區의 개발에너지를 경제적으로 쇠퇴하거나 뒤처진 지역으로 유도해서 개발과 결합하는 것입니다. 둘째는 주택링키지에서 볼 수 있는 것처럼, 경제개발의 에너지를 그로 인해 파괴되었을지 모르는 생활기반의 유지로 전화轉化시키는 것입니다.

이러한 성장의 관리와 링키지의 사고방식은 도쿄 일극집중과 과소화 문제가 진행되고 있는 일본에서도 충분히 검토해볼 만합니다. 도시개발의 방법이라는 틀뿐만 아니라 농촌을 포함한 국토 전체와 그 아래에 있는 지역계층의 지역발전계획과 지역 만들기를 생각할 때에도 좋은 참고가 될 것입니다.

일본에서의 적용 가능성

실제로, 일본의 몇몇 지역에서 성장의 관리 사고방식을 도입하여 이를 제도화하고 있습니다. 예를 들어, 도쿄 도 주오中央 구에서는 1990년 4월부터 '거주계속지원사업' 제도를 실시해, 업무용 빌딩 개발업자들에 대한 저월세 주택의 설치와 월세 보조의 재원이 되는 개발협력금 조성의 의무화를 시작했습니다. 이러한 사업은 미나토港 구, 다이토台東 구, 신주쿠新宿 구 등 도심부에서도 구 단위의 시책으로 확대되었습니다.

또한 주목해야 하는 것은 대도시의 도심부가 아닌, 오이타 현 산간 지역에 있는 유후인湯布院 정에서도 이러한 '성장의 관리' 정책이 도입되었다는 점입니다. 유후인 정은 1990년 9월에 '정감 있는 마을 만들기 조례'를 제정했는데, 이 지역은 벳푸別府 온천의 안방이라고 불리는 온천마을이며, 그 독특한 마을 만들기 운동으로 잘 알려져 있습니다. 유후인도 버블 시기에 외부자본에 의한 리조트 맨션, 호텔, 분양 별장 건설 신청이 잇따르면서, 지가 폭등과 환경파괴 문제가 발생했습니다. 이에 반해, '정감 있는 마을 만들기 조례'는 유후인 최대의 자원인 자연환경과 경관의 유지를 목표로, 마을 전 지역을 대상으로 개발을 규제하기 위해 만들어진 것입니다. 맨션 건설은 도시계획구역 밖에서도 높이와 토지 이용이 엄격하게 감시되었고, 마을 내 과소지역에 대한 개발을 유도했습니다. 즉, 외부자본을 모두 거부하는 것이 아니라 유후인의 환경과 경관을 지키려는 규칙에 따라 받아들이고, 지역개발에 대한 관리를 시도한 것입니다.

다만, 미국과 일본의 성장 관리에는 큰 차이가 있습니다. 미국에서는 주민운동을 통해 주민 스스로 도시계획안을 만들고, 주민투표를 거쳐 질 높은 도시 만들기를 실시한 데 비해, 일본에서는 도시계획 책정에 대한 주민참가의 제도적 보장이 충분하지 못해, 결국 행정이 선두에 서서 성장 관리 시책을 실시했다는 점입니다.

앞으로 일본에도 도시 만들기와 지역 만들기 계획에 주민 스스로 적극적으로 참가할 수 있는 제도적 구조가 필요하며, 이와 함께 도시와 지역의 미래 비전이나 도시·지역계획을 제안할 수 있는 가능한 한 높은 수준의 주민운동이 요구됩니다.

자본활동의 규제와 커뮤니티 중시

또 한 가지 미국의 사회운동에서 배워야 할 점으로서, 커뮤니티 생활의 질적 향상을 최우선 목표로 지방자치단체와 주연방정부의 권한을 활용하면서 자본의 무정부적인 활동을 사회적으로 규제하는 구조가 다양하게 만들어졌다는 것을 들 수 있습니다.

예를 들어, 기업이 마음대로 공장을 폐쇄하는 것을 감시하는 공장폐쇄 규제법이 있으며, 진출기업의 지역 내 원재료 조달을 의무화하는 로컬 콘텐츠local contents법이 있습니다. 또한 금융기관의 지역 내 투융자와 지역공헌을 유도하는 '지역 재투자법'도 존재합니다. 게다가 대형점포의 출점을 '성장의 관리'라는 틀에서 규제하고 있는 지자체도 있습니다.[5]

이미 언급한 것처럼, 외부에서 진출한 기업도 그 지역 내 재투자를 담당하는 주체 중 하나입니다. 그 진출기업과 지역경제와의 링키지를 강화함으로써, 지역의 재투자력을 한층 높일 수 있습니다. 이를 위해서는 진출기업이 가능한 한 지역에서 고용과 상품을 구입하도록 유도하고, 지역경제에 대한 공헌도를 높이도록 요구해야 합니다. 또한 여러 가지 우대 혜택을 받고 있음에도 불구하고 기업의 상황에 따라 갑자기 마음대로 공장이나 점포를 폐쇄하지 않도록, 공장폐쇄 혹은 고용 축소를 규제하는 제도 역시 필요합니다. 또 금융기관이 지역 중소기업에 대한 대출을 꺼릴 것이 아니라 적극적인 투융자를 권장하는 제도나 운동이 필요합니다.

국가 단위에서의 법적 제도화가 곤란하다면, 지방자치단체에서 중소기업 지역경제진흥기본조례와 같은 형태로 제도화하는 것도 가능합니다. 현재, 현 단위에서는 사이타마 현, 시구 단위에서는 스미다墨田 구와 야오八尾 시가 이와 같은 조례를 제정해서 중요한 역할을 담당하고 있습니다. 농촌에서도 지역경제진흥조례 등을 통해, 주민생활의 향상을 우선으로 하는 지방자치단체 산업정책의 방향 설정과 제도적 보장이 요구됩니다. 그리고 모든 의사결정을 행정에게 맡기는 것이 아니라 주민이 자발적으로 참가하는 지역 만들기 운동이 전제되어야 한다는 것은 말할 것도 없습니다.

'지역 내 재투자력'이 내발적인 과정을 통해 형성되든, 진출기업과 지역경제의 링키지 강화를 통해 형성되든, 양쪽 모두에서 지역주민의 공동체인 지방자치단체의 존재와 역할이 매우 중요합니다.

제8장
'일촌일품' 운동에서 지역 내 산업연관 구조로

1. 오이타 현 '일촌일품' 운동의 한계

지역 만들기 모델을 검증하다

앞 장에서는 지역의 지속가능한 발전을 위해, '지역 내 재투자력'을 향상시키는 것이 매우 중요하다고 서술했습니다. 그렇다면 어떻게 재투자력을 높일 수 있을까요? 이 장에서는 1980년대에 일본 전국의 지역 만들기 모델로 주목받았던 오이타 현의 '일촌일품 운동'을 예로 들어 검증해 보려고 합니다.

특히, '일촌일품 운동'이 지역의 지속가능한 발전으로 이어졌는지 그렇지 않았는지에 중점을 두고, 이 운동에 대한 20년 역사를 되돌아봄과 동시에 '일촌일품 운동'의 원형이었던 오야마 정(2005년 3월에 히타 시로 편입·합병)과 유후인 정(2005년 10월에 인접 2개 정과 합병해 유후由布 시가 됨)이 어떠한 지역 만들기를 실시했고, 최근 어떠한 문제를 안고 있는지에 대해 자세히 살펴보겠습니다.

일촌일품 운동 추진사업의 폐지

2003년 4월, 일촌일품 운동의 창시자인 히라마쓰 모리히코平松守彦가 오이타 현지사에서 은퇴하고, 후임으로 히로세 가쓰사다広瀬勝貞, 전前 경제산업성 사무차관이 취임했습니다. 동시에 현청 내의 조직 재편 과정에서 일촌일품 운동 추진실이 폐지되고, 그 업무는 국제교류센터와 기업조정과 정책기획반으로 이관移管 되었습니다.[1] 그 후 오이타 현에서는 지역 만들기의 방향으로 '지산지소(지역의 농산물은 지역에서 소비한다)'를 강조하는 '도요노쿠니 쇼쿠사이豊の国食彩' 운동이 전면에 등장합니다.

오이타 현 '사무사업평가조서事務事業評価調書'에 따르면[2] 오이타 현이 일촌일품 추진사업을 폐지한 이유는 다음과 같습니다.

> 각 시정촌이 선정하는 일촌일품(물건 만들기) 조사업무는 그 결과의 홍보와 동시에 각 시정촌 간 경쟁을 통해 지역주민의 일할 의욕을 양성하기 위해 시작한 것이며, 운동이 확대됨에 따라 농촌 여성의 창업활동이나 기업에 의한 다양한 농림수산가공품이 창출되는 등 소기의 목적을 충분히 달성했기에 폐기한다.

이 평가조서는 최근 유행하는 행정평가 수법에 입각한 것이며, '업적평가의 수치화'로 일촌일품의 지정 건수의 계획치를 실적치로 나눈 수치(2001년: 104.3)를 '목표달성도'로 정하고 있습니다. 또한 이와는 별도로 '효율성지표'를 두어, 사업비(현의 단독사업비 2001년: 933만 6000엔)를 지정 건수(2001년: 793건)로 나누어, '건 단위당 효율성(1만 2000엔)'을 산출하고 있습니다. 이 두 가지 성과지표와 효율성지표를 종합적으로 평가한 뒤, 목표를 달성했으므로 사업을 폐지한다는 것입니다.

그렇지만 이러한 행정의 수치 목표를 기준으로 한 지표의 선정 방법으로는 일촌일품 운동이 지역경제의 발전에 어떻게 기여했는지는 전혀 알 수 없습니다. 원래 일촌일품 운동의 정책목표가 지역진흥에 있었다면 당연히 이것을 평가의 대상으로 포함해야 할 필요가 있지 않을까요? 여기에 현행 행정평가 수법의 큰 한계가 있습니다. 다음에서는 이러한 시각에서 일촌일품 운동의 실제를 검증해보려고 합니다.

일촌일품 운동의 확대

일촌일품 운동은 1979년 4월에 오이타 현지사에 취임한 히라마쓰 모리히코가 '마을 만들기 간담회'를 현 내 각지에서 실시하면서, '소극주의, 무기력감'에서 탈피할 필요를 통감하고 오야마 정과 유후인 정에서 전개되고 있던 지역 만들기에서 촉발되어 개시한 지역 만들기 운동입니다.[3]

현의 문서에는 '일촌일품 운동은 지역을 활성화시키는 한 가지 방법으로, 지역의 얼굴이 되고 자랑이 될 수 있는 것을 개발하고 만들어내서, 이것을 국내뿐만 아니라 세계에서 통용될 수 있도록 키워가자'는 내용이 히라마쓰 지사(당시)에 의해 제창되었다고 기록되어 있습니다.[4]

이 운동은 다음과 같은 세 가지 원칙을 강조하고 있습니다.

첫째, '지역에서 만들어 세계로'

지역의 문화와 향기를 보존하면서, 국내뿐 아니라 세계에서 통용되는

'물건'을 만든다.

둘째, '자주자립·창의공부'
무엇을 일촌일품으로 선정하고, 키워나갈 것인가는 지역주민이 결정한다. 하나의 촌에서 3개가 나올 수도 있으며, 2개의 촌에서 1개가 나올 수도 있다. 행정은 기술과 마케팅 등의 측면에서 지원한다.

셋째, '사람 만들기'
일촌일품의 궁극적 목표는 사람 만들기로 설정한다. 선견지명이 있는 지역리더가 없으면 일촌일품 운동은 성공할 수 없으며, 어떤 것에든 도전할 수 있는 상상력 풍부한 인재를 육성한다.

오이타 현에서는 이상의 원칙을 기초로 일촌일품의 특산품, 지역자원을 지정하는 한편, 지사가 선두에서 도쿄 등지로의 출장을 통해, 현 내 상품의 마케팅을 지원했습니다. 또한 사람 만들기를 위해 지역 리더 육성에도 노력했습니다. 1988년부터는 현 내 12개소에서 '풍요로운 나라 만들기 공부방'을 개시했고, 공부방 졸업생은 2000년까지 2000명이 넘었습니다.

다른 한편, 오이타 현이 개시한 일촌일품 운동의 이념과 수법은 오일쇼크 이후, 구조불황과 재정위기로 고민하는 많은 현으로 보급되었으며, 한국을 비롯한 중국, 필리핀, 태국 등의 국가에까지 퍼져갔습니다.

일촌일품 운동의 침체

이렇게 해서, 일촌일품 운동은 국제적으로도 주목받는 지역 만들기 운

〈표 8-1〉 오이타 현 일촌일품 운동 특산품 판매액 및 품목 수의 추이

구분	1980년	1985년	1990년	1995년	1997년	1998년	1999년	2000년
판매액(백만 엔)	35,853	73,359	117,745	129,350	137,270	136,291	139,762	140,213
품목 수	143	247	272	289	306	312	318	329
1억 엔 미만	74	148	136	156	170	173	187	198
1억~3억 엔	34	53	68	76	68	79	70	75
3억~5억 엔	16	14	21	15	30	24	28	22
5억~10억 엔	15	17	27	27	21	18	15	15
10억 엔 이상	4	15	20	15	17	18	18	19
품목당 판매액(백만 엔)	251	297	433	448	449	437	440	426

자료: 大分県一村一品運動推進室, 『平成13年度 一村一品運動調査概要書』의 개요 및 데이터 편.

동이 되었습니다. 하지만 지역경제의 발전이라는 시점에서 보면, 결코 성공했다고는 할 수 없습니다.

〈표 8-1〉은 특산품의 판매액, 품목 수의 동향을 나타내고 있습니다. 먼저, 표의 가장 위쪽에 있는 판매액을 보면, 1980년 359억 엔에서 2000년 1402억 엔으로 순조롭게 증가하고 있는 것처럼 보입니다. 하지만 이는 신규 품목이 추가된 결과로, 품목 수는 1980년에 143품목에서 1997년에 306품목으로, 2000년에는 329품목으로 늘어났습니다. 이 때문에, 품목당 판매액은 1997년의 4억 4900만 엔을 정점으로 그 후로는 점점 감소하는 경향에 있습니다. 더욱이, 판매금액별 품목 수가 가장 많은 시기를 보면, 10억 엔 이상이 1990년, 5억~10억 엔이 1990년과 1995년, 1억~3억 엔이 1997년, 1억 엔 미만이 2000년으로, 대규모 판매상품일수록 버블 시기 및 그 직후를 정점으로 그 후에는 침체 경향에 있다는 것을 알 수 있습니다.

다음으로, 10억 엔 이상 판매액의 구체적인 내용을 〈표 8-2〉에서 살펴보겠습니다. 이 표에서 450억 엔의 최대판매액을 달성한 생산자가 우사宇佐 시 보리소주업체인 것을 확인할 수 있습니다. 또한 두 번째로 높은

〈표 8-2〉 2000년도 판매액이 10억 엔 이상인 특산품

(단위: 백만 엔)

품목	산지	생산자	2000년도 판매액	피크 시 판매액	피크 연도	비고
흰 파	분고타카다 시	JA생산부회	1,414	2,489	1993	
냉동가공 야채	구니미 정	JA생산부회	1,375	1,375	2000	
정종 '니시노세키(西の関)'	구니사키 정	유한회사	1,615	1,615	2000	2000년도 지정
죽세공품	벳푸 시	동업조합	722	1,200	1993	
하우스 귤	기쓰키 시	JA생산부회	2,609	3,209	1994	
오이타 보리소주 '니카이도'	히지 정	유한회사	17,015	17,015	2000	
푸른 차조기(큰 잎)	오이타 시	JA생산부회	1,780	1,794	1997	
유제품	노쓰하루 정	주식회사	1,477	1,477	2000	2000년도 지정
방어	사이키 시	어협	1,792	1,805	1999	
활어	쓰루미 정	어업조합	2,154	3,653	1993	
건어물	요노우쓰 촌	동업조합	1,184	2,099	1996	
방어	요노우쓰 촌	양식협의회	3,700	3,800	1999	
방어	가마에 정	어협	5,113	6,351	1997	
광어	가마에 정	어협	2,054	2,054	2000	
잎담배	노쓰 정	생산조합	1,477	2,008	1994	
우유	히타 시	낙농조합	2,212	2,212	2000	
배	히타 시	JA생산부회	1,708	1,725	1995	
버섯	오야마 정	생산조합	1,354	1,598	1997	
보리소주	우사 시	주식회사	45,000	45,000	2000	

주: 피크 연도는 1993년부터 2000년까지의 기간에 한정.

자료: 大分県一村一品運動推進室,『平成13年度 一村一品運動調査概要書』의 개요 및 데이터, 활동 및 생산 단체 편.

170억 엔의 판매액을 기록한 것도 히지日出 정의 보리소주업체입니다. 이들 소주업체는 때마침 소주 붐을 타고 2000년까지 계속해서 판매액이 증가했습니다. 그리고 2000년에 새롭게 추가 지정된 상품도 그 생산주체는 구니사키国東 정의 주조업체와 노쓰하루野津原 정의 유업업체입니다. 즉, 단일기업의 판매액이 일촌일품 운동의 전체 판매액을 끌어올린 것입니다. 이제 이들 기업의 발전이 지역경제 혹은 지역 만들기에 얼마나 파급효과를 가져왔는지가 문제입니다.

농산물은 10개 품목이 10억 엔 이상의 판매액을 기록하고 있지만 그 대부분은 일본농업협동조합Japan Agricultural Cooperatives: JA생산부가 주체

〈표 8-3〉 시정촌별로 본 일촌일품 특산품 판매액의 동향

구분	2000년도 판매액 (억 엔)	피크 시 판매액 (억 엔)	피크 연도	경향	비고	인구 증가율 (%)	취업인구 증가율 (%)
오이타 시	33.9	33.9	2000	○		9.5	13.0
벳푸 시	81.0	127.2	1994	▼		-4.4	-4.8
나카쓰 시	7.7	7.7	2000	○		1.4	1.6
히타 시	57.2	60.9	1998	▼		-4.1	-1.5
사이키 시	23.8	24.5	1999	▼		-4.9	-1.9
우스키 시	13.8	24.7	1997	▼		-7.2	-4.6
쓰쿠미 시	9.6	11.0	1996	▼		-16.1	-11.4
다케다 시	8.9	11.0	1994	▼		-17.7	-13.6
분고타카다 시	24.4	38.8	1993	▼		-7.4	-10.8
기쓰키 시	47.7	58.3	1995	▼		4.6	4.1
우사 시	465.7	465.7	2000	○	보리소주를 제외하면 감소	-2.7	-3.9
오타 촌	0.9	2.0	1993	▼		-14.6	-26.6
마타마 정	4.9	8.6	1998	▼		-12.5	-10.9
가카지 정	1.1	2.6	1993	▼		-14.2	-16.9
구니미 정	17.9	17.9	2000	○		-15.8	-16.4
히메시마 촌	1.7	17.5	1993	▼		-15.5	-9.1
구니사키 정	24.2	24.2	2000	○	정종을 제외하면 감소	-12.7	-13.1
무사시 정	2.4	4.0	1993	▼		0.3	4.9
아키 정	0.8	2.3	1995	▼		-6.0	-3.3
히지 정	179.1	179.1	2000	○	보리소주를 제외하면 감소	13.3	12.5
야마가 정	14.3	14.3	2000	○		-10.8	-15.4
노쓰하루 정	17.0	17.0	2000	○	유제품을 제외하면 감소	-10.6	-12.3
하사마 정	2.1	2.7	1998	▼		14.5	12.6
쇼나이 정	12.2	16.1	1995	▼		-10.4	-8.7
유후인 정	4.1	4.8	1997	▼		-3.3	-0.4
사가노세키 정	7.8	11.2	1997	▼		-21.0	-17.5
가미우라 정	0.4	0.4	2000	○		-20.8	-18.0
야요이 정	1.5	2.0	1998	▼		0.6	-1.9
혼조 촌	4.6	4.6	2000	○		-14.1	-27.0
우메 정	3.6	4.8	1996	▼		-16.9	-15.7
나오가와 촌	0.6	1.1	1994	▼		-16.0	-20.9
쓰루미 정	25.0	40.6	1993	▼		-18.1	-15.2
요노우쓰 촌	49.0	52.7	1996	▼		-17.0	-15.5
가마에 정	86.4	95.7	1994	▼		-15.2	-16.4
노쓰 정	21.3	28.0	1997	▼		-12.9	-14.0
미에 정	4.2	5.8	1993	▼		-1.6	1.3
기요카와 촌	2.0	2.1	1999	▼		-12.1	-16.0
오가타 정	3.7	7.5	1994	▼		-16.9	-15.5
아사지 정	5.8	6.3	1999	▼		-17.9	-14.5
오노 정	6.8	7.5	1999	▼		-16.8	-15.9
지토세 촌	1.5	1.5	2000	○		-11.4	-0.4
이누카이 정	0.6	1.3	1995	▼		-17.0	-14.9

오기 정	12.1	13.0	1998	▼		-13.2	-10.8
구주 정	13.5	15.9	1994	▼		-7.6	-7.8
나오이리 정	5.3	9.6	1994	▼		-11.2	-9.3
고코노에 정	22.8	26.7	1994	▼		-11.4	-9.0
구스 정	16.8	22.0	1997	▼		-10.4	-8.8
마에쓰에 촌	2.1	3.1	1993	▼		-11.9	-13.7
나카쓰에 촌	2.3	6.4	1993	▼		-14.5	-18.1
가미쓰에 촌	5.9	6.4	1994	▼		-8.9	-15.2
오야마 정	18.9	21.8	1997	▼		-14.0	-12.7
야마가세 정	2.5	5.1	1993	▼		-15.8	-10.7
산코 촌	1.6	2.1	1994	▼		0.9	-7.6
혼야바케이 정	2.4	2.8	1993	▼		-16.8	-22.7
야바케이 정	5.3	8.5	1994	▼		-16.9	-16.6
야마쿠니 정	1.7	2.6	1997	▼		-16.9	-16.9
인나이 정	2.1	3.2	1996	▼		-13.4	-11.9
아지무 정	5.7	10.8	1993	▼		-11.1	-11.9

주: 1) 피크 연도는 1993년부터 2000년의 기간으로 한정.
2) 경향 란의 ○는 증가세, ▼는 감소세를 나타냄.
3) 인구증가율은 1990년부터 2003년 사이의 주민기본대장의 인구 동태를 나타냄.
4) 취업인구 증가율은 1990년부터 2000년 사이 국세조사에서의 취업인구 동태를 나타냄.
자료: 大分県一村一品運動推進室, 『平成13年度 一村一品運動調査概要書』의 개요 및 데이터 편; 大分県, 『大分県統計年報』 등 참조.

입니다. 구니사키 정의 냉동가공 야채나 노쓰하루 정의 우유를 제외하면, 1990년대에 정점을 기록한 이후 감소 혹은 침체 경향에 있는 상품이 다수를 차지하고 있습니다. 수산품도 6개 품목이 있지만 가마에蒲江 정의 광어를 제외하면, 최근에는 침체되고 있습니다.

한편, 일촌일품 특산품의 판매액과 각 시정촌의 취업인구·정주인구의 동향을 〈표 8-3〉에서 시정촌별로 살펴보겠습니다. 표에는 1993년부터 2000년에 걸친 판매액의 증감 경향과 최정점 연도가 나타나 있습니다. 오이타 현 내 58개 시정촌 중에서 증가 경향에 있는 지역은 오이타 시, 나카쓰中津 시, 구니사키 정, 히지 정, 야마가山香 정, 노쓰하루 정, 가미우라上浦 정, 혼조本匠 촌, 지토세千歳 촌 등 11개 시정촌뿐이며, 앞에서 언급한 소주업체 등 대규모 판매를 하고 있는 단일기업의 수를 빼면, 우사

시, 구니사키 정, 히지 정, 노쓰하루 정은 감소 경향으로 전환되었고, 남은 것은 7개 시정촌뿐입니다. 감소 경향에 있는 시정촌 중에는 일촌일품 운동의 원형이라 불리는 오야마 정과 유후인 정도 포함되어 있으며, 모든 지역에서 1997년을 정점으로 판매액이 감소하고 있습니다. 또한 1990년부터 2000년 사이에 취업인구가 증가했지만 1990년부터 2003년까지 주민기본대장에서 실제로 인구가 증가한 시정촌은 오이타 시를 포함한 6개 지자체뿐이었습니다. 전체적으로 일촌일품 운동을 통해, 지역산업의 지속가능한 발전이 이루어지고 정주인구가 늘어났다고 보기는 어렵습니다.

그 원인은 무엇보다도 제2장에서 언급한 이중의 국제화의 영향, 즉 농림수산물과 중소기업성 제품의 수입이 극심했기 때문에 이것이 전국의 지역경제와 비슷하게 농촌을 중심으로 지역산업의 후퇴와 인구 감소를 초래한 것이 결정적이었습니다. 이밖에도 일촌일품 운동이 특정 특산물에만 초점을 맞추어 그것을 도시시장에 대량으로 출하함으로써 매출을 늘리려 했다는 점도 원인 중 하나로 볼 수 있습니다. 오야마 정의 사례를 통해, 이 점에 대해 파악해보겠습니다.

2. 오야마 정 '일촌다품'형 지역 만들기의 전개 과정

'매실과 밤을 키워 하와이에 가자'

오야마 정(1968년 정제도 시행)에서는 농업기본법이 제정된 1961년부터, 쌀 중심의 농업에서 탈피해 논에는 매실, 밭에는 밤을 키워, 소득 향상을 꾀하는 '매실·밤 운동', 즉 '제1차 NPC(뉴 플럼 앤드 체스트넛New Plum and Chestnut)' 운동을 전개했습니다. 농협 조합장이면서, 촌장이기도 했던 야와타 하루미八幡治美의 선견지명과 강력한 리더십하에서 '매실과 밤을 키워 하와이에 가자'를 구호로 내세운 오야마 정의 대처는 전국의 주목을 받게 됩니다. 오야마 정의 지역 만들기는 쌀 중심의 농정을 비판하면서, 중산간지역에서 지역의 개성을 살린 '지역 내 재투자력'의 형성을 위해 농협과 정이 투자 주체가 되어 전개했습니다.

오야마 정에서는 소득 향상이라는 목표를 어느 정도 달성한 1965년부터, '풍요로운 마음과 풍부한 지식을 가진 사람 만들기'를 새로운 목표로 하는 '제2차 NPC(네오 퍼스낼리티 콤비네이션Neo Personality Combination)' 운동을 개시하고, 1969년부터는 '제3차 NPC(뉴 패러다임 커뮤니티New Paradigm Community) 운동'에 몰두합니다. 이는 농촌에서도 도시와 같은 쾌적한 생활환경을 누리는 것을 목표로 한 것이며, 이스라엘의 키부츠kibbutz*를 모델로, 정 내를 8개 단지로 나누고, 각 단지의 커뮤니티 섹터community sector를 중심으로 한 문화집적단지의 운영을 시작합니다. 무엇보다, 마을 내 한 사람 한 사람의 생활과 소득의 향상을 위한 지역 만들기를 목표로 했다는 점에 주목해야 합니다. 농업 진흥의 측면에서는 1972년부터 농협이 농산물 가공부문을 개시하는 등 매실과 밤뿐만 아니라 포도, 자두, 딸기, 팽이버섯 등의 재배를 장려하고, '다품종생산 농업'을 지향해왔습니다.[5]

* 집단노동·공동소유라는 사회주의적 생활방식을 고수하면서, 이스라엘의 자랑으로 여겨져 온 집단농장을 의미한다.

지역 내 산업연관을 중시한 지역 만들기

히라마쓰 지사가 오야마 정을 방문해, '일촌일품 운동'의 아이디어를 얻은 것이 바로 이 시기였습니다. 오야마 정 농업 진흥의 가장 큰 특징은 쌀에 의존한 농업정책에서 탈피해, 고소득을 기대할 수 있는 여러 개의 농산물에 특화하여 그 생산과 진흥에 재원과 인재를 집중한 점입니다. 그뿐만 아니라 농산물 가공부문의 설치로 대표되는, 소비자 단계에 가장 가까운 곳에 유통·판매업이나 서비스업에 대한 산업연관을 자각적으로 형성하고, 여기에 문화활동을 포함한 농촌 커뮤니티 만들기와 농업 진흥 시책을 결합한 점입니다.

하지만 '일촌일품 운동'이 주목한 것은 매실로 대표되는 이출형 상품의 개발과 국제교류, 사람 만들기였고, 마을과 농협의 강한 협력tie-up을 통한 생산진흥, 지역 내 산업연관의 자각적 형성, 특산품 진흥과 지역 만들기의 결합, 지역 만들기에 대한 다수의 주민 참가의 측면은 간과했다고 할 수 있습니다. 바로 여기에, 그 이후 오이타 현의 '일촌일품 운동'이 한계에 부딪힌 요인이 있습니다.

즉, 이출형 상품 한 가지를 만들어 매출을 늘려간다면, 그것이 단일기업이라 할지라도 일촌일품 운동으로서는 성과가 있다고 할 수 있습니다. 하지만 지역경제의 시점에서 보면, 이는 지역 내에 산업연관도 없을 뿐만 아니라 그와 관련된 생산자와 주민의 수가 많지 않을 경우에는 지역경제와 주민생활의 지속가능한 발전으로도 이어지지 않습니다.

시장집하 중시에서 '지산지소' 중시로

그리고 오야마 정의 일촌일품 운동 특산품 판매액도 1997년을 정점으로 감소로 전환됩니다. 〈표 8-4〉에 따르면, 오야마 정의 '일촌일품 특산품'은 1993년 시점에서 매실, 자두, 팽이버섯 등 3개 품목 합계, 16억 엔 정도의 판매실적이 있었습니다. 그 후, 1997년에는 매실장아찌, 허브, 물냉이 등 세 가지 품목이 추가되어 22억 엔 정도의 판매를 기록하지만, 그 후 감소국면에 들어서면서 2000년에는 19억 엔 정도가 되었습니다. 품목별로는 팽이버섯과 매실의 감소가 눈에 띕니다.

이들 특산품을 포함해, 오야마 정의 농업생산의 중핵을 담당하는 오이타 오야마 정 농협(이하, 오야마 정 농협)의 농산물 판매액도 1993년을 정점으로 감소로 전환됩니다. 1993년에 25억 3000만 엔을 기록했던 판매액이 2001년에는 20억 2000만 엔으로 5억 엔 가까이 감소했습니다. 그 요인으로는 국내 산지 간 경쟁의 심화와, 매실과 팽이버섯류 등의 수입 증가에 따른 가격 하락, 그리고 고령화의 진행으로 인한 후계자 부족 문제가 꼽혔으며, 특히 시장출하 신장伸張의 어려움이 가장 큰 요인으로 지

〈표 8-4〉 오야마 정의 일촌일품 특산품의 판매액 추이

(단위: 백만 엔)

품목 명	1993년	1994년	1995년	1996년	1997년	1998년	1999년	2000년
매실장아찌	-	-	-	-	60	36	100	100
매실	196	157	122	75	111	118	115	76
허브	-	-	-	-	163	152	134	151
자두	127	117	127	96	128	102	115	100
물냉이	-	-	-	-	121	120	116	113
버섯	1,287	1,168	1,074	999	1,598	1,493	1,256	1,354
합계	1,610	1,442	1,324	1,170	2,181	2,022	1,835	1,894

자료: 大分県一村一品運動推進室, 『平成13年度 一村一品運動調査概要書』의 개요 및 데이터 편.

적되었습니다.[6]

이 때문에, 오야마 정 농협은 중간 마진을 줄이고, 생산자와 소비자를 직접 연결하는 판매기법으로 시설을 직접 운영하는 것에 역점을 두게 됩니다. 1990년에 관광용 밤 농원의 부지를 활용해 '나무의 꽃 정원'을 개업한 것에 이어, 후쿠오카 시내 2개 점포, 오이타 시내에 2개 점포와 직영점을 열고, 이른바 '2.5차 산업화'를 추진했습니다. 정町 차원에서도 '나무의 꽃 정원'의 건설 지원뿐만 아니라 2003년에 숙박시설과 가공체험 시설을 정비하여 '울림의 고향'을 건설·개업하고 관광객을 불러 모음으로써, 지역 내의 소비를 환기시키는 '지산지소'에 대한 대처를 강화했습니다.

2001년도 결산에 따르면, '나무의 꽃 정원' 5개 점포의 총 판매액은 10억 엔에 달해, 9000만 엔에 가까운 이익을 냈습니다. 같은 해의 시장 출하액이 18억 엔까지 떨어지고 있던 것을 감안하면, '나무의 꽃 정원'을 통한 직판이 얼마나 큰 역할을 하고 있었는지를 알 수 있습니다. 이 중, 오야마 정에 있는 '정원 오야마'는 2002년에 '농가 대접 바이킹 요리(일정 요금을 내고 각자 마음대로 골라 먹는 방식 — 옮긴이)'를 핵심 판매전략sales point으로 한 유기농 농원을 개업해 단번에 관광객을 늘려, 4억 엔의 매출을 기록했습니다. 또한, 농협의 직판품뿐만 아니라 정 내 농가의 소규모 조합과 개별 농가가 생산한 농산물 및 생활잡화에 생산자의 이름이 붙어 많은 품목이 판매되었으며, 이는 하나하나의 농가를 윤택하게 하는 직접적인 판로가 되었습니다.

이렇게 농협이 중심이 되어 지금까지의 시장출하체제에 대한 의존에서 벗어나 정 내의 다양한 생산자를 연결시키고networking, 지역 내 산업연관을 의식적으로 재구축함으로써 새로운 발전 방향을 만들어낸 것입니다.

농협 합병과 시정촌 합병

이미 본 것처럼 오야마 정 농협은 문자 그대로 오야마 정의 농업 및 지역경제를 지탱하는 '지역 내 재투자력'의 중심 역할을 하는 데까지 발전했습니다. 2001년 말 기준으로 조합원 수 695명, 직원 수 78명, 본소와 지소 1개소, 팽이버섯 배양공장 8개소, 퇴비공장 2개소, 직판장 5개소, 가공공장 1개소, 복지시설 1개소, 원료용 꿀 등의 조달을 위한 중국현지법인 2개소를 둔 일대一大 경영체가 되었습니다. 농협 경영체로서도 건전해서 2001년도 사업수익은 35억 6000만 엔으로 경영수익 6383만 엔, 당기순이익 5459만 엔을 달성했습니다. 또한 같은 해 자기자본비율도 22%로 높은 수준이었고, 처리를 요하는 불량채권도 발생하지 않았습니다.

그런데, 오이타 현 내에서도 농협의 대형 합병 움직임이 강화되어, 1999년에 오야마 정 인근의 중심 도시인 히타 시를 축으로 한 광역 합병농협=JA히타가 발족됩니다. 하지만 오야마 정 농협은 1촌 1농협 체제를 견지하는 방침을 취해, 지금도 단독 농협 체제를 유지하고 있습니다.

이에 반해, 2003년 1월에 오야마 정이 히타 시·군 6개 시정촌의 법정 합병협의회에 참가해, 합병특례법 기한 내인 2005년 3월 22일 새로운 히타 시의 일부가 되었습니다. 합병 전의 정 당국은 농협과는 다르게, 재정 사정이 악화되면서 합병이 불가피하다는 입장을 취해,[7] 합병에 반대하는 주민운동도 두드러지지 않았습니다. 2001년도 정의 결산지표를 보면, 재정력지수 0.18, 경영수지 비율 94.3%, 지방채 잔액은 정의 세출액을 2억 엔 가까이 상회하는 42억 6000만 엔, 적립금 잔고가 8억 2000만 엔으

로 재정의 경직화가 진행되고 있었습니다.[8]

이처럼 지역 만들기의 주체로서 지금까지 연대하고 있던 기초자치단체와 농협이 합병 문제를 계기로, 행정구역과 영업구역이 괴리되는 사태가 현실이 되고 말았습니다. 지금까지의 오야마 정의 지역 만들기는 농협 주도였다고는 하지만 농협의 각 시설에 대한 정의 건설투자와 농협진흥에 대한 재정적·인적 지원 없이는 성공할 수 없었습니다. 광역합병을 계기로, 향후 농협뿐만 아니라 구舊 오야마 지역주민의 일자리와 생활이 어떻게 될지 걱정입니다.

3. 지역 내 경제순환의 형성과 지역사회의 지속가능한 발전

지역경제의 담세력을 강화하다

이렇게 한 시대를 풍미했던 오야마 정조차 시정촌 합병 문제라는 큰 파도에 휩싸이며, 지역의 미래에 대한 전망이 불투명해졌습니다. 기초자치단체의 구조적 위기가 향후 지역경제의 발전에 가장 큰 문제가 되었습니다. 시정촌 합병을 어쩔 수 없게 했던 가장 큰 요인은 취약한 재정기반 때문이었습니다. 재정기반이란, 그 지역의 담세력擔稅力에 규정되어 있으며, 또한 그 담세력은 '지역 내 재투자력'에 규정되어 있습니다. 시정촌 합병은 뒤에서 언급하는 바와 같이, '지역 내 재투자력'을 위축시킬 수는 있어도 그것의 확대를 기대하기는 어렵습니다.

이번 합병정책의 목적 중 하나인 '행·재정기반의 확립'은 오히려 결과라고 할 수 있습니다. 시정촌 합병을 통해, 일시적으로 수치를 맞추었다고 해도 지금까지의 지역산업정책을 계속하는 한, 한층 세수기반을 축소시키는 것 아닐까요? 문제는 얼마나 지역경제의 담세력을 향상시키는가에 있습니다. 이는 결국, 해당 지역의 '지역 내 재투자력'을 강화하는 것 이외에는 방법이 없습니다. 그렇게 하면, 합병하지 않고도 지역경제의 지속가능한 발전을 위한 길을 만들 수 있습니다. 또한 '지역 내 재투자력'의 강화를 위해서는 오야마 정 농협이 중시한 '지산지소'라는 용어에서 상징적으로 나타나 있는 것처럼, 지역 내 산업연관의 자각적 구축을 통한 지역 내 경제순환의 형성이 매우 중요합니다. 이는 타 지역에 대한 일부 특정상품의 판매 확대만을 중시해온 오이타 현의 '일촌일품 운동'의 한계를 통해서도 알 수 있는 교훈이기도 합니다.

그렇지만, 개별 지역의 '지역 내 재투자력' 및 지역 내 경제순환의 구축을 보장하기 위해서는 국가에 의한 지방재정 조정제도의 유지·확대가 무엇보다 필요하며, 지역산업을 어려운 환경에 처하게 하는 경제 구조조정 개혁정책의 근본적인 전환이 이루어져야 한다는 것은 말할 것도 없습니다. 국가의 정책 전환과 함께 혹은 그것에 앞서서, 지방자치단체 단위에서 지역산업정책의 수정과 지역의 기업·주민에 의한 지역 만들기를 통해, 지역의 지속가능한 발전도 어느 정도 가능합니다. 그렇게 하지 않으면, 글로벌화와 장기불황의 어려움 속에서 '주민의 생활영역으로서의 지역'이 파괴될 수밖에 없는 시대입니다.

지역 내 경제순환의 경제효과

그렇다면, 왜 지역 내 산업연관을 통한 지역 내 경제순환이 필요한 것일까요? 이미 이야기한 것처럼, '지역 내 재투자력'의 주체로서 민간기업

〈그림 8-1〉 지역 내 경제순환의 경제효과

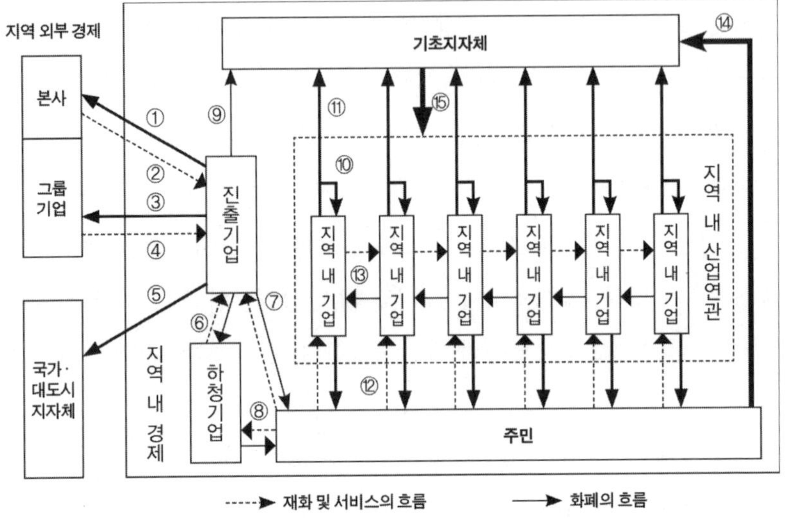

은 물론 농가와 상점 등의 개인경영, 협동조합 그리고 지방자치단체와 공기업 등도 포함할 수 있습니다. 이들 경제주체의 힘을 강화하고, 네트워크화를 꾀하기 위해서는 행·재정이 담당하는 역할이 매우 중요합니다.

이러한 지역 내 경영 주체의 네트워크화는 지역 내 산업연관을 재구축하고, 지역 내 경제순환을 만들어내는 것이며, '지역 내 재투자력'을 증폭시키기 위한 결정적인 관건입니다. 〈그림 8-1〉은 지역 내 경제순환의 경제효과를 진출기업의 경제효과와 비교한 개념도입니다. 제6장에서 자세히 언급한 것처럼, 진출기업의 경우 지역 내에서 얻은 수익의 많은 부분을 본사(①)나 동일기업, 그룹기업(③)으로의 소득이전, 국가나 본사 소재지 지자체로의 납세(⑤)라는 형태로 지역 외로 유출시키는 경향이 강한 특징이 있습니다. 지역 내에서는 임금지불(⑦)이나 하청기업에 대한 대금지불(⑥), 기초자치단체에 대한 지방세(⑨)라는 형태로 자금을 순환시키지만 이들 기업이 해외로 이전하거나 구조조정을 하면, 그 자금순환은 축소·상실됩니다.

글로벌화는 지금까지 거대자본을 중심으로 수직적으로 조직된 하청연관이 단절되는 과정이기도 합니다. 모기업은 하청기업과의 거래를 중지하지 않고서는 자유롭게 생산을 해외로 이전할 수 없기 때문입니다. 그렇게 되면, 지역 내에는 우수한 기술과 노하우를 갖고 있으면서도 거래처를 잃은 사업소가 다수 남겨지게 됩니다. 지역산업의 재구축을 꾀하기 위해서는 이들 경영자원을 살려 새로운 네트워크로 재조정할 필요가 있으며, 지역의 자원을 활용한 새로운 지역산업의 복합체를 구축할 수 있습니다. 제6장에서 소개한 지장산업의 경우에도 지역의 기업이 상호 네트워크를 조직한 '횡적인 거래관계'를 창출한다면, 상호거래(⑬) 속에서 일자리와 자금이 회전되고, 고용효과(⑫)도, 세수효과(⑪, ⑭)도 높아집니다. 이러한 세수의 증가를 기초자치단체가 지역 내에 재투자한다면(⑮), '지역 내 재투자력'은 한층 향상되어갈 것입니다.

4. 유후인의 마을 만들기와 지역 내 경제순환

유후인 정의 마을 만들기

조금 더 이미지를 풍부하게 하기 위해, '일촌일품 운동'의 원형이라 불린 유후인 정의 마을 만들기를 구체적인 사례로 들어 지역 내 경제순환의 효과에 대해 이야기해 보겠습니다.

유후인 정(현, 유후 시)은 나카타니 겐타로中谷健太郎와 미조구치 군페이

溝口薫平라는 두 사람의 리더를 중심으로 우시쿠이젯큐牛喰い絶叫 대회*, 영화제, 음악제 등으로 유명한 독특한 마을 만들기를 전개해, 지금은 연간 400만 명에 가까운 관광객이 모이는 일본에서도 최고 수준의 인기 관광지입니다.[9] 그렇지만 여기까지 오는 길은 결코 평탄하지 않았습니다. 유후인 정은 쇼와 대합병으로 유후인 정과 유노히라湯平 촌이 합병해 생긴 마을입니다. 지금의 유후인 정이 있게 된 것은 전후의 댐 건설, 자위대 유치, 골프장 계획, 오이타 중부대지진(1975년)과 같은 수많은 시련을 거듭하는 과정에서 주민이 중심이 되어 개발계획을 중지시키고, 풍요로운 자연과 농촌경관, 곳곳에서 끓어오르는 온천을 중심으로 한 질 높은 마을 만들기를 거듭해왔기 때문입니다.

유후인 온천관광협회가 중심이 된 지역 내 산업연관

지역경제론의 시점에서 볼 때, 유후인에는 다른 온천관광지에서는 볼 수 없는 독자적인 특색이 있습니다. 경관을 보면, 대규모 호텔이나 료칸旅館(일본의 전통 숙박시설) 같은 숙박시설이 일반주택과 떨어진 곳에 집중되어 있는 형태가 아니라 다수의 소규모 숙박시설이 유후산 산기슭에 넓게 형성되어 농촌경관을 배경으로 흩어진 모습입니다.

이들 숙박시설에서는 식재료와 특산품은 최대한 지역 내의 것을 사용하도록 주의를 기울여왔습니다. 두 사람의 리더가 경영하는 료칸도 지역 내 농가로부터 식재료를 구입해서 조리할 뿐만 아니라, 가공을 통해 특

---

* 대자연에 둘러싸인 넓은 목초지 한가운데서 현지의 소고기 바비큐를 먹은 뒤, 참가자가 속마음을 큰 목소리로 외치는 대회.

산품으로도 판매하고 있습니다. 그렇기 때문에, 많은 고용을 직간접적으로 창출하고 있습니다. 그리고 료칸과 호텔의 요리장은 업무가 끝난 후, 지역 내 식재료를 활용한 요리법을 연구하거나, 경우에 따라서는 식재료 판매장에 다녀오는 경우도 있습니다. 게다가, 규모가 큰 료칸이나 호텔이 관내에 가게나 오락시설을 만들어 관광객을 모두 독점하려 하지 않고, 여행의 '숙식분리' 경향에 즉각적으로 대응해 관광객들이 식사를 할 수 있는 장소나 다른 숙박시설을 소개하기도 합니다. 즉, 관광업을 중심으로 한 지역 내 산업연관이 의식적으로 형성되어온 것입니다. 유후인정의 경우, 그 네트워크의 형성 주체는 행정이 아니라 유후인 지구의 관광 관련업자로 구성된 유후인 온천관광협회였습니다.

마을 만들기와 지장시장 만들기

유후인 온천관광협회의 마을 만들기에 대한 사고방식은 나카타니가 쓴 다음과 같은 문장에 잘 표현되어 있습니다.

> 유후인이 훌륭한 곳이라는 말을 듣고, 많은 사람과 물건이 흘러들어오고 있다. 모두가 열심히 노력한 덕분에 유후인은 좋은 마을이 되었고, 그 에너지가 교류 인구를 400만 명이나 만들어냈다. 그러나 더욱 중요한 것은 이를 좋은 방향으로 유도하는 장치를 만드는 것. 지금 여행은 숙식분리의 경향에 있다. 그에 따라 식사나 산책, 조깅을 하는 관광객들이 제각각 마을 안을 돌게 된다. 그러니 산책보도나 차도, 주차장 정비, 녹지와 나무그늘도 빼놓을 수 없지 않은가. 외부로부터 사람, 물건, 문화가 유입되는 것을 촉진하면서도, 마을의 생활을 좀 더 '윤택하게' 유지하기 위해

서는 '유도장치'가 필요하게 되겠지. 그리고 무엇보다 중요한 것이 '물건 만들기'이며, 농산물을 시작으로 한, 목공예, 죽공예, 철공예, 종이공예, 염색, 기모노 등, 모든 생산과 가공의 기술을 지키고 북돋우지 않으면, 유후인 정에 미래는 없다. 바로 이 때문에, '지장시장'이 필요하다. 지장상품은 지장시장의 토대 위에서 태어나고, 길러지는 것. 그리고 지장시장이 성립되기 위해 필요한 '구조 만들기'가 곧, '마을 만들기'이다. 환경, 산업, 마을의 교통망, 전통, 역사, 기술, 교육, 복지, 의료, 문화 등등 …….[10]

이 문장에서 유후인 정이 전국의 지자체 중에서 선구적으로 '성장의 관리'의 사고방식을 취한 '윤택한 마을 만들기 조례'를 제정한 이유를 알 수 있습니다. 마을 만들기란 물건 만들기이며, 사람과 사람과의 관계, 사람과 자연과의 관계를 의식적으로 만들어내는 것이라는 훌륭한 목표와 이념을 가지고 전개되어온 것입니다.

유후인 관광의 지역 파급효과

이러한 훌륭한 방침을 바탕으로 유후인의 관광업은 농업과 상공업의 발전까지도 지탱해왔습니다. 〈표 8-5〉는 1980년부터 1995년까지의 유후인 정의 관광소비액과 산업별 생산액 및 소비액의 동향을 나타내고 있습니다. 유후인을 찾는 관광객 증가에 따른 관광소비액의 증가와 함께, 상업판매액이 두 배 가까이 늘어났고, 그것이 마을 내의 제조업과 농업에도 파급되고 있는 모습을 보이고 있습니다.

유후인 온천관광협회의 회원 명단을 보면, 상당히 광범위한 업종으로 구성되어 있는 것을 알 수 있습니다.[11] 가장 많은 것은 료칸, 호텔, 펜션,

〈표 8-5〉 유후인 정의 산업별 생산액 추이

(단위: 백만 엔)

구분	1980년	1985년	1990년	1995년	1995년/1980년
농업 총생산액	1,191	1,491	1,543	1,876	1.58
제조품 출하액	1,432	1,147	1,144	1,803	1.26
상품 판매액	5,319	7,573	9,187	10,870	2.04
관광 소비액	7,384	10,728	11,130	14,075	1.91
관광객 수(만 명)	181	272	362	381	2.11

자료: 湯布院町, 『2000 町政要覧 ゆふいん物語』(2000), p.36.

민박, 대여별장, 유스호스텔, 휴양소 등의 숙박시설로 103명의 회원이 있습니다. 이 밖에 음식 관계가 50명, 특산품 관계가 47명, 미술관, 박물관, 갤러리, 도자기제조소 등의 관광시설이 39명, 일용잡화 관계가 18명, 교통 관계가 15명, 식료품·주점이 11명, 토지·건설 관계가 8명, 그 밖에도 목욕탕, 병원, 약국, 금융기관, 보험사무소, 회계사무소 등 광범위한 업종이 관광이라는 하나의 큰 축으로 연결되어 있습니다. 회원 이외에도 료칸에 식재료를 제공하고 있는 농가나 목장, 방이나 정원을 관리하는 다다미畳 판매소와 조경업도 상당수 존재합니다.

유후인에서는 '윤택한 마을 만들기 조례'에서 볼 수 있는 것처럼, 외부 자본의 진입을 가능한 한 규제하면서, 지역 내에서의 산업연관 구조를 의식적으로 추진했고, 이를 통해 관광객의 증가와 함께 파급효과를 높여 왔습니다.

그 결과, 마을의 재정력도 향상되어, 2001년도의 재정력지수는 0.59로 현 내 정촌의 최고 수준입니다. 그런데 정장은 '이대로라면, 재정재건 단체가 되어버린다'라는 위기감을 부채질해, 주변의 2개 정과의 합병을 강력하게 추진했습니다. 지금까지 마을 만들기의 중심에 있던 나카타니는 주민투표조례제정의 직접청구 운동과 정장 소환recall 운동도 전개하고, 자립적인 정의 지역 만들기를 제안해왔는데, 결국 다음 정장선거에서 합병 추진의 현직(당시) 정장이 재선되어, 2005년 10월에 유후 시에 통합되고 말았습니다.

이렇게 정이 사라지게 되면서 지금까지 주민의 주도로 이루어진 관광협회가 주축이 되었던 지역 만들기가 앞으로 어떻게 전개될지, 특히 '윤택한 마을 만들기 조례'로 상징되는 유후인다운 지역 만들기의 근간을 이루는 여러 제도의 귀추가 걱정입니다. 하지만 유후인 지역 만들기의 주체가 사라진 것은 아닙니다. 지금까지의 마을 만들기 운동으로 만들어진 유무형의 재산, 특히 마을 만들기의 새로운 주체가 될 다음 세대의 지혜와 힘으로 이 국면도 타개해나갈 수 있을 거라 믿습니다.

제9장

작아서 더욱 빛나는 지자체

나가노 현 사카에 촌을 중심으로

1. 사카에 촌의 지역 만들기에서 배우다[1]

대폭설 지대의 작은 마을에서

나가노 현 사카에 촌은 2002년 가을에 재선된 다나카 야스오田中康夫 나가노 현지사가 '자율적'인 지역 만들기의 모델로 선정한 마을입니다. 이 마을은 1956년에 치쿠마千曲 강을 끼고 있는 미노치水内 촌과 사카이堺 촌이 합병해 발족되었고, 마을 내에는 31개의 취락이 있습니다. 합병 당시에 6500명(1180세대)을 넘었던 인구도 2000년에는 불과 2639명(931세대)으로 감소했고, 고령화율이 40%에 달했습니다. 인구 규모로 말하자면, 제27차 지방제도조사회의 논의에서 '강제 합병' 대상으로 상정된 1만 명 미만의 '소규모' 지자체입니다. 그렇지만 면적은 270km²로 도쿄 도 내의 전체 구 면적의 44%에 이르며, 그중 90%를 산림이 차지하고 있는 산촌입니다. 또한 연간 140일 가까이 폭설에 뒤덮이는 일본 유수의 대폭설 지대이기도 합니다.

이 마을에서 1988년에 다카하시 히코요시高橋彦芳가 촌장에 취임한 이래, 주목할 만한 마을 만들기가 전개되었습니다. 다카하시 촌정村政의 가장 큰 특징은 '실천적 주민자치'와 '내부순환형 경제'를 목표로 내걸고, 이를 착실하게 구체화해왔다는 점에 있습니다. 이러한 다카하시 촌정이 탄생한 배경에는 다카하시 자신이 오랜 기간 몸담아 왔던 사회교육 운동에서 축적된 경험과 농업생산의 개량과 생활 개선까지도 고려한 농민 운동의 전통이 있었습니다.

다카하시 촌정은 지역 만들기의 기본이념으로 주민자치를 중시하고, 주민생활의 향상을 꾀하는 것을 최우선으로 하고 있다는 것이 큰 특징입니다. 개발에 대해서는 외부자본을 투입하지 않고, 가능한 한 지역 내의 주체가 실시하도록 추진해왔습니다. 이는 전력회사나 전기업체 등의 외부자본에 의한 개발이 마을의 발전에 공헌하지 못했다는 과거의 아픈 경험에 바탕을 둔 것입니다.

사카에 촌의 지역 만들기는 재정지표나 인구지표만을 고려하는 시정촌 합병 추진론에는 포함되지 않는, 자연조건이나 면적의 확대 문제가 지방자치단체에게 얼마나 큰 의미를 갖고 있는지를 가르쳐줍니다. 조건불리 지역에 속한 사카에 촌의 지역 만들기는 지역산업의 쇠퇴와 과소화·고령화로 고민하고 있는 지방자치단체에게 많은 것을 시사하고 있을 뿐만 아니라 대도시를 포함한 다른 지방자치단체의 행정과 주민자치에 대한 방향성에 대해서도 근본적인 문제를 제기하고 있습니다. 또한 사카에 촌의 마을 만들기는 지금까지의 지역개발정책을 대신하는 새로운 지역발전모델을 제시하고 있습니다. 다음에서는 지역경제론의 관점에서 사카에 촌의 지역 만들기 실천에서 배워야 할 점들에 대해 살펴보겠습니다.

지역을 알다

지역 만들기를 전개하기 위해서는 무엇보다 먼저, 그 지역을 아는 것이 전제되어야 합니다. 지역을 안다는 것은 그 지역의 개성을 과학적으로 파악한다는 뜻입니다. 다카하시 촌장은 "저는 촌의 직원으로서 마지막 9년간을 기획과장으로 근무하면서, 한 가지 반성을 했습니다. 우리는 외부의 정보에 의지해서 정책을 세우곤 하는데, 실제로는 각각의 존재 상황을 재검토해서, 거기에서부터 정책을 추진하는 것이 중요합니다. '어지럽게 변하는 국가의 농정農政'에 충실히 따를수록, 마을의 농림업이 쇠퇴하고 과소화가 진행되며, 마을의 인재가 활력을 잃어가는 모순이 발생합니다"라고 말했습니다. 이후 다카하시 촌장은 주민과 함께 지역을 깊이 이해하고, 사카에 촌의 좋은 점을 부활시키는 것을 지향합니다. 연구자나 전문가의 지혜를 빌리기도 하고, '고향의 집' 등을 통한 도시민과의 교류 속에서, 촌민 자신이 사카에 촌의 훌륭한 개성을 자각한 점도 주목해야 할 부분입니다. 정책입안자뿐만 아니라 주민 자신이 지역 만들기의 주체가 되기 위해서는 그 대상이 되는 지역을 깊게 아는 것이 그 첫걸음이기 때문입니다.

지역 만들기의 목표는 촌민 한 사람 한 사람을 빛나게 하는 것

사카에 촌의 지역 만들기의 독특한 점은 그 목표 설정에 있습니다. 사카에 촌에서는 촌민 한 사람 한 사람이 생기 있게 생활하며, 그 능력을 발휘하는 것을 목표로 하고 있습니다. 2000년에 책정된 '사카에 촌 종합진흥계획'에는 마을 만들기의 선전문구로 '초록빛으로 가득 찬 마음 편안

한 마을'을 내걸고 있습니다. 이를 위해, ① 한 사람 한 사람이 생기 있게, 가지고 있는 능력을 발휘할 수 있는 환경 만들기, ② 자연을 소중히 하고, 지역의 역사·문화를 바탕으로 한 생활 조건의 정비, ③ 촌민의 자주성과 연대성을 강화해, 촌민의 창의력을 활용한 마을 만들기라는 세 가지 기본적인 이념을 제시합니다.

이상의 이념은 다카하시 촌장의 마을 만들기에 대한 생각에 가까운 것이라고도 할 수 있습니다. 실제로, 다카하시 촌장은 1988년에 있었던 첫 촌장선거에서 다음과 같은 공약을 내걸었습니다.

① 주민이 가진 지혜와 기술을 살리고 육성하는 것을 소중히 하는 주민자치의 촌정
② 약속을 지키고, 누구에게나 친절하고 공정한 촌정
③ 항상 정책을 명료하게 제시하고, 주민의 생활 향상에 책임의식을 갖는 촌정
④ 주민이 고향의 자연과 문화에 자긍심을 갖고, 밝게 활동하는 것을 소중히 하는 촌정
⑤ 고령화, 결혼난, 취업, 건강 문제 등의 생활 불안에 대처하는 따뜻한 촌정

여기에 제시된 마을 만들기의 목표가 종합진흥계획의 기본적인 이념으로 계승되었습니다.

사카에 촌의 발전을 추구한다는 것은 촌의 자치를 담당하는 주민의 발전을 의미하는 것이기도 합니다. 다카하시 촌장에게는 너무나 당연한 주민자치 이념입니다.

설해대책에서 극(克)설사업으로

사카에 촌의 역사는 눈과의 싸움이라고도 할 수 있습니다. 1961년에는 아오쿠라青倉 취락에서 눈사태로 11명이 사망하는 안타까운 사고가 일어났습니다. 또한 폭설로 인해, 가족과 떨어져 지내는 사람이 잇따르면서 인구가 급속하게 줄어들었습니다. 겨울철에는 심한 잔설殘雪로 철로가 폐쇄되어 국철JR 이야마飯山선도 자주 운행을 중단했고, 많은 촌민이 집에서 나오지 못하거나 눈 속에 갇혀 생활할 수밖에 없었습니다. 최근에는 고령화가 진행되는 가운데, 1인가구나 부부 둘뿐인 고령자 세대가 늘어나 쌓인 눈 때문에 자유롭지 못한 생활을 하기도 하고, 또 건강에 대한 불안도 커졌습니다.

다카하시 촌장이 기획과장 시절이었던 1972년에 처음 한 일은 '설해대책 구조원'이라는 특별공무원을 둔 것이었습니다. 이는 지붕 위의 제설이 어려운 고령자 세대 등의 요청에 따라, 설해대책 구조원이 지붕 위나 집 주변의 눈을 치워주는 것입니다. 폭설 지대에는 고령자가 지붕 위의 눈을 치우다가 떨어지거나, 눈에 압사하는 사고가 빈번하게 발생해 많은 지자체가 지붕 위 제설을 위한 보조금제도를 마련하고 있지만 사카에 촌에는 자금을 지원하는 대신, 특별공무원의 파견으로 대응했습니다. 이는 돈이 있어도 작업을 의뢰할 사람이 없으면 최악의 사태가 될 우려가 있다는 판단으로, 지역의 실정에 맞는 합리적인 대책임과 동시에 특별공무원이 된 설해대책 구조원에게는 겨울철 현금수입의 기회이기도 합니다. 간병보험제도 발족 후에는 이것이 그 서비스의 하나로 포함되었습니다.

이후 다카하시 촌정은 극설자금 무이자융자제도를 실시했습니다(1989년). 이는 '눈에 강하고, 밝게, 살기 좋고 활력 있는 마을 만들기'를 목표로 한 사카에 촌 종합설해대책의 기본계획을 바탕으로 한 제도입니다. 개인에게는 지붕 위의 제설이 불필요한 융설형 지붕으로의 개량 등에 융자하고, 취락에 대해서는 지구地區 내 도로의 개량, 도랑, 공동차고의 건설 등에 융자하는 것입니다. 개인에 대한 융자 조건은 촌내에 거주하며, 자산 및 채무의 상속 예정자가 있는 사람으로, 이는 타지에 나가 있는 후계자가 고향으로 되돌아오는 것을 기대한 것이기도 합니다. 또한 설해대책은 취락을 넘어 광역 단위에서 공동으로 실시할 필요가 있었기 때문에 촌에서는 복수의 취락을 합쳐 9개의 '극설생활권'을 설정했습니다.

그리고 1996년에는 눈에 대한 부정정인 이미지를 불식시키고 겨울철에도 밝게 생활하기 위해, '촌영 스키장·사카에 클럽'을 오픈합니다. 이를 통해, 겨울철에 끊긴 관광객을 유치하고 촌민이 일할 장소를 촌내에 만들어내는 것을 목표로 했습니다. 과거의 부정적인 자원이었던 눈을 촌민의 생활 향상과 겨울철의 밝은 생활 만들기의 자원으로 탈바꿈시켜 활용해가는 사카에 촌 사람들의 씩씩함을 느낄 수 있습니다.

2. 지역 만들기의 근간에 농림업을 두다

논 정비 사업

사카에 촌은 눈이 많은 중산간 조건불리 지역에 속해 있으며, 평지인 농지는 제한되어 있습니다. 다른 한편, 마을 총면적의 90%에 달하는 광대한 임야를 안고 있습니다. 좋은 의미에서도 나쁜 의미에서도, 이러한 자연조건은 사카에 촌 지역산업 만들기의 대전제입니다. 게다가, 고령자

인구 비율이 40%를 넘는 가운데, 농업취업자의 고령화도 급속하게 진행되어 2000년에는 64%에 달했습니다. 사카에 촌 지역 만들기의 큰 특징으로는 농림업을 마을의 근간산업으로 확실히 규정하고, 이미 본 것과 같은 마을의 자연·사회 조건에 입각한 창조적인 농업지원책을 강구하고 있다는 점을 들 수 있습니다. 이는 많은 시정촌 재정의 목적별 지출에서 토목비가 가장 많은 것에 비해, 사카에 촌에서는 농림수산업비의 비율이 공채비公債費를 제외하면 가장 높다는 사실에도 나타나 있습니다.

사카에 촌에서는 농가의 대다수가 포장 정비를 희망하고 있었는데, 이를 가로막고 있던 높은 사업비와 농가 부담의 증대를 어떻게 해결할 것인가가 가장 큰 과제였습니다. 다카하시 촌정이 탄생한 1988년에 이 문제를 해결하기 위해, 사카에 촌 지역농정추진협의회와 농업위원회가 '여름철, 차고 등에 있는 중장비를 이용해서 촌 단지 설계계획 등의 복잡한 행정절차 없이, 농가의 바람대로 기반 정비를 할 수 없을까'라는 희망을 촌에 제출했고, 이후 논 정비사업(사카에 단지 소규모 기반 정비사업)이 구체화됩니다.

촌 단독사업으로, 도급이 아닌 마을 내의 시공업자에게 위탁해 설계·공사를 실시했고, 농가의 바람대로 신속하고, 저비용의 시공이 가능하게 되었습니다. 이를 통해, 공사비는 1000m²당 40만 엔 이하로 낮출 수 있었고 농가는 그중 절반만 부담하면 되었습니다. 또한 그 절반의 부담도 현의 농업개발공사의 제도자금을 통해 저리융자(5년 상환, 1년 거치)를 활용해 경감시켰습니다. 1000m²당 곡식의 수확량이 마을 평균 8섬인것을 감안하면 2섬 정도의 부담에 지나지 않았습니다. 이렇게 해서, 고령자도 안심하고 포장 정비를 할 수 있었습니다. 시공은 지역 내의 건설업자가 담당했기 때문에 마을의 건설업 육성에도 도움이 되는 사업이었습니다.

그 결과, 1989년부터 2000년까지 1130자리의 전포田圃가 407자리로 정리되었고, 32ha의 포장 정비가 완료되었습니다. 이는 사카에 촌의 전체 논 면적의 1/8을 넘는 넓이입니다. 혜택을 받은 농가 수는 369호에 달했으며 약 2/3의 농가가 그 혜택을 받게 되었습니다.

농업생산원조와 한 가구당 생산액의 향상

사카에 촌에서는 논 정비사업의 발상이 '도로지원사업'이라는 도로 정비에도 구체화됩니다. 이 역시 촌 단독사업으로 실시한 도로확장사업으로, 이 사업은 국가나 현의 도로, 촌의 도로에서부터 각 가정의 간선까지 겨울철에 제설차가 들어갈 수 있도록 비교적 짧은 거리의 생활도로의 폭을 넓히고, 간이 포장하는 공사였습니다. 공사를 위해 6명 정도의 작업반이 편성되었습니다. 이렇게 사카에 촌에서는 공공사업을 지역의 조건에 맞추어 촌민의 농업생산과 생활에 직접적인 도움이 될 수 있도록 전개했습니다. 현재, 논 정비사업이 실시된 6개의 취락에서 자주적으로 벼농사의 개간開墾작업의 공동화를 시작했고, 기반 정비의 성과를 유효하게 활용했습니다.

그리고 사카에 촌에서는 겨울철 폭설로 다년생 과일나무의 재배가 어렵기 때문에 농업을 담당하는 고령자를 고려해, 이들이 몸을 혹사하지 않고도 쉽게 수확할 수 있는 버섯류나 아스파라거스, 텃밭 채소, 강낭콩 등 무게가 많이 나가지 않는 농작물의 도입을 촉진해왔습니다. 그 결과, 한 가구당 생산액은 1999년에 275만 엔이 되었고, 현 평균인 232만 엔을 웃돌고 있습니다(〈그림 9-1〉). 다카하시 촌정이 시작되기 전인 1985년 시점에서는 사카에 촌 농가의 한 가구당 농업생산액은 202만 엔으로 현 평

〈그림 9-1〉 농가 한 가구당 농업생산액의 추이

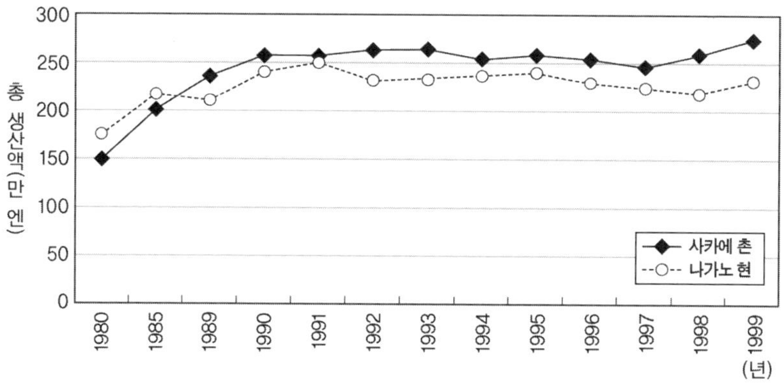

자료: 栄村, 『平成12年 農林業統計』.

균인 234만 엔을 밑돌았으며, 이것으로 그동안의 마을농업 지원정책의 효과를 확인할 수 있습니다.

촌에서는 이 밖에도 삼림자원을 활용하기 위해, 산나물을 캐거나 삼림의 지표면을 이용한 버섯류의 재배·가공 그리고 소재가공을 통한 목공품의 생산에도 힘을 기울이고 있습니다. 임가의 대부분이 농업과의 겸업을 한다는 점에서 농림일체의 정책이 실시되고 있으며, 이를 통해 농지와 임지의 황폐화를 방지할 수 있습니다. 또한 가능한 한 많은 부가가치를 생산하기 위해 삼림자원의 활용도 꾀하고 있습니다. 사카에 촌은 옛날부터 오동나무 나막신의 산지였는데, 그 밖에도 아키야마고秋山郷 나무그릇 그리고 우치야마内山 창호지라는 전통 공예품도 만들고 있습니다. 여기에, 도마나 가구 등의 목공품이 생산조합과 개인에 의해 생산되고 있습니다.

또 한 가지 주목해야 할 것은 잡곡의 생산입니다. 이는 ≪먹거리통신食べ物通信≫의 편집을 담당하고 있는 가정영양연구회의 20주년 기념사업

이 1989년에 사카에 촌에서 열린 것을 계기로 다시 활성화되었습니다. 원래 사카에 촌에서는 벼농사를 하기 전부터 조, 피, 메밀, 콩 등의 잡곡류가 생산되고 있었습니다. 이 잡곡 생산의 전통이 아토피성 피부염으로 고민하는 대도시주민의 요청으로 되살아났습니다. 1990년부터 촌이 먹거리통신사를 창구로 한 산지직판 운동을 개시합니다. 산지직판 가격은 소비자와의 협의를 통해, 쌀과 거의 같은 수준으로 설정되어 시장가격보다 유리한 점도 있어서 많은 농가가 재배하고 있습니다. 최근에는 대도시의 일부 초등학교에서 급식용 식자재로도 사용하고 있으며, 사카에 촌의 농가와 대도시의 소비자를 연결하는 중요한 농산물입니다.

3. 지역 만들기 센터로서의 공기업

공공성을 중시하는 제3섹터

사카에 촌에서는 이렇듯 농림업을 기반으로 한 지역산업 진흥센터로서, 촌이 전액을 출자한 재단법인·사카에 촌 진흥공사 및 유한회사·사카에 촌 물산센터 '마타타비またたび(개다래나무)'라는 2개의 제3섹터가 큰 역할을 하고 있습니다.

사카에 촌 진흥공사는 1986년 아키야마고에서 촌영 숙박시설사업에 이어서 설립되었습니다. 사업 내용은 다카하시 촌장도 언급한 것처럼, 관광 관련시설의 수익사업과 도시와의 교류·특산물개발(판매 소개 사업), 지역 활동의 정보 제공, 자연보호·민속제사의 진흥 등 공익사업으로 구성되어 있습니다. 이와는 별도로 1993년에는 촌, 농협, 삼림조합, 상공회가 공동출자해 유한회사 사카에 촌 물산센터를 설립하고, 사카에 촌 진흥공사와 연계하면서 지역특산품의 개발 및 판매, 식당 경영 등을 하고 있습니다. 사카에 촌 진흥공사는 촌이 전액(5000만 엔)을 출자해 촌장이 이사장을 맡고 있습니다. 공사에는 정직원 16명, 임시직원 13명 등 수십 명의 시간제 직원이 일하고 있으며, 직원의 대다수는 관광 및 숙박시설에 고용되어 있습니다. 또한 사카에 촌 물산센터의 자본금은 촌, 농협, 삼림조합, 상공회가 출자했으며, 국도변에 만들어진 휴게소를 촌에서 수탁관리하고 있습니다. 사장은 촌장이 맡고 있으며 5명의 직원이 일하고 있습니다.

리조트 개발 실패이후, 많은 시정촌에서 제3섹터는 짐짝과 같은 취급을 받고 있습니다. 또한 공공성을 목적으로 설립되었으면서도 경영적인 이익을 우선한 운영이 이루어지기 쉽습니다. 사카에 촌의 경우, 제3섹터를 어디까지나 지역진흥을 위한 수단의 하나로 설정해 활용하고 있다는 것이 큰 특징입니다. 즉, 다카하시 촌장의 이념을 바탕으로 한 경영방침으로서, 촌 주민의 생활 향상으로 연결되는 '공공성'이 있다면 적자가 되어도 상관없다는 자세를 취하고 있는 것입니다. 일반적으로 제3섹터의 운용에는 조직으로서의 '경제성'과 '공공성'과의 대립이 항상 따라다닙니다. 사카에 촌의 경우, 산업 진흥과 공사의 흑자화를 자기목적으로 하지 않고, 주민의 생활 향상이라는 '공공성'을 제일로 한 경영방침으로 운영하고 있다는 점이 매우 중요합니다. 즉, 어디까지나 주민주권하에서 지역 만들기를 위해 조정되고 있다고 말할 수 있습니다. 이를 보장하기 위해, 공사의 평의원회에는 생산조직, 마을 만들기 조직, 각종 조합, 각 연령계층의 대표가 참가하고 있습니다. 이러한 경영방침과 경영체제하에서 사카에 촌의 제3섹터는 지역 만들기의 중심으로서 마을 내에서 큰 역할을 담당하고 있습니다.

촌내 생산자의 조직화와 '지역 마케팅'

특히, 농림업을 기반으로 한 촌내의 농림산물 가공 조직을 네트워크로 연결시켜 그 생산물을 관광객 및 대도시의 교류단체를 통해 소개하고, 이것이 자연과 전통이 넘치는 사카에 촌의 이미지와 합쳐져, 문자 그대로 '지역 마케팅'을 하고 있다는 점이 중요합니다.

예를 들어, 이 지역에 전해 내려오는 짚공예품 '네코쓰구라ネコつぐら(고양이 집)'는 고령자를 중심으로 한 생산조합이 제작하고 있습니다. '네코쓰구라'는 원래 각 농가에서 통일된 규격 없이 자가용自家用으로 만들고 있었는데, 공사가 설립되고 여러 가지 특산품을 고안하는 과정에서 상품화에 성공한 것입니다. 제조 방법에 대해서는 사카에 촌 전래 기법과 니가타 현 세키카와関川 촌의 '네코쓰구라'에서 많은 것을 배우고 있습니다. '네코쓰구라'는 때마침 애완동물 붐을 타고 주문에 대응하기 어려울 만큼 팔려나갔습니다. 이 밖에 진흥공사에서는 촌내의 농협, 삼림조합, 각종 생산조합, 개인 상점, 회사, 여성그룹, 개인이 제조하는 농산가공품을 모두 사들여, 공익사업으로 마진을 남기지 않고 판매를 주선해 이들의 농산가공품 제조사업을 지원하고 있습니다. 다른 시정촌 공사라면, 당연히 판매수수료를 받았겠지만 사카에 촌의 경우, 촌민의 이익을 최대화하는 것을 '공익公益'으로 하기 때문에 수수료를 받지 않습니다.

공사 조달액의 70%가 촌내에 환류

또한 공사가 운영하는 관광숙박시설의 식재료 조달액은 연간 4000만 엔 이상에 이르는데, 그 조달은 촌내 우선·정가매수이며, 촌내의 개인 상점이나 식자재 공급 농가에도 공사 경영의 이익이 파급되도록 연구하고 있습니다. 공사의 추계에 따르면, 〈표 9-1〉에 나타난 것처럼, 2001년도의 공사경비 2억 8000만 엔 가운데, 70%에 해당하는 약 2억 엔이 촌내의 기업과 농가, 주민에게 환류되고 있습니다. 한 세대당 약 22만 엔 정도의 금액으로 이는 상당한 효과입니다.

사카에 촌에는 매년 20만 명이 넘는 관광객이 찾아오고 있습니다. 그 대다수는 대자연의 혜택을 받은 비경秘境·아키야마고를 찾는 여름철 관광객이며, 스키장 개설 후로는 겨울철 관광객도 증가하고 있습니다. 관광객의 대부분이 대도시의 주민이며, 사카에 촌의 자연과 촌의 유기농 농산물을 재료로 한 지역요리를 즐기고 있습니다. 숙박시설로는 공사가 직영하고 있는 시설과는 별도로 민간 료칸, 민박도 있지만 공사는 민간 숙박시설을 압박하지 않기 위해, 항상 상호연계를 꾀하고 있습니다. 이

〈표 9-1〉 사카에 촌 진흥공사의 경비별 촌내 조달률(2001년)

구분	조달액(만 엔)	촌내 조달률(%)
소모품	93	42
음식 재료비	4,279	45
판매점 재료비	3,418	54
광열수도비	3,254	45
조세공과비	61	100
인건비	11,365	100
기타	4,801	57
합계	28,331	70

자료: 栄村振興公社.

렇게, 관광객이 촌에서 소비하는 지출이 촌의 경제를 윤택하게 하는 하나의 큰 원천이며, 그린 투어리즘Green Tourism의 성공사례로도 불리고 있습니다.

또한 사카에 촌은 대도시에 확고한 교류조직을 보유하고 있으며, 공사를 통해 일상적인 교류를 실시하고 있습니다. 단순한 경제적인 접객接客이라는 범위를 넘어 도시의 사람들과 사카에 촌 주민과의 인간적인 교류가 조직되고 있는 것입니다. 교류조직은 7개 단체가 있으며 지속적인 교류활동을 실시하고 있는데, 사카에 촌의 경우 취락 단위의 마을 만들기나 전통 제사와 연결시킨 작은 행사를 다양하게 실시하고 있다는 특징이 있습니다. 여기에 야마지 도모에山路知恵의 그림엽서전이나 창작목조가 시마즈 요시노리しまずよしのり의 창작전 등, 전국적으로도 어필할 수 있는 문화행사를 실시해 촌민의 문화활동을 자극함과 동시에 대중매체를 활용한 정보 발신도 하고 있습니다. 이러한 촌의 응원단이 존재한다는 점에서도 사카에 촌의 매력과 강점이 잘 나타나 있습니다.

공사의 지역마케팅의 대상은 명확히 수도권의 도시주민에게 맞춰져 있으며, 그 요구needs를 충족시키기 위해, 도쿄 도 내에 안테나숍antenna shop을 두고 첨단 식품가공기술을 습득하려는 젊은 직원들을 도내의 이공계대학으로 파견하는 등, 대도시의 시장과 활력을 이용한 지역 만들기를 의식적으로 추구해왔다는 점이 중요합니다.

이렇듯 활동의 중심적인 역할을 수행하고 있는 진흥공사는 경영 면에서도 단년도 흑자를 기록하고 있으며 앞에서 언급한 직접고용 등, 농림산물 가공 조직과 조달처매장 등을 포함해 상당한 간접고용을 창출하고 있습니다. 또한 공사 정직원의 대다수는 청년층이며 젊은 층 주민의 정주에도 크게 기여하고 있습니다.

공사를 중심으로 한 지역 내 산업연관의 구축과 '내부순환형 경제'

이상과 같이, 사카에 촌에서는 지역산업의 재구축의 주체로서 촌과 제3섹터가 매우 중요한 역할을 발휘하고 있습니다. 하지만 이는 결코, 주민에 대한 일방적이고 강압적인 방식이 아니라 취락의 자치조직과 생산조합의 창의성을 활용하여 제품의 전량 매수, 지역마케팅 등의 구체적인 지원책을 통해 만들어내고 있다는 것에 중요한 의의가 있습니다. 또한 관광부문에서 얻은 수익을 청년층의 고용이나 촌내 농산물의 전량매수, 전통문화의 계승이라는 공익사업에 재투자해, 고령자의 지혜와 힘을 활용하면서, 촌의 균형 있는 발전을 추구하고 있다는 것도 배울 점입니다. 이를 통해, 공사를 중심으로 한 경제발전의 이익이 지역 만들기에 참가하고 있는 촌내의 취락이나 생산조직에게 환류되고, 지역주민의 생활 향상에 직접적으로 연결되는 구조, 다카하시 촌장이 말하는 '내부순환형 경제'가 형성되고 있다고 할 수 있습니다.

더욱이, 산업 재구축의 방식으로 촌의 자연자원이나 고령자의 인적자원을 활용해, 농림업을 기반으로 한 지역 내 산업연관과 이를 담당하는 세대적 연관을 공사가 주축이 되어 창출하고 있으며 촌내에서 지역산업의 네트워크를 형성하고 있는 것이 주목됩니다. 원래 농림업의 직접생산물은 최종소비라는 소비자 단계에 가장 가까운 부문이어서 부가가치를 만들기 쉬운 상품입니다. 따라서, 그러한 직접생산물의 가공판매부문까지 지역 내에 있다면 직접생산물의 단순 판매보다도 훨씬 큰 부가가치를 지역 내로 환류시킬 수 있습니다.

사카에 촌에서의 지역주민과 제3섹터와의 관계를 정리하면, 다음과 같습니다. 첫째, 출자자로서의 연관입니다. 사카에 촌의 경우, 촌민이 직접출자를 하지 않지만 촌이나 농협, 삼림조합, 상공회를 통한 간접출자 관계에 있습니다. 둘째, 농가와 사업 경영자, 조합·단체는 생산자로서 제3섹터와 연관되어 있는데, 제3섹터는 생산자가 만들어낸 생산물의 판매·주선을 하고 있습니다. 셋째, 거래상대로서의 관계입니다. 숙박시설 등을 통한 촌내 상점과 농가로부터의 조달은 개인 상점이나 농가의 경영 안정으로 이어지고 있습니다. 넷째, 제3섹터는 직접고용을 창출하며 일할 수 있는 장소를 제공하고 있습니다. 다섯째, 사회적 교류의 창구·장으로서의 관계가 있습니다. 주민들끼리 혹은 도시주민과의 교류의 장을 조직함으로써 주민의 문화생활의 거점이 되고 있습니다.

4. 복지로 이어지는 지역 만들기

복지정책과 산업 진흥시책의 링키지

사카에 촌의 지역 만들기를 보면서 감탄한 것은 논 정비사업으로 대표되는 농업기반 정비사업이라든지, 제3섹터인 공사를 주축으로 한 지역 산업의 진흥 시책이 단순한 산업정책으로 그치지 않고, 주민생활의 질적 향상과 '한 사람 한 사람의 주민이 빛나는(다카하시 촌장의 말에 따르면)' 것으로 정확하게 연결된 형태로 전개되었다는 점입니다.

과거에 국가가 전개해왔던 지역개발정책의 사고방식은 먼저 산업개발정책이 있고, 다음에 그 이익이 주민에게 '떨어진다'는(낙수효과) 것이었지만 결국 실패로 막을 내렸습니다. 이에 반해, 사카에 촌에서는 주민생활의 질적 향상을 직접적인 목표로 삼고 산업 진흥정책과 복지정책을 결합linkage하려는 노력이 있었습니다. 특히, 사카에 촌 인구의 40% 이상이 65세 이상의 고령자라는 점을 고려해, 이들에 중점을 둔 지역 만들기를 독자적으로 추구해온 것입니다. 이미 지적한 것처럼, 사카에 촌에는 산업 진흥책으로서 버섯류나 무게가 많이 나가지 않는 농작물 등, 고령자라도 재배가 가능한 품목을 장려하고, 고령자라도 투자 결단이 용이한 단기·저부담의 논 정비사업을 촌의 단독사업으로 실시했습니다. 다른 한편으로 '네코쓰구라'나 잡곡 생산, 전통식품, 전승제사 등 고령자에게 체화되어 있는 기능·기술을 마을 만들기의 중요한 분야로 적극적으로 활용했습니다. 산업의 진흥에 고령자가 가진 기능이나 지혜가 반드시 필요하게 된 것입니다.

낮은 1인당 노인의료비와 '나막신 도우미'

'생산 현역'으로서 활약하고 있는 고령자가 많기 때문에 사카에 촌의 고령자는 일반적으로 건강하다고 알려져 있습니다. 나가노 현은 노인 1인당 의료비가 전국에서 가장 낮은 것으로 유명한데, 사카에 촌은 고령화율이 현 내에서 다섯 번째로 높음에도 불구하고, 전국 평균인 74만 4126엔은 말할 것도 없이, 현 평균인 59만 4262엔을 밑도는 56만 1547엔에 머물고 있습니다(〈그림 9-2〉).

또한 간병보험제도의 개시와 함께, 2000년부터 적설기에도 고령자가 안심하고 생활할 수 있도록 취락 단위의 '나막신 도우미' 제도를 새롭게 실시했습니다. 취락이 여기저기 흩어져 있고 적설기간이 긴 사카에 촌에 민간 간병서비스 회사가 진출할 리도 없고, 촌의 사회복지사협의회가 유일한 간병사업자로서 120명의 주민이 자격을 획득해 '나막신 도우미'로

〈그림 9-2〉 사카에 촌 1인당 노인의료비(2000년)

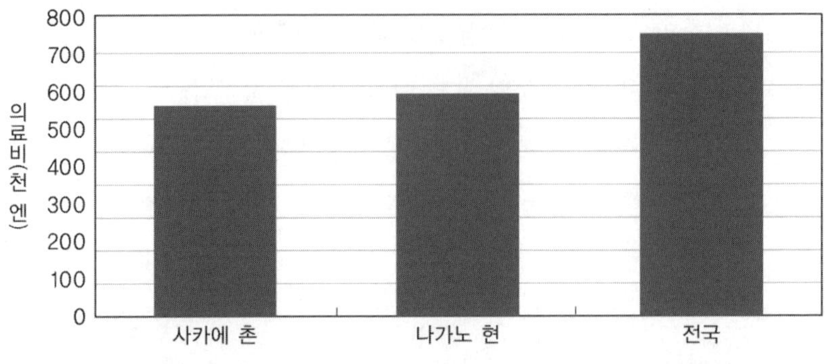

자료: 長野県 홈페이지.

등록되어 있습니다. 직장으로 출퇴근하는 길에 돌봐주거나, 24시간 대응할 수 있도록 하는 구조를 만듦으로써, 도우미 측의 사정에도 이용자 측의 사정에도 잘 맞는 방식을 구축했습니다. 또한 보험자가 간병보험서비스를 안심하고 받을 수 있도록 보험료를 현 내 최저인 2000엔 이하로 설정하고 있는 점도 주목할 만합니다. 어찌 되었든, 고령자에 대한 다양한 복지서비스가 늘어나고 있으며, 그 서비스에 필요한 고용 기회도 동시에 창출되고 있는 것입니다.

연금경제로 이어지다

그 재원으로는 공적자금도 있지만 무시해서는 안 될 것이 고령자들의 연금지출입니다. 1999년에 사카에 촌에서 지불된 국민연금 총액은 약 5억 엔에 달합니다. 후생연금과 공제연금지급액을 합하면, 약 10억 엔에 조금 못 미치는 금액으로 예상됩니다. 같은 해의 사카에 촌 소매업 연간 판매액이 약 12억 엔인 것을 감안하면, 이와 거의 맞먹는 규모입니다. 덧붙여서, 같은 해의 제조업 부가가치액은 5억 8000만 엔, 농업조합 생산액은 16억 6000만 엔, 촌의 일반회계세출 총액이 34억 5000만 엔으로, 연금경제가 얼마나 큰 비중을 차지하고 있는지를 알 수 있습니다. 고령자의 일상생활의 기본적인 부분은 연금지출을 통해 공급되고 있기 때문에, 사카에 촌의 소매업과 서비스업은 연금경제의 순환을 통해 지탱되고 있는 측면이 강하다고 할 수 있습니다. 이러한 연금을 얼마나 촌내에 순환시켜서, 지역 내에 고용과 소득을 창출해갈 것인가가 고령화 사회 속에서 지역경제의 지속가능한 발전을 생각하는 모든 지역의 중요한 과제입니다. 그러한 의미에서, 사카에 촌은 고령화시대의 맞춤형 지역 만들기의 선진지역이라고 할 수 있습니다.

촌민의 이익을 위해서 세금을 사용하다

사카에 촌에서는 고령자 복지에 제한하지 않고, 직접 촌민의 이익으로 이어질 수 있도록 세금이 효과적으로 사용되고 있는 것이 특징입니다. 특히, 넓은 토지에 31개의 취락이 흩어져 있어 교통이나 상하수도 문제가 고령자뿐만 아니라 젊은 주민의 생활에도 큰 불편이었습니다.

촌에서는 1980년대 중반 입지관계로 버스노선이 지나가지 않는 일부의 취락을 제외한 거의 모든 취락에 촌영버스를 운영함과 동시에 에치고유자와越後湯沢부터 중심취락을 잇는 민영버스에 보조금을 교부해 주민의 발이 되어주고 있습니다. 이밖에, 사카에 촌에서는 통학보조제도나 심신장애자의 전세자동차 이용요금 보조제도도 실시하고 있습니다.

한편, 촌민들로부터 화장실의 수세식화에 대한 강한 요청에 따라 촌은 중심취락지구에 농림수산성의 보조사업인 농촌취락 배수사업을 도입합니다. 그런데 이 사업 방식을 취락 전체로 확대하려면 공사에 따른 주민과 촌의 부담이 막대했기 때문에 다른 지역의 부담이 대폭 경감될 수 있도록 합병정화조 방식을 채택했습니다. 더욱 사카에 촌다운 것은 정화조의 설치와 관리를 촌의 11개의 관련사업자가 공동으로 설립한 '유한회사·환경 사카에'에 위탁하는 방식을 취한 것입니다. 이를 통해 보조사업이라면 촌 외부의 대형 업자가 수주하게 되는 하수도사업의 건설·유지관리비가 촌 내부의 업자에게 환류될 수 있게 되었습니다. 덧붙여서 2000년의 설치 및 유지·관리비는 약 7000만 엔에 달했습니다.

이 밖에도 사카에 촌에서는 국민건강보험료나 보육료, 간병보험료, 수도요금 등 각종 세금, 부담금·요금을 주변 시정촌에 비해, 최저 수준으로 유지하는 한편, 출산장려금, 특정 질환 보조금, 장기치료자 보조금, 노쇠하거나 병들어 내내 누워 있는 노인에 대한 보조금, 노인 장기입원 보조금 등, 재택 간병인에 대한 가정 간병인 위로금, 학교급식보조(전통식은 할증) 등을 촌의 독자 시책으로 실시하고 있습니다.

5. '지역 내 재투자력'과 '실천적 주민자치'

'지역 내 재투자력'과 지역 내 경제순환의 형성

사카에 촌 지역 만들기의 실천은 과소화가 심각한 중산간 조건불리 지역의 지역재생에 큰 참고가 됩니다. 또한 대도시를 포함해서, 주민생활의 향상과 지역산업의 지속가능한 발전을 위해 지자체가 어떻게 해야 하는지를 아주 잘 시사하고 있습니다.

사카에 촌의 지역 만들기를 향후 중산간지역의 지역정책이 본받아야 할 모습으로 연결시켜 일반화한다면, 다음과 같이 정리할 수 있지 않을까요? 첫째, 지역산업정책은 좁은 의미에서의 '산업입지'정책으로 그칠 것이 아니라 무엇보다도 주민생활의 향상과 지역환경의 보전으로 이어진 본래 의미에서의 지역정책의 일환이어야 한다. 둘째, 그러한 지역산업정책은 단지 사회기반시설 정비에 그치지 않고, '지역 내 재투자력'을 강화하고, 각각 분단되어 있는 지역 내의 여러 산업 간의 연관을 강화해 산업의 발전이 생활 향상과 환경보전으로 이어질 수 있도록 해야 한다. 셋째, 이때 기본에 두어야 하는 것은 주민력의 형성, 그리고 농림업 경영체뿐만 아니라 그 밖의 모든 사람들에 의한 지역산업 만들기 운동이며, 행정의 정책적 관여는 이들 지역산업 만들기 운동을 그 도달 단계와 지역의 특성에 입각해 지원해야 한다.

'실천적 주민자치'와 '공과 사의 협동': 지역주민주권의 발휘

그런데 사카에 촌의 지역 만들기를 앞서와 같은 정책론만으로 일반화시켜버리면, 결정적인 것을 놓칠 위험이 있습니다. 그것은 '실천적 주민자치'의 존재입니다. 이미 지적한 것처럼, 다카하시 촌정의 가장 큰 특징은 주민자치를 철저하게 중시하고 주민생활의 향상을 최우선으로 한다는 점에 있습니다. 이러한 이념을 바탕으로 외부자본을 촌내의 개발에 활용하지 않고, 가능한 한 지역 내 주민의 지혜와 힘으로 지역 만들기를 실행해왔습니다.

이러한 촌 행정을 지탱하고 있는 것이 촌내에 있는 여러 지역 만들기의 주체들의 활발한 주민활동입니다. 촌내의 31개 취락의 60% 이상에 지역 만들기를 위한 자주적인 조직이 있으며, 촌의 유지가 모이는 리더 조직 '구치핫초테핫초口八丁手八丁(말도 잘 하고 일도 잘 하다)'는 여러 가지 아이디어를 통해, 다양한 행사를 기획·실시해왔습니다. 또한 농업위원회와 상공회 등에서 여성의 진출·활약도 놀라우며, 농업위원회에서는 매년 회의에서 농지전용 등의 업무사항뿐만 아니라 반드시 마을 만들기 전체를 둘러싼 문제를 토의하고 있습니다. 논 정비사업이 발안發案된 것도 농업위원회 논의를 통해서였습니다. 의회도 활발하고, 다양한 시책의 제안도 촌 의회 의원이 하고 있습니다. 또한 사카에 촌 의회의 '의회보'는 의회사무국이 아니라 의원이 발행위원회를 조직해 편집·집필·발행하고 있습니다. 촌민이 알기 쉽게 정리한 의회보는 질이 높고, 의회보 경연대회concours에서 상을 받은 적도 있습니다.

사카에 촌의 독창적인 지역 만들기 시책은 결코, 다카하시 촌장 한 사람의 손에서 만들어진 것이 아니며 의회 내외의 주민의 요구와 시책 제안이 구체화된 것입니다. 또한 촌사무소 내부에서의 시책 결정도 투명하게 이루어지고 있습니다. 종합진흥계획의 책정에서 취락 단위에서 주민간담회의 개최를 중시하고, 이를 컨설턴트에게 맡기지 않고 직접 성실하게 실시하고 있습니다. 그리고 예산 결정에서는 관리직 사정査定을 하지 않고, 전 직원에 의한 직접제안 방식을 채용해 촌민의 의향을 중시한 창조적 시책 만들기와 촌 직원의 행정능력의 향상을 꾀하고 있습니다. 다카하시 촌장의 행정운영의 우수한 점은 이른바, 원-맨 리더십을 발휘하고 있기 때문이 아니라 주민과 의원, 직원의 목소리를 가능한 한 정중하게 듣고, 논의하면서 이를 정책으로 구체화해 촌민과 함께 실천하고 있다는 점입니다.

다카하시 촌장은 이러한 민주적인 행정운영에 진심을 다하고 있으며,

촌민의 취락 단위에서의 자주적인 자치활동과의 '협동'에 노력해왔습니다. 즉, 논 정비사업과 도로 정비사업, 나막신 도우미 제도도 모두 주민이 취락 단위에서 스스로 결정하고, 스스로 활동하는 것을 대전제로 한 사업입니다. 바꿔 말하면, 촌='공'과 주민='사'가 '협동'을 통해 시작된 사업이며, 그 이익은 모두 촌민의 것이 됩니다. 이는 '지방분권론'에서 일컬어지는 '주민 참가'보다도 훨씬 질 높은 자치행위입니다. 저는 이것을 '지역주민주권, 즉 '지역은 지역의 주민 자신이 결정하고, 스스로 실천해 가는' 활동이라 부릅니다. 행정은 철저하게 이러한 주민의 활동을 지원하는 역할을 해야 하며 주민들에게는 '행정이 해준다'라는 수동적인 자세가 아니라, 주권자로서의 자립성과 실천이 요구된다고 할 수 있겠지요.

사카에 촌을 찾는 많은 사람들이 느끼는 것으로, 주민이 사카에 촌에 자긍심을 갖고 활력 넘치게 생활하며 촌과 촌정의 사정을 잘 알고 있다는 점입니다. 이는 촌민이 지자체의 구성원으로서, 지역 만들기에 어떠한 형태로든 적극적으로 관여하고 있다는 증거입니다.

사카에 촌을 보면, 소규모 지자체이기 때문에 충분한 행정 능력이 없을 거라는 견해는 근본적으로 잘못된 것임을 알 수 있습니다. 오히려 적은 인구이기 때문에, 촌장을 중심으로 지역의 특성과 주민의 요망을 반영한 효과적인 지역 만들기가 실천 가능했으며, 또한 사카에 촌은 '헤이세이 대합병'에서 자립의 길을 선택해, 지금 새로운 지역 만들기에 도전하고 있습니다.

제10장

대도시의 산업공동화와 마을 만들기

1. 대도시의 산업공동화와 커뮤니티의 쇠퇴

대도시에서의 '지역 내 재투자력'을 생각하다

지금까지 오야마 정과 유후인 정 그리고 사카에 촌이라는 농촌의 작은 정촌의 지역 만들기에 대해 살펴보았습니다. 이들 지역은 주민의 생활영역과 기초자치단체의 범위가 거의 일체화되어 있으며, 주민과 지방자치단체 정책과의 관계가 굉장히 알기 쉬운 형태로 존재하고 있었습니다.

그렇다면 이와 달리, 주민의 생활영역과 기초자치단체의 범위가 크게 떨어져 있는 경우는 어떨지 의문이 들 수 있습니다. 예를 들어, 대규모 정령도시는 주민의 생활영역을 훨씬 초월하는 면적에 100만 명 이상의 인구가 모여 있는 기초자치단체인데, 그렇게 간단히 지역주민주권을 발휘할 수 있을 것처럼 보이지 않습니다. 또한 대도시에 인접한 위성도시처럼 주민의 통근권보다도 작은 범위의 기초자치단체도 있습니다.

이러한 경우에도, 주민의 생활영역을 단위로 마을 만들기를 고려하는 것이 매우 중요합니다. 특히, 고령화 문제는 과소 지자체뿐만 아니라 대도시 내부의 상업지역에서도 확산되고 있어, 좁은 범위에서 생활이 성립될 수 있는 구조를 만들 필요가 있기 때문입니다. 예를 들어, 교토 시 히가시야마東山 구의 고령화율은 30%에 이르고 있으며, 생활범위가 정해진 후기 고령자가 앞으로도 급증할 것으로 예상됩니다. 그렇게 되면, 150만 명에 가까운 인구가 살고 있는 교토 시라는 기초자치단체 범위는 자치조직으로서 지나치게 큽니다. 현재는 도쿄 도 이외의 정령조직에는 독자적인 행·재정 권한이 인정되지 않지만 앞으로는 도쿄 도 이외의 정령시나 중핵시 등, 대규모 도시에 이러한 자치조직이 반드시 필요하게 될 것입니다. 실제로, 도쿄 도의 스미다 구나 오타大田 구에서는 독자적인 행·재정 권한을 활용해서, 지역에 착근된 지역 만들기를 행정과 민간기업이 힘을 합쳐 실현하고 있습니다.

대도시의 경제는 복잡하게 얽힌 분업에 의해 성립되어 있지만 경제활동이 주민의 생활을 지탱하고 있다는 점에서 농촌과 다르지 않습니다. 경제활동이 쇠퇴하면 주민의 생활도 불안정해집니다. '도시재생'의 목소리가 높아지고 언뜻 보기에 공공투자도 대도시에 집중되고 있지만 이는 재개발 프로젝트가 이루어지고 있는 도심, 혹은 부도심이라는 극히 일부 지역만의 이야기입니다. 그 이외의 중소공장 지대나 근린상점가는 경제의 글로벌화 속에서 생산의 공동화가 진행되어 지역 커뮤니티가 붕괴되고 있습니다. 이 장에서는 이러한 대도시에서 이루어지고 있는 '지역 내 재투자력'의 형성에 대해 소개하려고 합니다.

〈그림 10-1〉 사업소·근로자 수의 동향(1996~2001년)

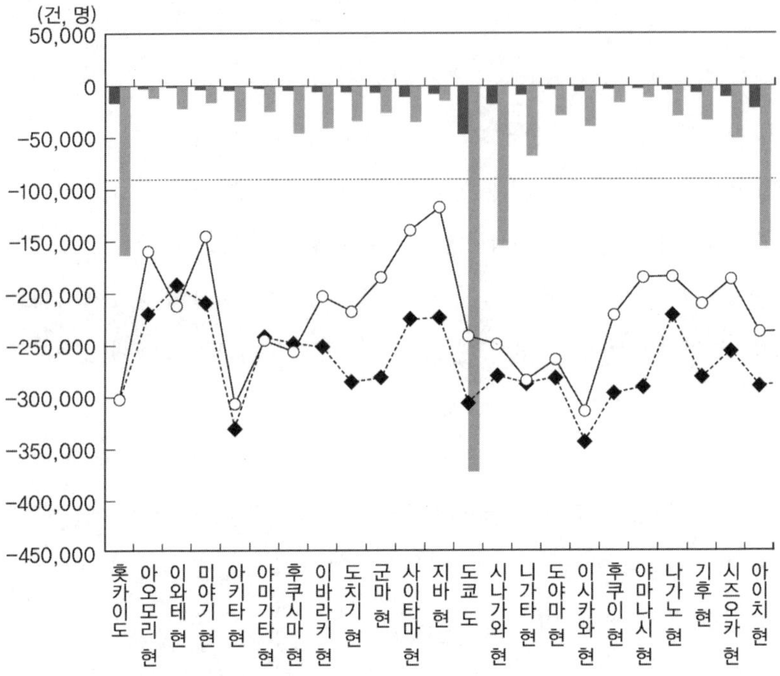

자료: 総務省, 「事業所·企業統計調査」.

오사카경제의 추락

〈그림 10-1〉은 1996년부터 2001년까지의 도도부현별 사업소 수와 근로자 수의 동향을 나타내고 있습니다. 이 그림을 통해, 거의 대부분의 도도부현에서 사업소와 근로자의 수가 감소하고 있는 것을 알 수 있습니다. 시가 현과 오키나와 현에서 조금 증가하고 있을 뿐입니다.

특히, 오사카 부 및 교토 부, 도쿄 도의 절대치가 크게 감소하고 있는 것을 확인할 수 있는데, 그중에서도 오사카 부의 하락이 심각합니다. 오

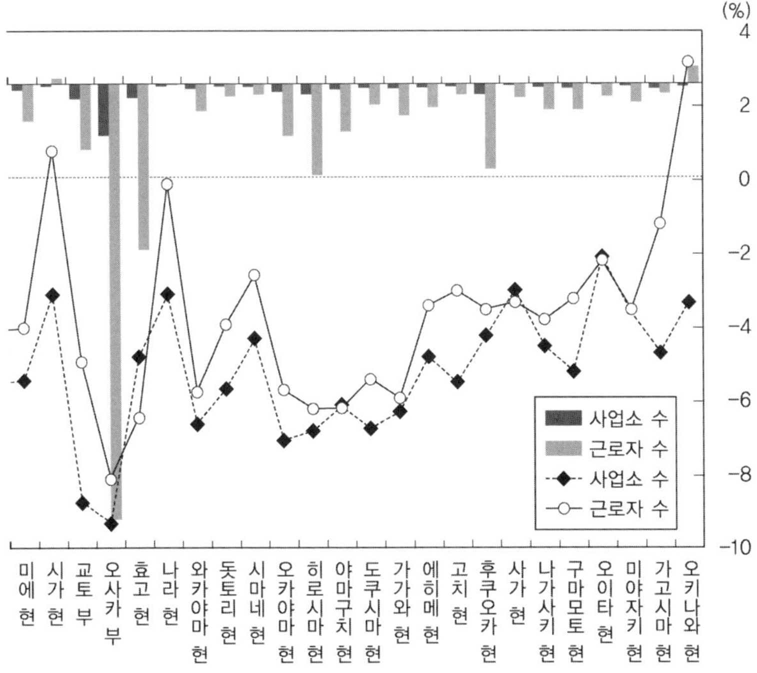

사카 부는 사업소 수의 감소율이 9.3%, 근로자 수 감소율이 8.0%로 전국에서 가장 높은 감소율을 보이고 있습니다. 절대치로 보면, 5년 만에 42만 명이 취업 기회를 잃은 상황입니다. 이는 도쿄 도의 37만 명을 훨씬 웃도는 것이며, 더욱이 오사카 부의 완전실업률은 오키나와에 이어 두 번째로 높습니다.

또한 2000년 국세조사에 따르면 오사카 시의 인구흡인력, 특히 주간의 통근, 통학자의 흡인력이 급격하게 떨어진 것을 알 수 있습니다. 1995년부터 2000년에 걸쳐, 통근 통학자 수는 10.9%로, 이는 10%나 감소한 수치입니다. 이러한 상황이 무엇 때문에 초래되었는지에 대해 제 나름대로 다섯 가지 요인을 생각해봤습니다.

첫째, 글로벌화의 부정적인 영향이 가장 컸고, 오사카가 오래전부터 물건 만들기의 중심 지역이었다는 점을 들 수 있습니다. 에도江戸 시대 이래로, 간사이 지방은 교토를 포함해 일본의 물건 만들기의 중심이었습니다. 특히, 직물업과 방적공업의 발전은 일본의 공업화를 추진하는 원동력이 되었으며, 전후에도 기반산업 중 하나였습니다. 고도성장기 이후, 중화학공업과 전기기계, 운송기계공업이 발전하면서 섬유공업을 대신해 선두산업의 입지를 차지해왔습니다. 그런데 경제의 글로벌화가 진행되면서 이들 선두산업이 생산의 많은 부분을 해외로 이전하고, 공장을 폐쇄 혹은 축소해 많은 하청기업이 타격을 받았습니다. 본격적인 산업공동화가 진행된 것입니다. 그뿐만 아니라 지장산업과 경합하는 섬유제품의 경우, 중국 등으로부터 대량 수입이 이루어지면서 '중간을 생략'하는 이른바 유통의 '합리화'가 진행되었습니다. 그 결과 섬유산업은 제조부문과 도매부문이 동시에 크게 붕괴하는 상황이 발생했습니다. 앞의 오사카 부의 사업소 수, 근로자 수 감소의 압도적 부분을 섬유 관계 제조업과 도매업이 차지하고 있습니다. 이는 교토 부에서도 마찬가지입니다.

오사카 부의 경우, 1996년부터 2001년 사이에 섬유산업에서 5년 만에 34%, 1만 1000명의 감소가 발생했습니다. 섬유도매업도 29%, 1만 9000명이 감소했습니다. 단순 계산으로 향후 10년 안에 궤멸이라는 엄청난 감소세입니다.

둘째, 규제완화의 부정적 효과가 가장 큰 중소기업, 영세기업이 집적된 지역이라는 점입니다. 이것도 오사카와 교토에서 공통적으로 나타나는 특징으로 대규모 소매업 점포법에 대한 규제완화 이후, 개인 상점의

점포 수가 크게 감소했고, 대형점포와의 과당경쟁으로 게이한신京阪神을 거점으로 하는 마이칼マイカル과 다이에ダイエー•가 차례로 경영 파산함으로써, 이것이 거래업자와 주변 상점가에 미친 영향도 적지 않습니다.

셋째, 버블붕괴의 영향이 상당히 컸던 지역이라는 점입니다. 버블 시기에 '도쿄머니'가 유입되어, 가장 마지막에 지가가 상승했던 것이 게이한신지방입니다. 이 시기에 신용금고, 신용조합 등이 무리한 토지담보대출을 실시하면서, 버블붕괴 후 많은 불량채권을 떠안게 되었습니다. 이들 지역 금융기관이 차례로 경영 파산하게 되면서, 지역 중소기업은 이른바 '대출 기피'로 인해 경영상의 어려움을 겪게 되어, 2차·3차 피해로 이어졌습니다.

여기에, 오사카를 본거지로 한 대형 금융자본인 스미토모住友 계열이나 산와三和 계열 그룹이 '금융빅뱅'에 의해, 4대 금융그룹으로 대재편되는 사태가 발생했습니다. 그 결과, 오사카에 어느 정도 남아 있던 금융중추 기능과 본사 기능은 도쿄로의 재편·통합이 가속화되었습니다. 오사카 시내의 은행사업소 수 역시, 1996년부터 2001년까지, 5년 사이에 20%나 감소했습니다. 종사자 수도 33%, 1만 명 정도가 줄었습니다. 버블 시기에 급증한 부동산업 종사자 수도 비슷하게 1만 명 가까이 줄어들었습니다. 지금도 버블의 영향이 이러한 형태로 크게 확산되면서, 지역경제의 힘을 떨어뜨리고 있습니다.

넷째, 이른바 대형 프로젝트 개발로 간사이의 '지반 침하'을 방지하고, '간사이 복권'을 꾀하려 했습니다. 그런데 이미 본 것처럼, 간사이 신공항과 린쿠타운의 건설 그리고 간사이 학연도시 건설 등의 대규모 프로젝트

• 오사카 시에 본사를 두고, 전국 각지에 슈퍼마켓 사업을 전개했던 종합소매업자.

는 지역경제의 발전으로 이어지지 않았습니다. 기대했던 기업유치는 잘 되지 않았고, 오히려, '행정의 불량채권'만이 쌓여, 전국 최고라 불리는 지방재정위기에 빠지게 되었습니다. 또한 이것이 오사카 부민의 생활에 여러 행정서비스의 후퇴, 사회적 부담의 증가라는 형태로 영향을 미쳐 지역경제의 피폐가 확대되는 상황에 이르게 되었습니다.

다섯째, 정부가 추진하는 한결같은 '국제화'정책과 규제완화정책으로, 오사카 지역경제는 정부정책의 영향이 가장 큰 구조였음에도 불구하고, 오사카 부나 오사카 시의 지자체가 오사카의 산업적 개성에 입각한 독자적인 지역산업정책을 전개하지 않았던 것도, 큰 요인의 하나로 생각할 수 있습니다. 예를 들어, 산업정책에서 섬유관계의 집적을 제대로 활용하고, 신규 창업을 지원하거나 대형점포에 대한 규제를 독자적인 마을 만들기 정책을 통해 실현하려는 방향성을 취하지 않았습니다. 오히려, 대규모 공공사업을 통해 기업을 유치하면 된다는 식의 안이한 기존 정책을 지속적으로 취한 것에 문제가 있었습니다.

그 결과, 1980년부터 2000년까지 오사카 부의 산업별 인구추이를 보면, 제조업에서 25% 가까이 감소했습니다. 게다가, 제조업 특화도가 현저하게 낮아졌습니다. 특화도란, 전국의 산업별 인구의 평균 구성비를 분모로, 오사카의 구성비를 분자에 두고 계산한 수치이며 그 값이 1이면, 제조업의 산업구성은 전국 평균 수준을 의미합니다. 따라서 그 값이 1을 넘는 경우에는 그 산업에 특화된 개성을 갖고 있다는 것을 나타내는 지표입니다. 1980년의 오사카 부 제조업 특화도는 1.26이었습니다. 이것이 제조업 붕괴의 과정에서 2000년에는 1.06으로 전국 평균정도까지 떨어졌습니다. 즉, 물건 만들기를 중심으로 한 오사카의 개성이 20년 사이에 글로벌화의 폭풍 속에서 급속히 사라진 것입니다.

도쿄 상점가의 공동화

글로벌화의 이익이 집중되는 도쿄에서도 번화가 지역의 공업지대에 집적되어 있는 중소공장과 개인 상점의 감소가 눈에 띄는데, 여기서는 도쿄 상점가의 모습에 대해 살펴보려고 합니다.

2000년 6월에 도쿄 도가 『도쿄 도 중소기업경영백서東京道中小企業京営白書(소매업 편小売業 編)』을 간행했습니다. 이것은 도쿄의 소매, 음식업, 서비스업, 상점가 등을 대상으로 무작위로 추출한 9000건의 회답을 정리한 상당히 구체적인 조사결과입니다.

몇 가지 특징적인 점을 들어보면, 먼저 상점가 경기에 대해 '쇠퇴'하고 있다는 평가가 76%에 이른다는 것입니다. 그것도 신주쿠新宿, 긴자銀座, 이케부쿠로池袋 등 상업집적지 이외의 주변 지역이 86%로 굉장히 높은 비율입니다. 매출액은 3년 전과 비교했을 때, '조금 감소'와 '10% 이상 감소'를 합하면 80% 가까이가 감소라고 대답했습니다. 단순히 손님이 없는 것뿐만 아니라 자금도 들어오지 않아서 상당히 심각한 상태입니다.

또한 상점가의 장래성에 대해서는 '쇠퇴할 것이다'라는 대답이 37%를 차지하고 있습니다. 특히, 산업집적지(49%)와 소규모 상점가(42%)가 상당한 위기를 느끼고 있습니다.

그 원인을 묻는 질문에 대해, '불황의 장기화'를 꼽은 업소가 가장 많은 35%에 달했는데, 10년간 불황이 계속되어 특히 가계 소비지출이 침체되어 있습니다. 이것이 소매업 쇠퇴의 가장 큰 구조적 요인입니다. 이 밖의 대답으로 '소비자 구매행동의 변화에 대응하기 어렵다', '유사한 상품을 취급하는 상점의 증가', '대형점포의 영향' 등, 세 가지가 24%로 비슷합니다. 소매업 전체가 불황으로 판매액의 전체 규모가 작아짐과 동시에 대형점포, 할인매장, 편의점 등이 증가한 탓으로 상점가가 어려운 환경에 놓여 있습니다.

덧붙여, 도쿄는 전국 평균과 비교했을 때, 대형점포의 비중이 상당히 높은 곳입니다. 매장 면적으로는 45%(1997년), 연간 판매액으로는 41%(1997년)를 대형점포가 차지하고 있습니다. 그만큼 상점가에 미치는 영향도 큽니다. 신선식품 상점의 47%, 식품 관련 상점의 26%가 슈퍼마켓과 경합이 심하다고 답했으며, 주거 관련 소매점은 할인매장 등이 압박 요인으로 꼽혔습니다.

또한 업계의 내적 요인으로, 농업분야에서와 같은 후계자 문제가 도쿄의 상점가에도 나타나고 있습니다. 이번 설문조사에 따르면, 도쿄 도 내의 상점은 전후부터 고도성장기에 창업한 상점가가 상당히 많다는 것을 알 수 있는데, 현재의 상점 주인 중에서 창업자가 차지하는 비율은 52%이고, 2세대 경영자를 합하면 약 82%입니다. 따라서 세대교체의 시기라고 볼 수 있습니다. 경영자의 연령구성을 보면, 60~80대가 60%정도이며, 소규모 영세층일수록 고령화가 더욱 진행되고 있습니다. 그 결과, 후계자가 없어서 '폐업 예정'이라는 상점이 32%나 되고, 특히 신선식품 소매점이 44%, 종업원 1~2명 규모의 영세점포가 50%로, 다른 계층에 비해 상당히 높은 수치입니다.

위기에 처한 생활의 장으로서의 도시

이와 같이, 전후 부흥에서부터 고도 경제성장기에 걸쳐, 도시의 상공업을 지탱하고 도시경제 확대의 기반을 만들어왔던 연령층이 고령화와 은퇴기에 접어드는 시기에 경제의 글로벌화와 규제완화의 폭풍이 불어

닥친 결과, 엄청난 기세로 도시의 산업공동화가 진행되고 있습니다.

대도시에서 청년의 완전실업률이 높아지고, 불안정 취업자가 다수 존재하는 한편, 중소상공업 경영을 계속할 후계자층은 계속 줄어들고 있습니다. 상점가가 문을 닫게 되면서 그곳은 공터가 되어 경관을 해치고 범죄의 온상이 되며, 또한 손님들도 조금씩 줄어들어 남은 상점의 경영도 곤란해지는 악순환이 확대되고 있습니다.

대도시에는 농촌과 같은 커뮤니티 기능이 그다지 존재하지 않습니다. 주변 이웃과 교류가 없는 1인 생활 고령자 세대도 다수 존재합니다. 한번 노쇠하거나 병들어 누우면, 도움을 청할 곳도 없는 사람들이 적지 않습니다. 지자체 또한 농촌처럼 '서로의 얼굴을 아는' 형태로 생활을 일상적으로 뒷받침하지 못합니다. 또 농촌에 비해 1인당 의료비도 간병비용도 높은 경향이 있습니다. 커뮤니티 기능 없이는 안심하고 살 수 없지만 지역의 커뮤니티 기능은 앞에서 언급한 산업공동화 속에서 어쩔 수 없이 쇠퇴하고 있는 것입니다. 이렇게, 인간 생활의 장으로서의 도시의 지속가능한 발전은 농촌 이상으로 곤란한 국면에 처해 있습니다.

2. 대도시 상공업의 탄생

'글로벌 국가'론과 대도시 재생

이러한 대도시의 상황에 대해, 정부도 당연히 대책을 강구하고 있습니다. 특히, 1998년 참의원선거 때, 대도시지역에서 패배를 맛본 자민당은 '대도시 재생'을 당의 기본방침의 하나로 내세웁니다. 대도시에 행정투자를 중점적으로 실시하겠다는 것으로, 이는 앞에서 이미 언급한 것과 같은 '글로벌 국가' 전략의 하나이기도 합니다.

정부는 1996년 '하시모토 행정개혁 비전'이래, '다국적기업에게 선택받을 수 있는 국가 만들기, 지역 만들기'를 목표로 해왔습니다. 다국적기업의 본사 기능이 입지하는 곳에 정보화투자를 포함한 대규모 사회기반시설을 건설하고, 현대의 글로벌 경쟁에 어울리는 '24시간' 도시를 만드는 프로젝트형 개발을 추진하겠다는 것입니다.[1]

그 전형이 도쿄의 시나가와品川, 시오도메汐留 주변의 전前 국철 선로지역을 중심으로 한 대규모 재개발이며, 향후 진행될 예정인 마루노우치丸の内 주변 등의 대大재개발입니다.

주의해야 할 것은 이러한 모든 개발이 다국적기업의 업무공간에 대한 정비이며, 결코 대도시의 압도적 다수의 주민이 사는 생활영역에 대한 행정투자가 아니라는 점입니다. 이러한 건설공사도 대부분 대형 종합건설회사가 수주하고 있는 것은 말할 것도 없겠지요.

이와 같은 대도시 재생의 방법이 극소수의 다국적기업에게는 이익이 될지 모르지만 이런 방법으로 급속하게 붕괴되고 있는 상공업과 커뮤니티를 재생하는 것은 매우 어렵습니다. 그럼, 대도시의 상공업을 재생시키는 방책은 없을까요? 다음에서 그 재생의 방향을 실천 활동으로 개척하고 있는 사례를 소개하려고 합니다.

나니와 기업단지협동조합의 공동수주사업

제조업이 쇠퇴하고 산업공동화 문제가 심각한 오사카에는 지역산업의 재구축에 새롭게 도전하고 있는 중소기업 그룹이 다수 존재하고 있습니다. 이들 중소기업 그룹의 대처는 글로벌화가 진행되는 현대의 일본에서 지역의 산업과 주민활동의 유지·발전에 실제로 많은 것을 시사하고 있습니다. 다음에서는 그 그룹 중 하나인 나니와 기업단지협동조합(이하, 나니와 기업단지)의 사례에 대해 살펴보겠습니다.

나니와 기업단지는 오사카 시내의 니시나리西成 구와 스미노에住之江 구에 걸쳐, 3개의 단지로 구성되어 있습니다. 이 단지는 '강변의 조선소'라 불리던 기즈가와木津川 하구의 조선소 지역에 주공住工 혼재로 인한 소음공해 등으로 고민하던 중소기업들이 1980년에 협동조합을 만들어 자주적으로 매수하여 건설한 것입니다. 오일쇼크 이후, 조선업계의 불황으로 쇠퇴한 이 지역의 산업을 약 260개의 중소기업이 재구축하려 했습니다. 이 단지 조성에서 협동조합은 공적자금에 의지하지 않고, 민간은행으로부터 융자를 받았습니다.

나니와 기업단지는 공업에만 특화된 '공업단지'가 아니라 서로 다른 업종의 사업소가 복합적으로 입지한 '기업단지'입니다. 사업소의 절반 가까이를 차지하는 금속가공업을 주축으로 건설·토목, 디자인·인테리어·이벤트 관계, 자동차 판매·정비, 석유제품 판매, 운송·물류, 식품 등 광범위한 업종의 사업소가 입지해 있습니다.

또한 나니와 기업단지의 큰 특징으로 공동사업의 활발한 전개를 꼽을 수 있습니다. 단지 내에는 서로 다른 업종의 집적 이점을 살린, 다양한 공동사업이 이루어지고 있습니다. 특히, 주목할 만한 것은 단지 내 거래의 조직화와 공동수주사업으로 대표되는 네트워크의 형성입니다. 단순하게 공장부지가 단지화된 많은 공업단지와는 다르게, 나니와 기업단지에서는 강력한 사무국의 지원하에서 영세하지만 경영력과 기술력을 갖춘 개별 업종 기업이 단지 내에서 상호발주를 전개하고 있습니다.

구체적인 사례로는 '오사카 종합건설협동조합', 'NUP(나니와 유니온 프로덕트)', 'NID(나니와 인테리어 & 디스플레이)' 등의 3개 사업그룹이 있습니다. '오사카 종합건설협동조합'은 1987년 2월에 건설 관련 12개 사업소가 참가해 설립한 것으로, 건물의 해체·철거·기획·설계·시공·관리에 이르는 일괄 시스템을 제공할 수 있는 체제를 갖추고 있습니다. 1997년 조사 시점에서 150동이 넘는 공장, 창고, 병원, 맨션, 상업시설의 건축실적이 있었습니다.[2]

'NUP'는 금속가공 관계 조합원을 중심으로 1988년 3월에 설립되었습니다. 1997년 9월 시점으로 47개 사업소가 참가해, 공동 수·발주, 공동 구입, 공동 이용, 타 업종과의 교류, 공동 제작품의 견본시장 출전 등을 실시하고 있습니다. 인터넷을 통한 수주도 가능하며, 업무 문의의 대부분이 인터넷에 의한 것입니다. 'NID'는 점포내장內装, 전시, 토목 관련 18개 사업소의 참가를 통해, 1989년 4월에 설립되어 상호 수·발주거래, 정보 교환 등을 전개하고 있습니다.

이와 함께, 나니와 기업단지협동조합에서는 전 조합원을 대상으로 공동 구인사업과 경영정보의 분석 및 홍보사업, 고용촉진센터와의 공동 개최를 통한 각종 능력개발세미나, 홈페이지 개설을 통한 정보발신사업 등 각 분야별 공동사업도 실시하고 있습니다.

공동수주사업의 경제효과

나니와 기업단지 공동수주사업의 경제적 효과를 검증하기 위해, 이 단지가 매년 실시하고 있는 「경영 설문조사経営アンケート」(1997)를 바탕으로 표를 작성해보았습니다. 〈표 10-1〉은 공동수주사업에 참가하고 있는 기

〈표 10-1〉 공동수주사업과 매출액 동향(1997년)

공동수주사업	구성비(%)					총 회답 수 (실제 수)
	증가	보합	감소	불명	총계	
참가 기업	26	60	12	2	100	57
비참가 기업	13	49	37	1	100	107
합계	18	52	29	1	100	164

자료: ナニワ企業団地協同組合, 「1997年 経営アンケート」를 바탕으로 작성.

〈표 10-2〉 공동수주사업과 종사자 수의 변화(1993~1997년)

공동수주사업	구성비(%)				총 회답 수 (실제 수)
	증가	불변	감소	총계	
참가 기업	75.0	12.5	12.5	100	32
비참가 기업	63.6	13.6	22.7	100	22
합계	70.4	13.0	16.7	100	54

자료: ナニワ企業団地協同組合, 「1997年 経営アンケート」를 바탕으로 작성. 단, 불명확한 응답은 제외.

업과 그렇지 않은 기업의 매출액이 각각 어떻게 변화하고 있는지를 1997년 가을의 시점에서 조사한 것입니다. 1997년은 소비세율의 인상으로 일시적으로 좋아졌던 경기가 한번에 사그라들면서 불황이 명확한 시기였습니다. 구성비를 보면, 공동수주사업 참가 기업에서 '증가'라고 답한 비율이 26%로, 비참가 기업의 2배 가까운 수치를 보입니다. 또한 '보합保合 상태'라는 비율도 참가 기업 쪽이 높은 것을 알 수 있습니다.

이는 고용의 측면에서도 확인할 수 있습니다. 〈표 10-2〉는 1993년부터 1997년에 걸친 종사자 수의 변화 상황을 비교한 것입니다. 역시, 공동수주사업 참가 기업에서는 회답 기업의 75%가 '증가'로 답했으며, 비참가 기업과의 차이가 명백합니다.

실제로, 어느 정도 종사자의 수가 증가했는지를 알아보기 위해, 1993년부터 1997년의 설문조사에 응답한 기업 중 54개를 선정해 비교한 결

〈표 10-3〉 나니와 기업단지 공동수주사업 참가 상황별 종사자 수의 추이

구분		공동수주사업		합계
		참가 기업	비참가 기업	
금속가공업	1993년	230	99	329
	1997년	296	108	404
	증감 수	66	9	75
	증감률	29%	9%	23%
기타 업종	1993년	36	116	152
	1997년	37	143	180
	증감 수	1	27	28
	증감률	3%	23%	18%
합계	1993년	266	215	481
	1997년	333	251	584
	증감 수	67	36	103
	증감률	25%	17%	21%

주: 1) 1993, 1995, 1996, 1997년 경영 설문조사에 모두 응답한 54개사의 합계치를 나타냄.
2) 증감률 및 증감 수는 1993년과 1997년의 비교를 나타냄.
자료: ナニワ企業団地協同組合, 「1997年 経営アンケート」를 바탕으로 작성.

과가 〈표 10-3〉입니다. 합계 란을 보면, 참가 기업은 67명으로 25% 증가했습니다. 비참가 기업도 증가하고 있지만 36명, 17%로 참가 기업 쪽의 증가율이 높습니다.

1985년부터 1996년에 걸쳐, 오사카 시의 제조업사업소는 30%, 종사자 수는 25% 가까이 감소했습니다. 이에 비해, 나니와 기업단지에서는 오히려 고용이 늘어난 것입니다. 그중에서도 공동수주사업에 적극적으로 몰두했던 기업이 상당히 큰 성과를 올렸습니다.

그럼, 대체 어떠한 규모의 기업이 그 중심이 되었던 것일까요? 〈표 10-4〉는 1993년의 종사자 규모를 세로축에, 1997년의 그것을 가로축에 나타내고 있습니다. 주목해야 할 것은 1993년 단계에서 1~3명 규모였던 15개사 중, 14개사가 1997년 단계에서 4~9명 규모로 성장한 점이며, 이 계층이 수적으로도 가장 많습니다. 이렇게, 공동수주사업의 중심 역할을

〈표 10-4〉 나니와 기업단지 공동수주사업 참가 기업 종사자 규모의 실제 수

	1997년 종사자 규모					
1993년 종사자 규모	① 1~3명	② 4~9명	③ 10~19명	④ 20~29명	⑤ 30명 이상	합계
① 1~3명	1	14	-	-	-	15
② 4~9명	-	5	1	-	-	6
③ 10~19명	-	2	3	3	-	8
④ 20~29명	-	-	-	1	-	1
⑤ 30명 이상	-	-	-	-	1	1
불명	1	-	-	-	-	1
합계	2	21	4	4	1	32

주: 1993, 1995, 1996, 1997년 경영설문조사에 모두 응답한 54개사의 합계치를 나타냄.
자료: ナニワ企業団地協同組合, 「1997年 経営アンケート」를 바탕으로 작성.

담당한 것은 비교적 소규모인 기업이며, 이들 기업이 공동수주사업을 통해 매출을 신장시키고 고용도 늘렸다는 것이 명확하게 나타나 있습니다. 또한 이렇게 활발한 경영활동의 결과로서, 40%의 기업이 이미 후계자를 확보했으며 후계자인 청년층도 '콜럼버스회'를 조직해, 적극적인 교류와 연수활동을 실시하고 있다는 점도 주목됩니다.

이렇게 나니와 기업단지에서는 협동조합이 중심이 된 중소기업을 네트워크화 함으로써, 불황으로 유휴지화된 조선소 지역에 새로운 산업을 재구축하고 고용창출에 성공한 것입니다.

공동수주=횡적 수·발주와 '지역 내 재투자력'의 형성

경제의 글로벌화에 따른 산업공동화는, 특히 대기업을 중심으로 한 해외직접투자의 간접효과로 인해, 종래의 하청관계나 지장산업의 지역 내 분업을 해체하고 있습니다. 이를 대신하는 산업을 재형성하지 않는 한, 그 지역에서 주민이 생활을 계속하기 어려운 시대가 되었습니다. 따라

서, 지역에 있는 여러 가지 기존의 자원과 경영체를 재결합하고, 주민생활에 최대한의 효과를 가져다줄 수 있는 새로운 산업의 재구축이 필요합니다.

나니와 기업단지의 네트워크 사업은 산업공동화를 극복하기 위한 하나의 시나리오를 제시했다고 할 수 있습니다. 대기업의 하청이 아니라 공동수주사업을 통해 일을 '횡적으로 수·발주'하고, 그룹의 내부에서 일을 회전시킴으로써 일과 소득을 창출함으로써, 경제적 파급효과가 커져가는 것입니다. 각각으로는 약소한 자본밖에 갖지 못하는 중소영세기업이라고 해도, 이들이 공동으로 하면 '지역 내 재투자력'이 형성될 수 있다는 것을 나니와 기업단지의 대처가 보여주고 있습니다. 또한 공동 수·발주사업을 통한 일의 창출과 횡적 수·발주의 조직화는 지역 내 산업연관을 형성하는 것이며, 해당 지역에서의 자본회전 수를 확대시킴으로써 소득과 고용을 창출하게 됩니다.

또 한 가지 주목해야 할 것은 단지 내 기업의 연수를 위해, 오사카 시와 오사카 부 그리고 공적기관의 프로그램을 활용하거나 혹은 기술개발이나 단지의 경제효과분석 등에 보조금을 제대로 활용하고 있다는 점입니다. 그리고 공동수주 그룹이 오사카 부 등이 주최하는 견본시장에 적극적으로 참가함으로써 마케팅을 전개하고 있는 점도 중요합니다. 이렇게, 지방자치단체와 공적기관의 지원을 활용하면서 '지역 내 재투자력'을 향상시키고 있는 것입니다.

교토 시·니시신미치니시키카이 상점가의 도전

한편, 대도시의 상점가에도 주목할 만한 대처가 있습니다. 여기에서는 교토 시의 번화가에 있는 니시신미치니시키카이西新道錦会 상점가의 사례를 살펴보겠습니다.[3] 이곳은 신센구미新撰組•로 유명한 미부壬生에 있는 전형적인 근린상점가로 식품과 의류품을 취급하는 가게를 중심으로 120여 회원이 상점가 진흥조합을 만들었습니다.

이 상점가의 대처는 유젠友禅•• 공장지역에 진출하려 했던 대형점포의 출점 반대 운동으로부터 시작되었습니다. 이 운동을 전개하는 과정에서 그동안 고객의 요구에 적절하게 대처하지 못한 것을 인식하고, 보조금을 활용해 본격적인 상권조사를 실시합니다. 그 결과, 좁은 상권 안에 1인 생활의 고령자와 1인 거주자가 많아, 그에 따른 수요가 다양하다는 것을 인식하고, 특히 고령자를 배려한 상점가, 가게 만들기를 시작합니다.

또한 상점가의 설비투자에서도 일반적으로 이루어지는 상점가의 통로를 잇는 지붕arcade 정비 같은 대규모 사업은 굳이 하지 않았습니다. 많은 상점가가 그러한 거액 설비투자 결과, 빚을 지게 되거나 손님이 줄어들면서 문을 닫게 된 것을 교훈으로 삼았습니다. 이 상점가에서는 오히려, 고객을 직접 확보하기 위한 공동사업과 정보화에 투자를 거듭해왔습니다. 구체적으로는 인근의 생활협동조합이나 노동조합과 공동사업을 실시하거나, '에이프런 카드apron card'라는 일종의 포인트 카드를 도입했습니다. 이는 고객에게 사용한 금액의 일부를 적립해 현금으로 돌려주면서cashbag 구매 정보를 상점가 조합의 사무소가 일괄 파악해 개별 상점에 유용한 정보를 전달하는 구조입니다. 이 정보화 투자에도 보조금을 잘 활용했으며, 사용하기 쉬운 단말기도 만들었습니다. 그 후로 고령자

• 일본 에도시대 말기인 1863년에 조직된 무사조직.

•• 비단 등의 천에 화려한 채색으로 인물·꽃·새·산수 따위 무늬를 수작업으로 염색하는 일.

도 간단히 사용할 수 있는 팩스-넷fax net을 도입해, 가게의 광고를 보내고, 고객에게 주문을 받아 택배서비스도 실시하고 있습니다. 향후에는 의료상담이나 법률상담도 고려하고 있습니다. 또한 상점가 진흥조합의 주최로 다양한 행사를 개최함으로써 소비자를 직접 불러 모으는 역할도 해왔습니다.

그중에서도 특별히 주목할 것은 고령화가 진행되고, 커뮤니티 기능이 붕괴되고 있는 실태를 분석하고, 스스로 복지서비스와 행정서비스의 중개자적 역할을 담당하며, 상점가조합원의 가족이 상점가 안에 거주하면서 주변 소비자와의 신뢰관계를 구축해 상점가의 '판매 증진'과 '마을 만들기'를 의식적으로 결합하고 있다는 점입니다. 최근에는 고령자에 대한 무상 급식서비스나 쇼핑 대행서비스도 시작했습니다.

또한 각각의 가게가 자랑하는 상품을 개발하거나, 독자적인 구매 루트를 개척하는 형태로 서로 경합하며, 빈 점포가 생기면 조합이 이를 즉시 매수해 새로운 임대자를 찾거나, 고령자를 위한 식사서비스의 제공 공간으로 활용하고 있습니다. 이러한 형태로, 개별 경영과 조합 활동과의 유기적인 결합이 구축되어 있습니다.

어느 쪽이든, 지역의 구매력을 지역 내 상점가가 조직함으로써, 각각의 경영체가 얻은 수익의 일부를 조합비의 형태로 받아 공적보조금과 함께 마을 만들기에 재투자합니다. 또한 상점을 직접 운영하는 경영자 가족의 소비지출에서도, 예를 들면 조합이 주최하는 해외여행 기획에 사용되는 여행용품을 관련 지역 내 상점이 판매하는 식으로 지역에서 일과 소득이 순환되는 구조를 갖추고 있다는 점을 주목할 수 있습니다.

여기에서도 상점가조합이 중심이 되어, 지역 내 산업연관의 조직을 통해, '지역 내 재투자력'을 향상시키고 이를 활용한 지역 커뮤니티의 지속가능한 발전을 꾀하고 있습니다.

3. 중소기업·지역경제진흥기본조례의 의의

글로벌 시대에 맞춘, 지역의 개성을 중시한 산업 만들기로

앞에서 소개한 대도시의 공업지역과 상업지역에서 보여준 지역 만들기의 공통점은 지역의 경영체와 이들이 만든 협동조합이 산업이나 분야의 괴리를 뛰어넘어, 지역경제와 지역사회의 재형성을 위해 기존의 자연자원이나 경영자원을 활용하고 이를 결합한 형태의 네트워크를 구축하면서, 공동사업의 영역을 넓히고 자각적으로 지역 내 산업연관을 형성하고 있는 점입니다.

'글로벌 경쟁'의 시대에서 살아남기 위해서라는 명분으로 언제 올지 모르는 글로벌 기업의 입지를 위한 막대한 선행투자와 세금의 우대조치를 강구하는 것보다, 도시경제를 담당하는 기존 중소기업의 '지역 내 재투자력' 형성을 위해 공적자금을 활용하는 쪽이 훨씬 직접적이고 효과적으로 주민생활을 향상시킬 수 있으며, 지역 커뮤니티의 지속가능한 발전으로 연결된다고 할 수 있습니다. 이러한 점에서는 사카에 촌 등의 지역 만들기와 공통된 부분이 있지만 사카에 촌의 경우, 민간기업의 힘이 미약했기 때문에 촌이 중심적인 역할을 담당한 것입니다.

더욱이, 지역에 있는 자연자원과 역사자원, 경영자원을 활용한 사업을 통해, 질 높은 상품과 지역 경관을 만든다면, 파괴적인 글로벌 경쟁에 휘둘리는 일은 없습니다. 전기제품이나 전자제품처럼 어느 나라, 어느 지역에서도 생산할 수 있는 범용제품은 자본의 글로벌한 전개가 이루어지는 시대에서 지역경제에 대한 정착도가 낮고, 더 낮은 비용을 요구하면서 단기간에 입지와 철수를 반복합니다. 즉, 비용 측면에서의 파괴적 경쟁만이 기다리고 있습니다. 오히려, 각각의 지역이 서로 다른 지역이나 국가에서는 만들 수 없는 개별 지역의 특유한 개성을 살린 상품과 지역 경관을 만들어낼 때, 서로 공존하면서 지속적으로 발전할 수 있는 교역과 교류가 가능하게 됩니다. 즉, 글로벌화가 진행되면 될수록, 지역의 개성을 중시한 지역산업 만들기, 지역 만들기가 필요한 것입니다.

지역경제·중소기업진흥기본조례와 '지역 내 재투자력'

물론, 지역경제에는 이러한 지역 내 자본뿐만 아니라 유치기업으로 대표되는 외부자본도 존재하며, 지역경제의 한 부분을 담당하고 있습니다. 이러한 외부자본을 활용해 지역경제력을 높이려면, 지역 내 산업연관을 강화하는 방식으로 유도할 필요가 있습니다. 미국의 지역 커뮤니티법에는 외국자본의 입지에 대해, 국내에서 일정 부분의 원재료를 조달하는 것을 의무화하고 있는데, 이와 비슷한 정책 수법이 지역 단위에서도 필요합니다. 특히, 원재료뿐만 아니라 노동력 조달과 자본의 재투자 등의 지역경제에 대한 공헌도를 높이는 정책이 요구되며, 미국의 공장폐쇄 규제법과 같은 안이한 공장폐쇄를 견제하는 법적 장치도 요구됩니다.

이러한 법적 규제는 미국처럼 국가 단위에서 만들어야 하지만 일본에서는 기업활동의 자유를 우선하고 있어, 주민의 생활이나 커뮤니티를 중시한 정책이 금방 만들어질 것 같지 않습니다. 그렇지만 지방자치단체의 조례라는 형태로는 어느 정도 가능합니다. 실제로, 중소기업진흥기본조례라든지, 지역경제진흥기본조례 등의 형태로 지역경제의 주역인 중소기업, 중소기업가가 지역경제에서 차지하는 위치를 명확히 설정한 다음, 지방자치단체의 책무와 구체적인 사업을 명문화明文化하고 있는 지방자치단체가 늘어나고 있습니다.

예를 들어, 도쿄 도 스미다 구에서는 구청장을 공선제公選制로 선출하고 구가 독자적인 행·재정 권한을 갖게 된 것을 계기로, 1979년에 일찍이 중소기업진흥기본조례를 제정했습니다. 또한 스미다 구에서는 스스로 지역산업의 실태를 파악하기 위해, 계장급 전 직원이 지역의 상공업 사업소를 전수조사하고, 사업소대장을 작성함과 동시에 상공업 진흥정책에 대한 요구를 파악했습니다. 이를 통해, 거점 정비나 서로 다른 업종 간의 교류, 패션산업에 대한 지원, 상점가 진흥과 마을 만들기에 대한 지원을 시작해, 여러 가지 사업을 실시하고 있으며 그 중심 조직으로서 중소기업센터를 설치하고, 그 기능을 확충해왔습니다. 직원 수나 예산도 중점적으로 배치되어, 중소기업의 집적지다운 개성 있는 마을 만들기를 전개하고 있습니다.[4]

또한 오사카 부 야오八尾 시에서도 중소기업가의 운동이 결실을 맺어, 2001년에 '중소기업·지역경제진흥기본조례'가 제정되었습니다. 이 조례에서는 '시의 활력 있는 발전에 중요한 역할을 하고 있는 시 지역 중소기업의 진흥에 기본이 되는 사항을 정해, 시에 직접 연관된 산업의 유지 및 발전을 촉진함과 동시에 사회·경제구조의 변화에 정확히 대응하는 지역의 건전한 발전을 추진하며, 조화로운 지역사회의 발전에 기여한다'는 것을 목적으로 산업집적의 기반 강화, 고도화 추진, 네트워크 강화, '생활과 산업이 공존하고 서로를 향상시키는 마을 만들기 추진'을 기본 시책으로 내걸고 있습니다. 즉, 지역 중소기업의 재투자력을 높이는 구체적인 시책이 시의 기본 방침으로 설정되어 있음을 의미합니다. 동시에 이 조례에는 시나 중소기업의 책무와 함께, '대기업 경영자의 노력'이라는 규정이 있습니다. '대기업 경영자는 중소기업과 대기업이 함께 지역사회의 발전에 없어서는 안 될 중요한 역할을 담당하고 있다는 것을 인식하고, 지역경제의 진흥에 노력해야 한다'라고 명기하고 있습니다. 이후, 한 대기업의 공장폐쇄 문제가 발생했지만 이 조례를 바탕으로 시장이 공장의 조업 계속과 폐쇄계획의 재고를 요청할 수 있었습니다.[5]

그렇지만 조례를 만드는 것만으로 실효력을 발휘하지 못하는 지방자치단체도 많이 있습니다. 지역 내 산업인, 연구자, 지자체 직원 등, 삼자가 정기적으로 모여 시책을 입안하고, 진행·관리·점검하는 협의체의 설치가 반드시 필요합니다. 스미다 구나 야오 시에서는 산업진흥회의를 설치하고, 이곳에서 그 기능을 담당하고 있습니다.

1999년에 제정된 신중소기업기본법 제6조에는 '지방공공단체의 책무란, 그 지방공공단체 구역의 자연적·경제적·사회적 여러 조건에 대응한 시책을 책정 및 실시하는 것'이라고 명기하고 있습니다. '중소기업은 유럽경제의 중추이다'라는 전문前文으로 시작하는 '중소기업헌장'을 정한 EU와는 다르게, 일본의 경우 국가의 시책에서 중소기업이 지극히 낮은 위치로 설정된 상태인 것입니다. 따라서 중소기업 시책에 대해 무엇보다도 국가에 공적책임을 지울 필요가 있습니다. 이 조항을 바탕으로 모든 지방자치단체가 스스로 지역 개성에 맞는 조례를 제정함과 동시에 지역 중소기업과 중소기업 경영자는 아래에서부터의 대처와 협동을 통해 주민의 이해를 얻어 '지역 내 재투자력'을 향상시키고 지역커뮤니티의 재생에 힘써야 합니다.

제 4 부

‘지역 내 재투자력’과 ‘지역주민주권’

제11장

시정촌 합병으로 지역은 풍요로워지는가?

1. 왜 지금, '헤이세이 대합병'인가?

계속되는 시정촌 합병의 추진

2005년 3월 마지막 날 구舊 합병특별법의 기한이 끝나면서, 5년 기한의 신新합병특례법이 시행되었습니다. 정부는 2000년 각의결정에서 3200여 개였던 시정촌을 1000개로 집약하는 것을 목표로 삼았지만, 2006년 3월 말일 시점으로 1822개밖에 도달하지 못했기 때문에, 더욱 강력하게 시정촌 합병을 추진하는 것이 새로운 법의 목적이라 할 수 있습니다.

한편, 이미 언급한 것처럼, 도주제 도입론과 함께 최종적으로 인구 30만 명 규모의 300개 기초자치단체로 재편해야 한다는 재계로부터의 압력도 더욱 거세질 것으로 예상됩니다. 그런 의미에서 '합병' 문제는 아직 끝난 것이 아닙니다.

그럼, 왜 지금 이와 같은 대규모 지자체 재편이 추진되고 있는 것일까요? 이 점을 이해하지 않으면, 개별 지역에서의 합병 문제와 지역 만들기의 모습을 올바르게 평가할 수 없습니다. 또한 '헤이세이 대합병'의 추진에서 그 논거의 하나로 '시정촌 합병을 하면, 지역은 활성화된다'는 말이 있습니다. 이것은 정말 사실일까요? 이 장은 지금까지 서술해왔던 '지역 내 재투자력'의 시점에서 합병에 대한 논의를 검증하고 있습니다.

총무성의 변명과 심각한 모순

왜 정부는 강력한 수법으로 시정촌 합병을 추진하려는 것일까요? 그 단서로 총무성의 홈페이지에 제시되어 있는 '이유'를 검토하는 것부터 시작하겠습니다. 거기에는 '지금, 시정촌 합병이 요구되는 이유'로 ① 지방분권의 추진, ② 고령화에 대한 대응, ③ 다양화되는 주민의 요구에 대한 대응, ④ 생활권의 광역화에 대한 대응, ⑤ 효율성의 향상 등 다섯 가지를 내걸고 있습니다. 이와 같은 내용은 합병을 추진하기 위해 각 도도부현과 시정촌, 합병협의회가 작성한 자료에 그대로 실려 유포되고 있습니다.[1] 요컨대, 1950년대의 '쇼와 대합병' 이후, 교통의 발달에 따라 일상생활권이 시정촌 구역을 넘어 광역화되면서, 주민의 고령화와 요구의 다양화가 진행되었고, 지방자치단체가 스스로 지방분권적 행정을 실시하기 위해서는 합병을 통해, 행·재정기반의 강화와 효율적인 행정운영을 꾀할 필요가 있다는 논리입니다.

이러한 이유들은 언뜻 보기엔 그럴듯하지만 잘 생각해보면, 그것만으로는 설득력이 없다는 것을 알 수 있습니다. 첫째, 어느 것도 합병의 필요성을 일반적으로만 지적하고 있을 뿐이며, 그것이 왜 지금 필요한지에 대해서는 이야기하지 않습니다. 둘째, 지방분권의 추진이라 말하면서,

어째서 강제 합병을 하는 것일까요? 이것 자체로도 모순입니다. 셋째, 고령화에 대한 대응이라는 점에서 보면, 지역 범위가 좁은 것이 훨씬 합리적입니다. 일반적으로 75세 이상의 후기 고령자의 하루 행동범위는 반경 500m 정도로 알려져 있습니다. 이렇게 생각해보면 고령화에 대한 대응이라는 점에서는 좁은 범위의 기초자치단체가 이에 상응합니다. 반대로, 간병보험 등 고령화에 동반된 재정부담이 염려된다고 해도 시정촌이 공동으로 광역사무조합을 만들어 대응하면 해결할 수 있습니다.

덧붙여서, 지방자치단체는 단체자치와 주민자치의 양 측면으로 나뉘는데, 총무성의 견해는 단체자치, 특히 종합행정서비스체라는 측면에서만 지방자치단체를 포함하고, 주민의 자치조직이라는 인식이 지극히 미약하다는 점에 큰 문제가 있습니다. 즉, 기초자치단체를 어디까지나 국가 행정조직의 말단으로밖에 인식하지 않으며, 주민이 주권자로서 스스로 통치하는 지자체라는 측면을 의도적으로 무시하거나 경시하고 있습니다.

헌법에 근거한 기초자치단체의 확대는 '단순히 법률상의 지방공공단체로 취급하는 것만으로는 부족하며, 사실상 주민이 경제적·문화적으로 밀접한 공동생활을 영위하고 공동체의식을 갖는 사회적 기반이 존재한다. 그리고 연혁沿革적으로도, 현실의 행정상으로도 상당 정도의 자주입법권, 자주행정권, 자주재정권 등 지방자치의 기본적 권한과 능력이 부여된 지역단체로 인정할 필요가 있다'는 최고재판의 판례(1963년 3월 27일)가 있습니다. 이번 대합병으로 다카야마高山 시와 같은 인구 10만 명, 면적 2000km^2 정도의 대규모 지자체가 새롭게 생겨나, 이미 규정된 자치의 범위를 크게 초월하는 것은 아닐지 우려됩니다.

행정개혁과 시정촌 합병

이렇게 생각하면, 시정촌 합병을 서두르는 이유에는 총무성이 공식적으로 내건 것과는 다른 무언가가 있는 것처럼 느껴집니다. 결론을 먼저 이야기하면, 가장 큰 이유는 국가의 재정위기와 이에 대한 탈거脫去책으로서의 행정개혁이라 할 수 있습니다. 국가 재정위기의 한편에는 지방재정위기가 있으며, 장기적으로 보면 시정촌 합병은 지방교부세교부금의 삭감으로 이어지는 것입니다.

그렇지만 재정위기만으로는 설명할 수 없는 이유가 있습니다. 이러한 의문은 시정촌 합병을 '궁극의 행정개혁'으로 삼은 총무성 관료의 발언을 통해 잘 알 수 있습니다. 이번 시정촌 합병은 1990년대 초반부터 시작된 국가 행정개혁의 일환이었다는 역사적 경위를 갖고 있습니다. 그 단서는 1991년 7월의 임시행정개혁추진심의회(제3차행정개혁심의회)·제1차 답신에서 찾을 수 있는데, 여기에는 버블 시기에 확대된 지역 간 격차를 해소하고, 지역의 활성화를 꾀하기 위한 '광역적인 행정 수요에 대응할 수 있는 자립적인 지방행정체제의 확립'을 제언하고 있으며, '기초자치단체'를 '일상생활권의 핵심이 되는 시정촌 및 그 주변 시정촌의 범위로, 현행의 광역 시정촌과 같이 확대' 및 재편해야 한다는 것입니다.[2] 그 후, 불황이 장기화되고 국가의 재정적자가 누적되면서, 정부는 지방채의 발행 조건을 완화함으로써 경기대책의 일환으로 지방자치단체 주도의 공공사업을 확대합니다. 이것이 지방재정의 위기를 심화시키는 원인이 되었습니다.

당시, 행정개혁국민회의는 인구 30만 명 규모인 300개 '시'와 전국 10개 '주'로 구성되는 2단계 자치제도를 제안했고, 10년이 지난 지금 그것이 재판再版된 형태로 추진되고 있습니다.

또한 1996년의 하시모토 행정개혁 비전은 '다국적기업에게 선택받을 수 있는 국가 만들기·지역 만들기를 목표로 6대 분야의 행정개혁을 추진했습니다. 그 안에서 국가와 지방의 행·재정 권한에 대한 수정이 이루어지면서, 지방분권일괄법 및 중앙성청 등의 개혁이라는 형태로 2000년과 2001년에 걸쳐 차례로 구체화됩니다. 그 과정에서 마지막으로 남은 과제가 시정촌 합병과 도도부현제도의 수정(도도부현 합병 및 도주제의 도입), 공무원제도의 개혁이었습니다.

도시재생과 합병 추진

1998년의 참의원선거에서 자민당이 도시지역의 선거구에서 대패하며 참의원 단독 과반수를 채우지 못한 것은 시정촌 합병 추진의 결정적 요인이 되었습니다. 지방교부세교부금 등의 재원을 시정촌 합병을 통해 지방에서 대도시로 중점적으로 이전시키고, 대도시에서의 정치기반을 '재생'시키려 한 것입니다. 이렇게 해서, 1999년에는 지방분권일괄법과 동시에 지방교부세 산정 변경 기간을 연장하고, 합병특례채 신설 등을 포함한 합병특례법의 개정이 이루어집니다.[3]

또한 2000년 12월에는 '시정촌 합병 후의 지자체 수 1000개를 목표로 한다'는 여당의 행·재정개혁추진협의회의 방침을 그대로 수치 목표로 삼은 '행정개혁대강'이 각의결정됩니다. 국가의 입장에서 보면, 지방교부세교부금을 시작으로 하는 지방재정 부담을 경감할 수 있을 뿐만 아니라, 좀 더 효율적으로 지방의 행·재정을 통제할 수 있게 됩니다. 그렇지만, 지방분권론이 거세지는 가운데 강제적인 합병은 받아들여질 리가 없었고, 지방분권의 수용론과 시정촌 합병론을 연결시켜, '자주적인 시정촌 합병을 적극적으로 추진'하기 위한 '자주성'과 '주민투표제도'의 도입이라는 한 문장을 넣을 수밖에 없었습니다. 다만, 주민투표제도의 도입은 일본청년회의소와 같은 지방의 개발지향적 기업가에 의한 광역합병 추진 운동을 염두에 둔 것이었습니다. 바로 여기에 정부의 '지방분권론' 강조와 이와 상반되는 강제적인 합병 추진이라는 모순되기 짝이 없는 모습이 생겨나는 근원이 있습니다.

고이즈미 내각의 발족과 그 후의 '골태방침'에서도 '신속한 시정촌의 재편'이 특별히 강조되었습니다. 이 방침에는 '개성 있는 지방'의 발전과 활성화를 촉진하는 것이 중요한 과제이며, 그러기 위해서는 시정촌 합병을 촉진해야 한다고 강조되어 있습니다. 그리고 재정적 자립을 위한다는 명목으로 지방교부세교부금의 삭감과 과소지역의 소규모 지자체일수록 많이 분배되었던 단계보정의 수정을 요구했습니다.

이는 1998년도 예산에서 구체화되어 인구 5만 명 미만의 지방자치단체의 교부금이 삭감되었으며, 다른 한편으로는 '도시재생'이라는 명분으로 대도시로 재정지출의 방향이 전환되었습니다. 이렇게 되면서, 교부금에 의존하고 있던 인구 소규모 지자체일수록 재정적자가 심각해져 합병으로 내몰리게 됩니다. 이른바, '병량兵糧 공격'* 속에서 지자체 수장이나 의회는 아무런 이득 없는, 오히려 손실을 가져오는 합병의 길로 들어서게 되었고 '삼위일체 개혁'은 이에 박차를 가했습니다.

이미 본 것과 같이, 시정촌 합병의 속내는 '국가의 모습을 바꾼다'는 명분으로 지방으로의 재정지출을 삭감하고, 이를 대도시 재생으로 돌리는 것이었습니다.

---

* 적의 식량보급로를 차단해 그 전투력을 약화시키는 공격법.

2. '글로벌 국가'로의 국가개조와 지자체 대재편

다국적기업 시대와 '글로벌 국가'로의 선회(旋回)

그럼, 경제의 글로벌화와 함께 추진되고 있는 '국가의 모습을 다시 만든다'라는 것은 어떠한 역사적 의미를 갖고 있을까요?

일본이 근대국가를 형성하면서부터 현재에 이르기까지, 과거 두 번의 시정촌 '대합병'이 있었습니다. 첫 번째가 정촌제의 발족과 함께 실시되었던 '메이지 대합병'이며, 그 다음이 1950년대 초의 '쇼와 대합병'이었습니다. 시마 야스히코는 전자를 자본주의 체제하에 7만 소농촌을 끌어넣은 것, 후자를 독점단계의 자본주의가 지주세력을 소멸시킨 후, 농촌지배망을 재편하는 것으로 특징지었습니다.[4]

이러한 관점에서 '헤이세이 대합병'을 특징짓는다면, 경제의 글로벌화 속에서 급속하게 추진된 '주민의 생활영역으로서의 지역'과 '자본의 활동영역으로서의 지역'과의 괴리를 후자를 중심으로, 강제적으로 재편·통합하는 것이라 할 수 있습니다. 즉, 다국적기업이 주도하는 '글로벌 국가' 만들기의 일환으로, 국내 지배체제를 재편하는 것으로 볼 수 있지 않을까요?

'글로벌 국가'로의 재편이란, 이미 언급한 것처럼 다국적자본 단계에 조응한 국가의 정책체계 및 관료기구의 재편성입니다. 이렇게 해서, 일국 내부의 독점자본주의가 금융과두제를 통해 해당 국가의 정치를 장악하고 있는 '국가독점자본주의적'인 정책체계나 지배체제를 파괴하고, 국내외 다국적기업의 축적활동을 지탱하는 '글로벌 국가'의 정책체계·지배체제로 '구조개혁'을 강제하게 됩니다. 특히, 농민이나 중소기업에 대해 일정한 보호를 강구해왔던 종래의 정책에 대한 근본적인 개혁을 더욱 필요로 하게 되는데, 그 전형적인 예가 1990년대 말부터 단행된 농업기본법, 중소기업기본법의 대폭적인 수정입니다. 이렇게, 국내외 다국적자본의 시장개방 요구에 협조하는 시장원리주의적인 정책으로 전환해, 소수의 좀 더 강한 경영체에게 재정지출을 집중시키고, 압도적 다수의 약소경영체를 배제하는 정책을 차례로 도입합니다. 이는 필연적으로 '지방' 지배체제의 변화를 동반하는 것으로, 인구 소규모 지자체의 지방교부세 교부금 삭감과 강제적인 시정촌 합병을 통한 재원의 대도시 집중이며, 농촌 지배체제의 광역적 재편인 것입니다.

합병 추진·수용의 기초과정

다른 한편으로, 정부 주도로 이루어지는 '국가의 모습을 다시 만든다'는 방침을 지역 측에서 수용하고, 그것을 적극적으로 추진하는 기반이 존재한다는 점도 짚어둘 필요가 있습니다.

2001년에 총무성의 시정촌 합병 추진의 별동대로서 '21세기의 시정촌 합병을 생각하는 국민협의회'가 설립되어, 정부와 일체가 된 추진 운동을 실시하고 있습니다. 이 협의회의 임원으로는 회장인 히구치 히로타로 樋口広太郎(아사히맥주 상담역 명예회장)를 시작으로 간사이경제연합회장(간사이전력)·일본상공회의소 회장(아사히카세이 旭化成)·경단련 부회장(소니)·일본경영자단체 연맹회장(도요타자동차)·경제동우회 대표간사(후지제록스) 등 재계인, 일본청년회의소 직전 회장, 연합회장, 방송매체 대표 들과 전국 농협중앙회 회장도 이름을 올리고 있는 것에 주목할 필요가 있습니다. 바꿔 말하면, 다국적기업을 중심으로 한 중앙재계에서부터, 지역을 기반으로 개발지향형 제안 운동을 실시하고 있는 청년회의소나 상공회의소 그리고 광역합병을 추진하고 있는 농협조직을 포함하는 지방경제단체가 중층적으로 조직되어 있습니다.

그럼, 이들 재계라인이 합병을 추진하는 이유는 대체 어디에 있는 것일까요? 2000년 12월에 경단련이 '지방재정개혁에 대한 새로운 대처'라는 제목의 문서를 발표합니다. 여기에는 시정촌 합병을 추진하는 이유로 '중소규모 지자체 행정의 전산화가 늦고, 지방자치단체마다 번거로운 인허가 등의 신청수속과 관청 내의 종적인 행정 등이 효율적·합리적인 기업활동의 전개에 방해가 되며, 사업비용을 상승시켜 글로벌한 시장경쟁에 장해가 되고 있다'[5]고 서술하고 있습니다.

즉, 앞에서 말한 '글로벌 국가'론과 같이, 글로벌 시장경쟁의 장해로서 지방자치단체별로 번거로운 인허가 수속으로 인한 '사업비용'의 상승을 지적하면서, 이를 없애기 위해 시정촌 합병, 나아가 도주제 도입이 필요하다는 논리입니다. 특히, 대규모 개발을 추진할 때, 복수의 지자체가 겹쳐 있는 지역에 걸쳐 이루어지는 경우가 많은데, 그것 자체를 장해로 인식하고 있는 것입니다. 이는 국내 복수의 지자체에서 사업소를 전개하거나, 혹은 국제적인 확장을 계속하고 있는 청년회의소 기업의 공통된 문제의식이기도 합니다. 게다가 이러한 이해利害에 대한 이들의 관심은 버블의 절정기였던 1991년의 행정개혁심의회 답신 때에도, 장기불황하에 있는 지금도 변함이 없습니다.

동시에 최근 기업의 입지활동을 보면, 복수의 사업소를 가진 도쿄계 기업, 오사카계 기업, 아이치계 기업 모두 대도시, 지방거점도시, 현청소재지에 사업소를 집중시키는 경향이 있습니다.[6] 1990년대 이후, 군郡 지역으로 새롭게 입지하는 분공장이 급속하게 감소했고, 오히려 도시로 지점이나 사무소가 입지하는 일이 현저해졌습니다. 지방자치단체도 이러한 지역 외 자본을 유치하기 위해 경쟁적인 도시 재개발을 실시하게 되었고, 정촌의 경우 시로의 승격, 일반시의 경우에는 특례시, 특례시의 경우에는 중핵시, 중핵시는 정령지정도시와 같이, 지위의 단계 상승을 요구하는 경쟁이 조직되었습니다. 그 유인은 그동안 정비되어왔던 이러한 도시 규모별 순위 매김과 개발 권한의 차이에 있습니다.[7]

이와 같이, '헤이세이 대합병'은 단순히 지방재정위기를 이유로 한 소규모 과소지자체인 농촌형 합병뿐만 아니라 개발지향성이 높은 정령도시형 합병과 중핵도시형 합병도 포함되어 있으며, 총무성·도도부현 차원에서의 관료적 통제와 재정정책이라는 당근과 채찍을 활용하며 추진되고 있다는 것에 주의를 기울여야 합니다.

합병 '특수'에 꿈틀거리는 건설업과 IT산업

여기에 합병 '특수'에 직접 관련되어 있는 기업군의 존재도 무시할 수 없습니다. 구舊 합병특례법에 근거한 합병특례채에서는 새로운 시의 건설이라는 이름하에 대규모 공공사업이 가능하게 되었습니다. 시즈오카靜岡 시와 기요미즈清水 시의 합병(인구 약 70만 명)의 경우, 상한 400억 엔, 이타코潮来 정과 우시보리牛掘 정의 합병(인구 3만 명)의 경우에는 상한이 58억 엔이었습니다. 그런데, 그중 국가가 부담하는 것은 약 70%로 나머지 30%는 지역의 부담이었습니다.[8] 이러한 대규모 사업의 대부분이 신규 건축이었으며, 그만큼의 건설수요가 예상된 것입니다.

예를 들어, 합병특례채의 최초의 적용 도시 중 하나가 된 효고 현 사사야마篠山 시(1999년 4월 합병)의 경우, '1999년부터 2008년까지 약 190억 엔의 특별채를 12개 사업에 투입할 예정'이며, 구체적으로는 '폐교된 중학교를 개축한 사사야마 어린이 박물관(총 사업비 18억 5000만 엔), 소장도서 23만 권의 중앙도서관(총 사업비 19억 9000만 엔), 시청 인근에 건설되는 시민센터(총 사업비 26억 6000만 엔) 등의 건설수요가 발생했습니다. 이러한 합병특별채를 통한 건설시장의 창출은 '장기간 불황에 허덕이던 건설업계에게 천재일우의 기회'이며, '개별 대형 종합건설회사는 호시탐탐 각 지역의 동향을 살피고 있다'는 보고도 있습니다.[9] 구조불황에 빠져 있던 대형 종합건설회사가 기사회생을 기대하며, 합병특례채 시장을 노리고 있는 것입니다.

합병특례채에 따르는 건설사업 규모는 현행 보통 건설사업의 1.3배 정도로 그중 약 2/3를 정부가 교부금으로 차후 연도에 부담하게 되어 있습니다. 3200개 지자체가 정부의 목표대로 1000개의 지자체로 집약되면, 10조 엔 정도의 행정투자가 새롭게 발생합니다. 이러한 '당근'으로 차려진 진수성찬은 정부가 추진하려는 행정비용 삭감과 모순되는 불합리한 지출입니다.[10]

게다가, 이와 같은 새로운 시 건설계획에 동반하는 건설수요와 함께, 대규모화된 새 지자체에서 민간투자사업PFI 시장에 대한 기대도 높아지고 있습니다. 〈그림 11-1〉에서 알 수 있듯이, 지자체의 인구 규모가 커지면 커질수록 PFI사업의 도입을 검토하거나, 현재 도입하고 있는 지자체의 비율이 증가하고 있습니다.

그리고 이번 대합병에서 건설업과 함께 불황에 빠져 있던 정보 관련 산업이 적극적으로 시장 확대에 편승하고 있다는 것이 큰 특징입니다. 예를 들어, 500km²가 넘는 광역합병이 이루어지게 되면, 시청에서 멀리 떨어진 주변부의 구정촌 주민에 대한 행정서비스가 현격하게 저하되기

〈그림 11-1〉 지자체의 PFI 도입 가능성(인구 규모별)

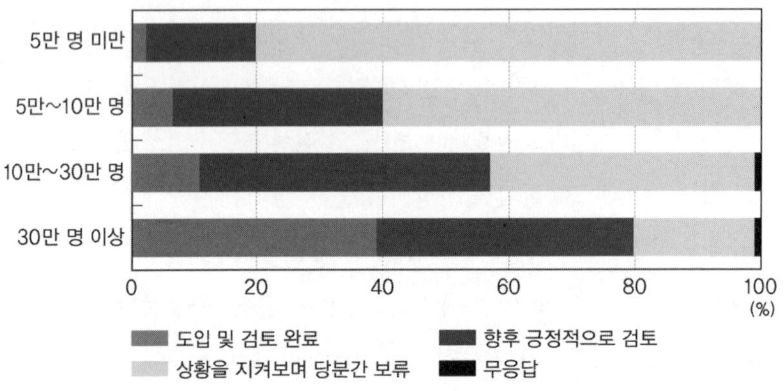

자료: 平成13年度内閣府委嘱調査,「PIFに関するる全国自治体アンケート」.

때문에, 총무성이 나서서 정보기술을 활용해, 시청에서 행정정보 네트워크 단말기를 지소나 우체국에 설치하는 대응을 장려하고 있습니다.[11] 히타치 제작소의 정보서비스 부문이 출판한 서적에는 '헤이세이 대합병이 메이지나 쇼와의 대합병과 크게 다른 점은 행정운영에 무엇보다 정보시스템이 깊게 관여하고 있으며, 정보시스템의 통합을 빼고는 생각할 수 없다는 것이다'라고 명확히 표현되어 있습니다.[12]

이렇게 해서, '헤이세이 대합병'은 단순히, 국가로부터의 '강제적 밀어붙임'이 아니라 성장지향형 기업가와 건설업, 정보산업 등 특정 산업으로 이익을 유도해 합병의 수용기반을 창출함으로써 '자주적'인 추진이 가능하게 되었습니다. 그렇지만 이와 같은 새로운 사업의 기회도 대형 프로젝트형 개발의 경우처럼 지역 내 기업이 아니라 거대기업이 수주하는 경향이 있습니다.

3. 시정촌 합병으로 지역은 '활성화'되는가?

고이즈미식 '구조개혁'의 논리

그럼, 정부가 말하는 것처럼, 시정촌 합병으로 지역은 '활성화'되는 것일까요? 이미 언급한 것처럼, 총무성 홈페이지에는 합병의 이점으로서 "좀 더 큰 시정촌의 탄생이 지역의 존재감과 '격'의 향상, 지역의 이미지 상승으로 이어지며, 기업의 진출과 젊은 세대의 정착, 중요 프로젝트의 유치를 기대할 수 있습니다"라고, 마치 시정촌 합병을 통해 지역의 활성화를 이룰 수 있다는 듯이 표현하고 있습니다.

문자 그대로 읽으면, 현재의 시정촌이 작기 때문에 지역경제가 활성화되지 않는다는 논리입니다. 그렇지만 지금의 지역경제의 쇠퇴는 결코, 현 시정촌제도나 그 규모 때문에 생겨난 것이 아닙니다. 제2장에서 자세히 언급한 것처럼, 장기간의 대불황과 지역산업 붕괴의 가장 큰 원인은 분명히 정부가 추진해왔던 경제의 글로벌화와 경제 구조개혁정책의 단행에 있다고 할 수 있습니다. 지역의 발전·활성화를 꾀하기 위해서는 시정촌 합병이 필요하다는 논리는 이러한 정부정책의 잘못을 숨기는 것이며, 지역경제 발전의 책임을 시정촌에 전가시키는 것이라고밖에 말할 수 없습니다.

시정촌 합병과 '지역 내 재투자력'

지금까지 서술한 것처럼, 지역의 활성화에는 '지역 내 재투자력'이 결정적인 요소입니다. 특히, 재투자의 주체로서 기초자치단체가 담당하는 역할은 과소지역의 소규모 지자체일수록 중요하다는 것도 제7장에서 설명했습니다.

그럼, 시정촌 합병으로 '지역 내 재투자력'은 어떻게 되는 걸까요? 언뜻 시정촌의 규모가 커지면, 투자의 규모도 확대되고, '지역 내 재투자력'도 커지는 것처럼 보입니다. 또한 합병특례채를 활용한, 대규모의 건설투자가 가능해지기 때문에 지역의 건설산업 관계자는 그에 대한 기대도 하고 있습니다. 그렇지만 이것은 큰 착각입니다.

우선, 정촌이 합병해 시가 되었을 때, 제도적으로 무엇이 변화할까요? 정촌에서는 복지사업소를 두는 것이 가능하지만 의무규정은 아닙니다. 따라서 대부분의 정촌에서는 현의 출선기관과 함께 정민 혹은 촌민에 대해, 생활보호 상담 등을 실시하고 있습니다. 하지만 시가 되면 복지사무소의 설치가 의무화됩니다. 둘째, 정촌에서는 상공회를, 시에서는 상공회의소를 둘 수 있는데, 상공회, 상공회의소 모두 보조금으로 운영되고 있습니다. 따라서 정촌이 합병하면, 당연히 현의 보조금도 삭감됩니다. 상공회도 재편되어 인원을 줄여야 합니다. 당연히 지소도 둘 수 없게 될 가능성이 커집니다. 그렇게 되면, 세금이나 융자에 관한 상담창구가 멀어지게 되고, 도시계획 구역이 있는 경우 조례로 특별히 정하지 않는 한, 시가지 구역 내 농지에 대해, 자동으로 택지보통과세가 적용됩니다. 실제로 변하는 것은 이 정도뿐입니다. 이러한 변화로 지역이 활성화된다고는 아무도 생각하지 않겠지요.

합병에 의한 '지역 내 재투자력'의 축소

그렇다면, 합병을 하면 실제로 지역경제는 어떻게 되는 걸까요? 〈그림

〈그림 11-2〉 교토 부 단고 6개 정(교탄고 시)에서의 세출 규모 변화 예측

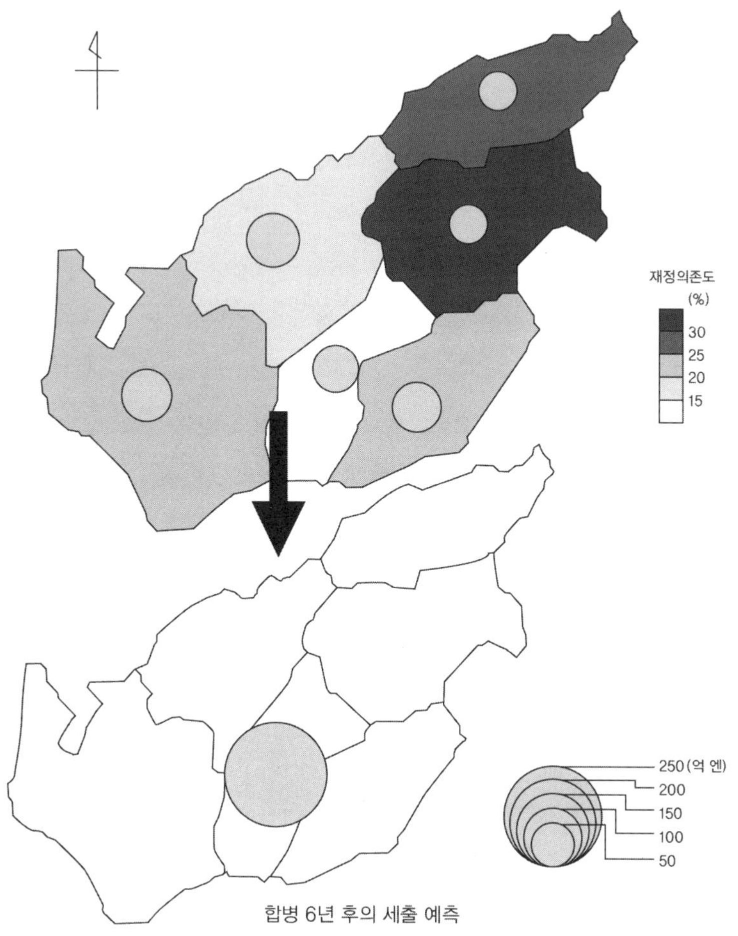

주: 재정의존도=1998년도 보통회계 세출액/1998년도 정 내 총생산.
자료: 丹後6町法定合併協議会 자료를 바탕으로 작성.

11-2〉는 교토 북부에 있는 단고 6개 정이 합병해 2004년 4월에 발족한 교탄고京丹後 시의 예를 보여주고 있습니다. 합병 전, 6개의 지자체는 각

〈그림 11-3〉 단고 6개 정에서의 교부세수입 시뮬레이션

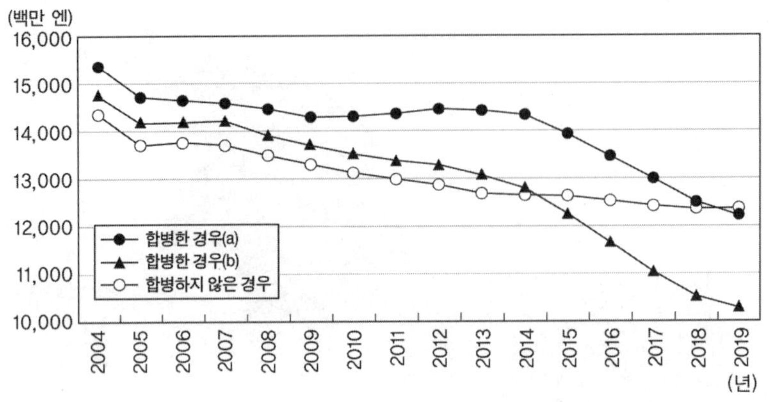

주: 합병한 경우(a)는 합병협회의 시뮬레이션 치이며, (b)는 (a)에서 특례채 조치 분(합병협의회 자료를 근거로 다케다 기미코(武田公子)가 계산)·합병보정·합병에 드는 특별교부세를 제외한 금액임.
자료: 岡田知弘 他 編,『市町村合併の幻想』(自治体研究社, 2003), p.94.

각 40억~70억 엔 정도의 재정규모를 가지고 지역에 자금을 공급하는, 이른바 심장과 같은 역할을 담당하고 있었습니다. 특히, 야사카弥栄 정의 재정의존도가 높았는데, 합병으로 인해 시청이라는 하나의 심장으로 통합되었습니다. 교탄고 시의 경우, 가운데에 위치한 미네야마峰山 정에 시청이 생겼습니다. 재정 규모는 교부금이 구舊 합병특례법의 지방교부세 교부금 산정변경특례를 통해, 장기적으로 축소되고 있습니다. 〈그림 11-3〉은 단고 6개 정의 합병협의회 자료를 근거로 한 교부금의 시뮬레이션입니다. 여기에서는 합병특례채의 발행을 전제로 그 상환에 해당하는 교부금도 포함해 추계했습니다. 그런데도 산정변경특례가 종료되는 16년 후에는 합병하지 않았을 경우를 역전하게 됩니다. 더욱이, 특례채의 상환분과 합병을 위한 필요 경비인 특별교부금을 제외하면, 합병 11년 후부터 합병하자 않았을 경우를 크게 밑도는 결과가 나옵니다. 따라서,

합병으로 면적은 커지는데 교부금 수입은 크게 감소하게 될 뿐입니다. 이것이야말로 총무성이 지방교부세 삭감의 수단으로 시정촌 합병을 추진한 이유 중 하나였던 것입니다. 또한, 2004년부터 '삼위일체 개혁'을 통해, 교탄고 시의 교부금은 추계치보다도 실제로 40억 엔 이상이나 감액되어, 새로운 시의 건설계획은 초년도부터 파탄이 나고 말았습니다. 똑같은 사태가 많은 합병지자체에서 발생했고, 또 강한 반발이 일어났습니다.

또한 합병신법에서는 합병특례채가 인정되지 않지만 5년간의 격변激變 완화 기간과는 별도로 최대 5년간의 산정변경특례가 적용됩니다. 신법 시행 초년도에 합병을 결정하면, 5년간 적용되는데, 연도별로 기간은 단축되는 구조입니다. 따라서 구舊 합병특례법과 비교해보면, 재정적인 '당근'은 상당히 축소됩니다.

어찌되었든, 일반적으로 과소지역일수록 정촌 사무소는 최대의 고용력을 가진 사업소입니다. 건설작업의 발주부터 사업용 문방구, 직원들의 점심이나 저녁식사에 이르기까지 사무소를 중심으로 한 자금순환으로 생계를 꾸려나가는 사업소가 많이 있습니다. 합병으로 사무소가 사라지게 되는 것은 당연히 이들 사무소와 거래를 하던 사업소의 경영활동에도 영향을 미치게 됩니다. 지금까지 지역의 각 세포에 혈액을 순환시키던 심장이 없어지면, 혈액의 순환경로가 단절되어 '괴사'하는 수밖에 없습니다. 따라서 새롭게 생기는 광역자치단체의 주변부에 위치한 지역일수록 지역이 쇠퇴할 가능성이 큽니다. 그렇게 되면, 지금까지 주변부에서 담세력과 고용력을 갖고 있던 민간경영체도 사무소가 사라짐에 따라 그 힘을 잃게 되며, 그 결과, 합병 후 해당 지역에서 민간기업의 담세력은 더욱 저하됩니다.

한편, 중심부에 투자력이 집중된다 하더라도, 그 자금이 지역 내의 구석구석 순환된다고 볼 수 없습니다. 이미 사사야마 시나 '사이타마埼玉 시'의 사례[13]에서도 명확히 나타난 것처럼, 많은 경우 합병특례채에 근거한 대형사업의 수주처는 지역 내 기업이 아니라 버블붕괴 후 경영위기에 빠져 있던 대형 종합건설회사입니다. 대규모 투자를 실시한다 하더라도, 그 과실이 지역 외로 유출되어버려 '지역 내 재투자력'의 원천이 되지 않는 것입니다. 동시에 그러한 건설투자는 지역 내 곳곳에서 이루어지지 않으며, 개발중점지역에 집중되는 경향이 있습니다.

실제로 이는 추정이 아니라 '쇼와 대합병' 때 전국 각지에서 경험한 역사적 사실이기도 합니다. 교토 부 북부의 미야즈宮津 시에 인접한 이와타키岩滝 정은 '쇼와 대합병' 때, 비합병의 길을 선택했습니다. 이 두 지자체에서 합병 시기인 1955년부터 2000년 사이의 정주定住 인구를 비교해보았습니다. 〈표 11-1〉과 같이, 이와타키 정은 180명이 증가했으며 미야즈 시는 33%나 감소한 것을 알 수 있습니다. 그중에서도 이와타키 정에서 가까운 미야즈 시의 구舊 촌이었던 세야世屋, 히비야日々谷, 요로養老에서 감소율이 높습니다. 특히, 세야에서는 87.7%, 히비야에서 75.3% 감소라는 큰 폭의 인구감소가 발생했습니다.

왜, 이러한 사태가 일어난 것일까요?

먼저, 합병으로 인해 사무소가 사라지고, 초등학교가 통폐합되고, 우체국이나 경찰서, 파출소도 사라졌습니다. 그리고 1963년에는 대폭설이 있었습니다. 이때에 많은 취락이 고립되었는데, 지방자치단체는 당연히 이러한 재해에 대한 방파제의 역할도 하고 있습니다. 소방서과 함께 신속하게 적절한 긴급 대비체제를 갖추고 긴급 공사도 할 수 있지만 합병으로 인해 이러한 기능을 할 수 없게 된 것입니다. 더 이상 그곳에 살 수

〈표 11-1〉 교토 부 북부에서 '쇼와 합병' 후의 구(舊) 정촌별 인구 동태

구분	실제 수(명)		증감 수	증감률(%)	비고
	1955년	2000년	1955~2000년	1955~2000년	
이와타키 정	5,842	6,022	180	3.1	'쇼와 합병'에서 합병 불참
미야즈 시 합계	36,200	24,205	-11,995	-33.1	1956.9.20 현재의 시 지역이 됨
미야즈	15,690	11,455	-4,235	-27.0	1924.9.1 미야즈 정과 구(舊) 조토 촌 합병
가미미야즈	1,454	1,677	223	15.3	1951.4.1 구(舊) 미야즈 정과 합병
구리타	4,122	2,581	-1,541	-37.4	1954.6.1 구(舊) 미야즈 정과 합병하여 미야즈 시로
유라	2,303	1,468	-835	-36.3	1956.9.20 구(舊) 미야즈 시와 합병
요시즈	2,992	2,094	-898	-30.0	1954.6.1 구(舊) 미야즈 정과 합병하여 미야즈 시로
후추	2,965	2,254	-711	-24.0	1954.6.1 구(舊) 미야즈 정과 합병하여 미야즈 시로
히오키	1,106	841	-265	-24.0	1954.6.1 구(舊) 미야즈 정과 합병하여 미야즈 시로
세야	1,235	152	-1,083	-87.7	1954.6.1 구(舊) 미야즈 정과 합병하여 미야즈 시로
요로	3,118	1,383	-1,735	-55.6	1954.6.1 구(舊) 미야즈 정과 합병하여 미야즈 시로
히가타니	1,215	300	-915	-75.3	1954.6.1 구(舊) 미야즈 정과 합병하여 미야즈 시로

자료: 京都府, 『京都府統計書』, 『宮津市統計書』 참조.

없게 된 주민들이 늘어났고, 그 결과, 게이한신의 대도시로 인구가 유출되는 현상이 일어나고 말았습니다. 만약, '헤이세이 대합병'이 정부의 목표대로 진행된다면, '쇼와 대합병' 때 구舊 촌이 경험한 사태가 전국 각지의 시정촌 지역에서 확대 재생산될 우려가 매우 큽니다. 합병은 지역경제에 플러스 요인이 될 가능성이 매우 적으며, 마이너스 요인이 될 가능성이 지극히 높습니다.

4. 합병으로 주민서비스·자치기능은 향상되는가?

합병과 주민서비스

앞에서 서술한 것처럼, 구舊 합병특례법에 의한 재정 효과는 특례 기간에만 나타나는 것이며, 교부금산정특례는 합병 16년 후에는 합병하지 않을 경우를 역전합니다. 합병특례채에 대해서도 약 1/3의 지역 부담을 지우고 있습니다. 이미 살펴본 합병특례채에 의한 '합병버블'로 재정위기에서 탈출은커녕, 오히려 빚의 지옥에 떨어지게 됩니다.[14]

사사야마 시의 경우, 합병특례채의 발행을 통해 합병 전인 1998년 시점에서는 1인당 58만 6000엔이었던 장기채무 잔고가 합병 후인 2000년에는 97만 1000엔으로 불어나, 매우 심각한 재정 상황에 처하게 됩니다. 결국, 사사야마 시에서는 합병 후 3년 만에 초등학교의 통합을 추진했고, 통학버스 요금도 2500엔으로 올리게 됩니다.

합병이 주민에게 미치는 영향을 가장 쉽게 알 수 있는 것이 행정서비스의 변화입니다. 합병 전의 시점에서는 행정의 각 분야에서 각각의 지자체가 개성 있는 독자시책을 전개했습니다. 시정촌 합병은 대등합병 방식인지, 편입합병 방식인지에 관계없이, 모든 행정서비스를 일체화해야만 합니다. 그래서 합병협의회에서는 수많은 항목의 조정협의가 이루어집니다.

합병협의를 순조롭게 진행하기 위해 '부담은 낮게, 서비스는 높게'를 목표로 내걸면서, 조정이 난항을 겪는 과제에 대해서는 합병 후로 결정을 미루는 경우도 발생합니다. 그렇지만 재정위기를 이유로 합병하는 지자체가 있는 이상, '부담은 낮게, 서비스는 높게'라는 목표는 금세 무너질 수밖에 없습니다. 오히려, '서비스는 낮게, 부담은 높게'가 될 공산이 큽니다. 덧붙여서, 정령 지정도시형 합병의 전형인 '사이타마 시'조차, 정령 도시 준비를 위한 경비가 불어나, 국민건강보험 등의 각종 보험료 인상이라는 행·재정 구조개혁을 실시하고 있습니다.[15]

인원 감축과 서비스 저하

또한 합병을 통해 재정효율성이 증가하고, 특히 인건비의 절약 효과를 기대할 수 있다는 말이 자주 언급됩니다. 확실히 수장의 수가 줄어들고, 의원의 수도 줄어듭니다. 하지만 문제는 직원의 수도 줄어든다는 것입니다. 그럼, 도대체 얼마나 줄어드는 것일까요?

니가타 현 도카十日 정 지역의 임의합병협의회의 홈페이지에 상세한 시뮬레이션 결과가 게재되었습니다. 〈표 11-2〉에는 직원의 수가 부문별로 어떻게 될지에 대해 자세히 나타나 있습니다. 2002년도의 합계치는 840명인데, 이를 특례조치 기한이 끝나는 2020년 단계에서 어느 정도 줄어드는지 계산해보면, 500명 체제가 된다는 결론이었습니다. 40%의 삭감입니다. 특히, 이는 농림 관계에서 약 2/3가 삭감된 수치입니다. 왜 이러한 일이 벌어진 것일까요? 그 이유는 〈그림 11-4〉에서 알 수 있습니다. 인구 1만 명 미만의 정촌에서는 토목비보다 농림업비가 많은 특징이 있습니다. 그런데 인구 규모가 커지면, 토목비 쪽이 커지게 됩니다. 도시계획이나 구획 정비 등 도시적 수요에 대응하기 위해서입니다. 따라서 그에 상응하는 형태의 인적 배치가 이루어질 필요가 발생합니다. 농촌에서는 지역의 산업구조가 변한 것도 아니고, 단지 합병으로 숫자가 더해져 인구 규모가 커진 것뿐인데도 인원은 감축되고 인사배치도 재편되어,

〈표 11-2〉 시정촌합병으로 인한 지자체 일반직원의 감소 예측

(단위: 명)

구분	도카마치시	2002년도 가와니시정	나카자토정	마쓰다이정	마쓰노야마정	합계	2020년도 유사단체	감소 수	감소율 (%)
합계	404	144	109	87	96	840	500	▲340	-40.5
의회	4	2	2	2	1	11	6	▲5	-45.5
총무	74	22	22	19	23	160	81	▲79	-49.4
세무	22	7	6	4	2	41	26	▲15	-36.6
민생	77	36	23	16	13	165	92	▲73	-44.2
위생	20	11	9	4	4	48	29	▲19	-39.6
노동	3	0	0	0	0	3	1	▲2	-66.7
농림수산	25	11	10	10	11	67	23	▲44	-65.7
중 농업	22	10	8	9	10	59	21	▲38	-64.4
상공	10	3	2	3	5	23	13	▲10	-43.5
토목	40	13	6	5	5	69	46	▲23	-33.3
교육	78	21	15	13	13	140	83	▲57	-40.7
병원	0	6	4	0	6	16	16	0	0.0
수도·하수도	37	6	6	7	4	60	50	▲10	-16.7
국민건강보험 등	14	6	4	4	9	37	36	▲1	-2.7

자료: 十日町広域圏合併任意協議会, 『長期財政の見通し』(2003.9).

〈그림 11-4〉 시정촌 결산에서 차지하는 농림수산업비와 토목비의 비중(2001년)

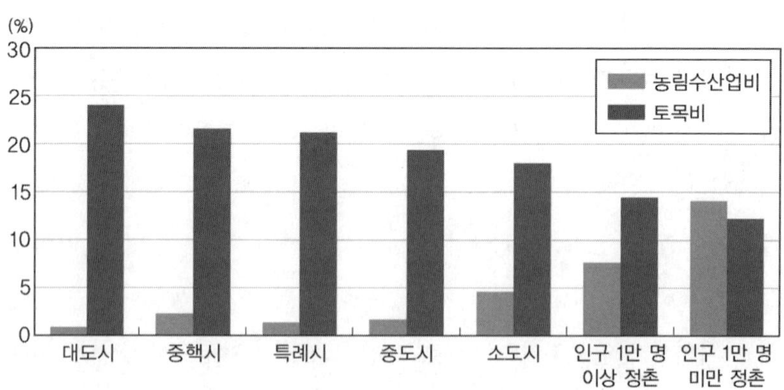

자료: 国立印刷局, 『地方財政白書(平成15年版)』.

농업지원이 약해지는 모습을 볼 수 있습니다. 이러한 점에서도, '지역 내 재투자력'을 향상시키는 실질적인 지원 업무를 할 수 없게 될 것입니다.

덧붙여서 일본의 공무원 수는 선진국과 비교했을 때 매우 적습니다. 이를 더욱 줄여서 외부화나 민영화, 지정관리자 제도의 도입을 통한 공무의 '시장화'가 이루어지고 있는 것입니다. 그렇지만 주민은 자신의 자치조직에 대해 세금을 납부하고, 사용료를 지불하며 그 반대의 급부給付로 행정서비스를 받는 존재입니다. 그러한 서비스의 대부분은 공무원의 손을 거쳐 이루어집니다. 합병을 하면 부담, 즉 세금은 높아질 것입니다. 부담은 많아지는데 그 사람을 거친 서비스는 줄어들거나 외부화되는 일이 벌어집니다.

또 한 가지는 주변 지자체의 문제입니다. 사무소가 없어진다는 걱정과 이로 인해 불편해지는 것이 아니냐는 이야기를 자주 듣습니다. 다시, 사사야마 시의 예를 들어보겠습니다. 이 시는 사사야마 정을 중심으로 구 사사야마 번藩 지역에 속해 있던 4개의 정이 합병해 탄생했는데, 그 당시 3개 정 측에서 합병을 해도 사무소의 직원은 남겨달라는 요청이 있었습니다.

그 결과가 〈표 11-3〉입니다. 합병 전에 309명이었던 직원이 합병 직

〈표 11-3〉 사사야마 시의 지소[구(舊) 사무소]별 직원 수의 추이

(단위: 명)

구분	1998년 합병 전	1999년 합병 시	2001년 합병 후
니시키	74	24	9
곤다	66	22	9
단난	169	39	16
합계	309	85	34

주: 모두 당초 연도 수치임.
자료: 篠山市 자료를 바탕으로 작성.

후에는 85명이 되었고, 이것으로도 효율성이 그다지 높지 않다는 이유로 행정개혁이 실시되어, 2년 후인 2001년에는 34명이 되었습니다. 니시키西紀 정에서는 74명이었던 직원이 불과 9명이 되어버렸습니다. 개별 부서의 업무는 모두 없어지고 창구업무만 남았으며, 1엔의 결재권도 없습니다. 재해가 발생해도 대응할 조직능력도 더 이상 없습니다.

5. 한 사람 한 사람이 빛나는 지역 만들기와 지방자치단체·주민자치

주민자치의 공동화

합병에 따른 인건비 삭감은 일반직원뿐만 아니라 의원 정원 수의 축소도 포함됩니다. 일반적으로 1/3로 의원 수가 줄어든다고 하는데, 이는 주민자치의 관점에서 보면 큰 문제입니다. 예를 들어, 주에쓰대지진으로 큰 피해를 입었던 야마시코山古志 촌은 2005년 4월에 나가오카長岡 시와 합병했는데, 의원 정원은 단 한 명뿐입니다. 만약, 소선거구제가 없어진다면, 단순 인구비로 봤을 때 한 명도 되지 않을 가능성이 있으며, 합병 전에 가지고 있던 행·재정 운영의 자기결정권도 없어집니다. 지역 만들기의 중요한 주체를 잃어버리는 것입니다. 동시에 이는 인구당 선출의원 수가 감소한다는 것이며, 그만큼 주민의 다양한 요구가 전달되기 어려워진다는 뜻입니다. 다른 한편으로, 합병으로 전체 인구가 많아지면 수장의 소환이나 직접청구의 성립 조건을 만족시키는 것도 곤란해집니다.

구舊 합병특례법에서는 지역심의회제도를 설치하고, 합병된 주변 지자체의 의향을 배려하는 조직의 설치를 추진했지만 이는 권고권밖에 없는 조직으로 시한이 정해진 것이었으며, 그다지 인기가 없었습니다. 그래서 지방제도조사회의 답신을 근거로 합병특례구라는 법인 격의 내부 자치조직의 설립을 허가하게 되었습니다. 하지만 이것 역시 시한이 정해져 있었으며, 수장의 임명으로 위원을 정하는 등 행·재정 권한도 상당히 제한되어 있습니다. 다만, 합병한 지역에서는 뒤에서 서술하는 것과 같은 조례장치 등으로 좀 더 유연하게 지역의 자치조직으로 활용하는 시도도 시작되고 있습니다. 그렇지만 독자적인 의회와 행·재정 권한을 가진 기초자치단체 쪽이 지역 만들기의 측면에서 더 힘을 발휘할 수 있다는 것은 말할 것도 없습니다.

소규모 지자체의 자치권을 빼앗은 결과는 무엇인가?

그렇다면 제27차 지방제도조사회의 니시오 사안에서 제안된 합병신법의 합병정책 기본방침에 나타난 것과 같이, 인구 1만 명 미만 소규모 지자체의 강력한 합병 추진은 경제적으로 어떠한 문제로 귀결될까요?

〈표 11-4〉의 왼쪽은 보통교부금의 인구 규모별 배분 상황을 나타내고 있습니다. 1998년부터 과소지역의 소규모 지자체일수록 많이 분배되었던 교부금 단계보정의 삭감이 시작됩니다. 이 변화를 1996년과 2001년도 구성비의 변화로 나타내 보았습니다. 명확하게 인구 5만 명을 기준으로, 그 아래는 삭감되었고 거꾸로 대규모 도시로 이전되고 있는 것을 알 수 있습니다. 소규모 지자체에서 대규모 지자체로 재원의 중점적인 이동이 이루어졌습니다. '삼위일체 개혁'을 통해, 도도부현 단위에서는 유일하게 도쿄 도만이 재원이 늘어나는 것 아니냐는 말도 있지만[16] 도시를 중시하는 정책이 이러한 형태로 구체화되고 있는 것입니다. 여기서 문제

〈표 11-4〉 지방교부세 보통교부금 추이(1996~2001년)와 소규모 지자체 비중

(단위: %)

구분	보통교부금 구성비			지자체 수	인구	면적
	1996년	2001년	증감률	2001년		
100만 명 이상	7.7	8.1	0.5	0.3	20.1	1.4
50만 명 이상~100만 명 미만	1.5	3.5	2.0	0.3	6.1	0.9
20만 명 이상~50만 명 미만	5.7	8.9	3.2	2.5	20.7	4.9
10만 명 이상~20만 명 미만	5.3	6.8	1.5	3.8	13.0	3.9
5만 명 이상~10만 명 미만	9.1	9.4	0.3	7.0	12.4	6.7
3만 명 이상~5만 명 미만	9.4	9.2	-0.2	8.3	8.1	7.8
1만 명 이상~3만 명 미만	28.3	24.7	-3.6	29.6	12.7	26.3
1만 명 미만	33.0	29.4	-3.6	48.1	6.5	48.0
합계	100.0	100.0	0.0	100.0	100.0	100.0

자료: 地方財政調査研究会, 『市町村別決算状況調(各年版)』 CD-ROM에서 계산.

인 것은 지자체 수, 인구, 면적이라는 지표에서 차지하는 1만 명 미만 지자체의 비중입니다. 2001년 지자체 수로 보면, 48.1%입니다. 인구로는 6.5%에 지나지 않습니다. 정치 세력으로는 턱없이 부족한 숫자입니다. 즉, 이곳에서 전원 반기를 든다 하더라도, 정권은 꿈적도 하지 않을 겁니다. 그렇기 때문에 이렇게 난폭한 개혁을 하는 것 아닌가 하는 생각도 들지만, 문제는 면적의 48%를 7% 남짓의 소수의 주민이 지탱하고 있다는 점입니다.

이러한 재정개혁을 통해, 국토의 약 절반을 차지하고 있는 인구 소규모 지자체를 없애고 그 지역에 대한 재정투자를 삭감해버리면, 지금도 간신히 이루어지고 있는 국토의 보전을 보장할 수 없게 됩니다. 이는 일본사회, 특히 도시사회에서 인간 생활의 안전성을 위협하는 것으로 직결되는 문제입니다. 그동안의 경제의 글로벌화 속에서 일본의 식량 및 에너지의 자급률은 극단적으로 저하되고, 그 공급을 둘러싼 불안정성도 확대되고 있습니다. 그렇게 되면 일본의 국민, 특히 도시주민의 식량과 에너지를 어떻게 안정적으로 확보할 것인가가 중요한 문제가 됩니다. 여기

에 식량·에너지 기반을 국내에 온존하면서 투자국가가 된 영국, 미국과의 결정적인 차이가 있습니다.

대도시 주민이 살아가기 위해 필요한 식량, 깨끗한 공기와 물, 에너지의 공급은 대체 어떻게 보장받을 수 있을까요? 대도시 주민의 생활안전은 농산촌 등과 같은 인구 소규모 지자체 없이는 있을 수 없습니다. 이러한 인식을 바탕으로 지금이야말로 일본의 농산촌에 투자해야 하는 시기 아닐까요? 하지만 고이즈미 정부는 다국적기업이 활동하는 대도시의 재생을 최우선하고, 이를 위해 지방에 대한 지출을 줄여서 대도시로 투입하려는 강한 자세를 보이고 있습니다. 이것으로 일본의 미래는 경제적인 재생산뿐만 아니라 인간 생명활동의 안전이라는 근본적인 부분도 지킬 수 없게 되어버리는 것 아닐까요? 소규모 지자체를 없애버리는 시정촌 합병은 지금, 개별 지역만의 문제가 아니라, 일본의 도시와 농촌의 물질대사 관계를 크게 붕괴시키는 국토 구조의 문제이기도 합니다.

지역의 지속가능한 발전과 주민자치

이미 서술한 것처럼, 시정촌 합병 문제는 그 지역만에 한정된 것이 아니라 열도상의 인간 생명활동의 안전과도 연관된, 일본의 미래를 규정짓는 중대한 문제이기도 합니다. 이 중대한 기로에서 그릇된 판단을 하지 않도록, 지역 및 국가의 주권자로서 주민 한 사람 한 사람의 현명한 판단이 요구됩니다.

지금, 사이타마 현 아게오上尾 시를 시작으로 주민 자신이 주민투표를 실시함으로써, 지역의 미래 모습을 스스로 결정하고 있는 지자체가 380곳을 넘어섰습니다. 그중에서 후쿠시마 현 야마쓰리矢祭 정과 야마나시

山梨 현 하야카와早川 정, 기후 현 시라카와白川 촌을 시작으로 개성 넘치는 지역 만들기를 실시해온 많은 지자체의 의회나 수장이 비합병을 선언했습니다. 이는 예전의 '메이지 대합병'이나 '쇼와 대합병'에서도 볼 수 없었던 것이며, '합병사史상, 새로운 한 획을 긋는 의미 있는 일'[17]입니다. 일본에서 지역주민주권의 정착과 새로운 지역 만들기에 대한 기운이 합병 문제를 계기로 크게 확산되고 있습니다. 이는 '자본의 활동영역'과 조응한 형태로 합병체의 범위를 확대하려 한 것이 '주민의 생활영역', 그리고 '자치의 영역'과 모순을 일으킨 필연적인 결과입니다.

이렇게 생각하면, 지역의 지속가능한 발전에는 주민자치와의 결합이 매우 중요하다는 것을 알 수 있습니다. 지역경제의 발전을 위해서는 주민의 생활영역을 기초로 한 '자치 단위'에서 '지역 내 재투자력'과 지역 내 산업연관을 구축해가는 것이 무엇보다 중요하며, 이를 기초로 좀 더 광역적인 투자 주체를 형성해, 중층적인 지역산업구조를 만드는 것이 바람직합니다. 그렇게 하면 광역적인 규모에서의 지역경제력도 강화됩니다. '지역 내 재투자력'을 육성하고 조직하는 것이야말로, 경제의 글로벌화 속에서 산업공동화가 진행되고 있는 현대의 지방자치체가 반드시 추구해야 할 산업정책의 기본 방향입니다. 또한 산업정책과 주민의 생활향상을 연결시키기 위해서는 생활영역을 기반으로, 자치와 정책 형성 및 실시에 대한 주민의 참가가 필수 조건입니다. 이를 통해 기초자치단체가 핵심 주체가 되어 하나의 지역 내에서 산업의 발전과 생활의 향상을 기대할 수 있습니다. 그리고 자연경관과 문화자산의 유지·확대를 유기적으로 연계함으로써 글로벌 경쟁하에서도 개인이 빛나는 지역을 형성할 수 있습니다. 물론, 모든 행정서비스를 기초자치단체가 담당할 필요는 없으며, 광역적인 사무조합이나 시정촌연합을 만듦으로써, 소규모 지자체를 보완하는 것도 가능합니다.

그러나 시정촌 합병을 통해 이러한 복합적인 구조가 붕괴되어 단일 지자체의 공간 규모에 통합되어버리면, 지방재정의 투자 총액이 1차적으로 증가한다 해도, 그 대부분이 일부지역에 중점적으로 투자되어 다른 지역은 뒤처지게 됩니다. 이는 정령도시화를 목표로 한 대도시형 합병에서도 마찬가지입니다. 현재의 정령도시 또한 구의 지역적 개성을 고려하지 않는 행·재정 체제이기 때문에 지역산업시책의 효과는 크지 않습니다.[18] 대도시에서는 합병이 아니라 도쿄 도처럼 구에 자치 권한을 부여하는 '협역적狹域的 자치제도'의 확립이 요구됩니다.

한편, 시정촌 내와 도도부현 내, 국토 내에서 필연적으로 발생하는 지역적 불균등 발전에 대해서는 각 영역별로 도시와 농촌의 균형 있는 발전이 가능하도록, 상급 정부가 광역적으로 보완해 지원하고, 링키지 제도를 설치해 대응할 필요가 있습니다. 그리고 지금 국가가 해야 하는 것은 소수 다국적기업의 단기적인 이익을 위해서가 아니라 지역사회와 인간의 재생산을 지속적으로 유지하는 것입니다. 이를 위해 국가는 글로벌화를 제어할 수 있는 다양한 제도적 장치를 마련해 경제 구조개혁정책을 근본적으로 전환하고, 지역별로도 주민이 안심하고 생활할 수 있도록 지방자치단체에 대한 재원을 제대로 보장해야 하는 것 아닐까요?

제12장

지역 만들기와 '지역주민주권'

1. 글로벌화와 '지역주민주권'

글로벌화의 모순과 지방자치단체의 역할

이미 반복해서 언급한 것처럼, 경제의 글로벌화 속에서 소수 다국적기업의 '경제성'과 인간의 '인간성' 중 무엇을 중시할 것인가에 대한 대립이 급속하게 퍼지고 있습니다. 그리고 그 대립이 지역의 현장에서 지역경제의 쇠퇴, 고용의 불안정화, 빈번한 자살, 사회적 범죄의 증가, 환경문제의 심화라는 심각한 사회적 모순으로 나타나고 있습니다. 그야말로 인간의 존엄뿐만 아니라 생명 그 자체가 글로벌리즘globalism에 의해 멍들고 있다고 말할 수 있겠지요.

이러한 모순이 지역의 현장에서 나타나고 있는 지금, 인간 스스로 생명과 존엄을 지키기 위해 자신이 생활하고 있는 지역을 자각적으로 형성해가는 지역 만들기가 반드시 필요한 과제가 되었습니다. 지역에서 인간다운 생활을 유지·발전시키려면, 주민 자신이 주권자의 일원이 되어, 지방자치단체와 국가의 정책에 관여해 다국적기업과 거대자본의 활동을 '성장의 관리'라는 사고방식으로 제어할 필요가 있습니다. 동시에 한 사람 한 사람 주민의 생활이 향상되도록, 그리고 지역의 지속가능한 발전이 가능하도록 지역 내 산업연관을 조직하고, '지역 내 재투자력'을 향상시키는 것이 중요합니다. 이러한 지역 만들기의 중요한 주체는 역시 지방자치단체이며, 특히 기초자치단체라 할 수 있습니다.

실제로, 사카에 촌을 시작으로 하는 전국의 훌륭한 지역 만들기 사례를 보면 알 수 있듯이, 소규모 지자체이기 때문에 지역사회에서 생산과 생활, 인간의 활동과 자연과의 관계를 더욱 총체적으로 인식하고, 또 한 사람 한 사람의 주민을 두루 살피는 행정을 전개할 수 있습니다.[1] 그 과정에서 주민은 지방자치단체에 대해 단순히 의견을 말하거나, '관객'으로서 방관하는 존재가 아니라 스스로 지역 만들기의 내용을 기획·제안하고 실천하는 '실천적 주민자치(다카하시 히코요시 사카에 촌 촌장의 말)'의 주체가 됩니다. 이를 통해, 고령자도 현역으로 일하면서 꼼꼼한 재택의료·재택 간병서비스를 받을 수 있습니다. 이렇게 인간으로서의 존엄을 갖고 '고통 없이 편히 죽음'을 맞이할 수 있는 조건을 정비함으로써, 1인당 노인의료비를 낮추고 간병보험료, 국민건강보험료도 대도시에 비해 지극히 낮은 수준으로 책정하는 재정의 '효율성'도 동시에 실현 가능합니다.[2]

지방분권의 한계와 지역주민자치

이러한 지방자체단체의 권한을 확충하기 위해 '지방분권'의 목소리가 높아지고 있으며, '지방분권'을 담당하는 행·재정기반을 확립하기 위해,

국가 주도의 '시정촌 합병'이 강력하게 추진되고 있습니다. 그렇지만, 여기서 말하는 '지방분권'에는 큰 한계가 있습니다. 국가는 재정위기에 대응하기 위해, '지방'에 대한 행정권한 이전을 선행했지만, 재원이양은 하지 않았습니다. 이에 대한 지방자치단체의 반발로 '삼위일체 개혁'을 실시했지만 이것도 총액으로는 지방자치단체의 재원을 오히려 축소시키는 것이며, 교부금제도의 개악改惡을 통해, 소규모 지자체일수록 기본적인 주민서비스조차 유지할 수 없는 수준의 행·재정개혁을 추구한 것입니다.

지방자치는 단체자치와 주민자치의 두 측면이 갖추어져야 비로소 의미를 갖습니다. 지방분권이란, 단체자치의 측면에서 국가와 지방자치단체와의 권한 분배 관계의 변경에 지나지 않습니다. 문제는 주민자치의 측면입니다. 시정촌 합병은 앞 장에서 언급한 것처럼, 필연적으로 주민자치의 공동화를 야기합니다. 주민자치를 소홀히 한 채, 단체자치의 기능을 향상시킨다 해도 주민생활이나 지역의 지속가능한 발전은 어렵습니다. 따라서 '지방분권'이 아니라, 주민이 스스로 자신의 생활영역의 모습을 결정하고, 또 스스로 실천해가는 '지역주민주권'이 반드시 필요한 시대인 것입니다. '지역주민주권'이란 말 또한 제가 만들어낸 것인데, 이는 '지방분권'의 한계를 의미합니다. 국가가 상위에 서서, '지방'에 대해 권한을 행사하는 '지방분권'이 아니라 주민이 주권을 발휘해서 지역의 모습을 결정할 수 있는 것이 더욱 중요하다는 의미를 담고 있습니다. '지역주권'이라는 말도 있지만 이것도 누구에게 주권이 있는지 명확하지 않습니다. 경우에 따라서는 광역화된 지방자치단체의 단체자치조차, 일단 성립되어 있으면 '지역주권'의 주체가 되어도 괜찮다는 의미로도 받아들일 수 있습니다. 그런 것이 아니라, 헌법상에서도 규정된 주권자로서의 주민이 적극적으로 자치활동을 실시하면서, 지방자치단체의 역할에 대한 방향을 설정하는 것이 중요합니다.

이러한 지역주민주권론의 관점에서 보면, 이번 '헤이세이 대합병'을 계기로 한 주민자치의 향상에서 주목할 것이 있습니다. 주민투표 운동의 획기적인 확대와 자립을 결정한 다수의 시정촌의 존재, 합병한 광역자치단체 내 지역자치조직의 내실화, 분리·자립을 둘러싼 새로운 움직임 등, 다양한 형태로 지역주민주권이 발휘되고 있습니다. 이러한 대처들은 '지역의 미래 모습은 주민 자신이 결정한다'는 주민자치의 새로운 지평을 열어, 지역 만들기를 위한 '창조력'이 되고 있습니다.

2. 합병 문제를 계기로 한 주민투표의 역사적 확대

합병을 둘러싼 주민투표의 역사

이번 '헤이세이 대합병'을 둘러싼 주민투표는 제도적으로 두 종류로 나눌 수 있습니다. 하나는 1999년에 개정된 시정촌 합병특례법(이하, 특례법)에 기초한 것이며, 다른 하나는 법이 아닌 지자체의 조례제정에 의한 것입니다.

특례법에 근거한 주민투표는 유권자의 1/50 이상이 직접청구를 통해 합병협의회의 설치를 요구하는 경우에 한해 인정되며, 합병의 찬반을 묻는 주민투표나 합병협의회에서 탈퇴를 요구하는 주민투표로는 적합하지 않습니다. 즉, 합병 촉진을 위해 만들어진 법제도라 할 수 있습니다.

실제로 법률에 근거한 주민투표제도는 전후 초기에도 존재했습니다. 이 점은 우에타 미치아키上田道明의 『자치를 묻는 주민투표自治を問う住民投

票』라는 책에 자세하게 나와 있는데, 이 책을 바탕으로 간단히 소개해보겠습니다.[3]

먼저, 1948년에 시행된 지방자치법 부칙은 연합군 총사령부GHQ의 의향을 반영하여 2년간 한시적으로 전쟁 중에 강제 합병된 지역을 이전 상태로 되돌리기 위한 주민투표제도를 실시하는 내용을 담고 있었습니다. 주민투표는 경계의 변경에 대해, 지역유권자의 1/3 이상의 요구가 있으면 실시한다는 것이었습니다.

그리고 '쇼와 대합병' 때의 정촌합병촉진법(1953년 시행) 및 그 후의 신시정촌건설촉진법(1956년 시행)에도 주민투표제도가 포함되어 있었습니다. 이들 제도는 몇 가지 서로 다른 점이 있지만, 기본적으로 주민이 스스로의 의사로 합병의 찬반을 결정하는 것이 아니라 지사의 합병권고에 대해 해당 지자체의 의회가 반대의 판단을 한 경우, 지사가 주민투표를 청구할 수 있다는 점은 공통된 사항이었습니다. 지방자치법 제정 당초와 비교해보면, 주민의 청구권이 인정될 수 없었다는 것에 상징적으로 나타나 있는 것처럼, 명백하게 주민자치가 부정되었습니다. 이는 무엇보다도, 국책으로 시정촌 합병의 추진을 최우선하기 위해서는 주민투표도 이용한다는 성격의 것이었다고 해도 좋겠지요.

덧붙여서, 이들 세 가지 법률을 바탕으로 시정촌 합병과 경계변경을 둘러싼 주민투표는 총 100건 이상 실시되었습니다.

이러한 흐름에서 보면, 1999년의 합병특례법 개정을 통해, 주민투표를 일정 부분 인정한 것도 어떤 측면에서는 국책으로 시정촌 합병의 촉진을 목적으로 한 내용을 담고 있다고 할 수 있습니다. 그렇지만, 다른 면에서는 1996년의 니가타 현 마키巻 정에서 원자력발전소 입지를 둘러싼 주민투표 이후, 급속하게 거세진 주민투표 제도화의 요구와, 때마침 지방분권 개혁의 흐름에 대응해야 했다는 점도 중요한 요인 중 하나입니다. 주지하는 바와 같이, 일본의 지방자치법에는 주민투표제가 법적인 위치를 부여받지 못했고, 이를 실시하기 위해서는 지방자치단체가 조례를 제정할 필요가 있습니다. 조례는 수장이나 의원이 제안하는 경우도 있으며, 주민이 조례제정의 직접청구라는 수단을 통해 제안할 수도 있습니다.

'헤이세이 대합병'을 계기로 확산된 주민투표

일본에서 처음으로 주민투표조례가 제정된 것은 1982년의 고치 현 구보카와窪川 정의 원자력발전소의 입지 문제를 결정하기 위해서였습니다. 하지만 실제로 투표가 실시된 것은 1996년 니가타 현 마키 정의 원자력발전소 입지에 대한 찬반을 묻는 주민투표가 최초입니다. 그 후, 원자력발전이나 산업폐기물시설 등의 입지를 둘러싸고 주민투표가 전국 각지에서 전개됩니다. 지역의 미래에 원자력발전이나 산업폐기물시설, 혹은 가동可動 댐이 필요한가를 놓고, 지역 전체가 학습과 토론을 통해 주민 자신이 스스로 지역의 미래 모습을 결정하고 주민자치의 새로운 지평을 연 것으로 주목받게 됩니다.[4] 그런데 '헤이세이 대합병'이 정부에 의해 강력하게 추진되면서, 새로운 형태의 조례제정형 주민투표제도의 요구와 제도화, 투표의 실시가 요원의 불길처럼 퍼졌습니다. 그 최초의 사례가 사이타마 현 아게오 시의 주민투표이며, 주민은 '사이타마 시'와 합병하지 않는 길을 선택합니다.[5] 지금까지 '혐오시설'의 입지 문제에 국한되었던 주민투표 운동이 전국의 모든 지역주민과도 관련된 시정촌 합병 정책을 계기로 단번에 확대된 것입니다.

덧붙여서, 우에타 미치아키의 집계에 따르면, 주민투표조례의 제정 건수는 2002년 이후 급증해, 2002년 45건에서 2003년에 145건, 2004년에는 219건으로 늘어났습니다. 그 가운데, 압도적 부분을 차지한 것이 합병 관련 조례이며, 2001년부터 2005년까지의 누적 건수는 393건에 달했습니다. 부결된 것까지 합하면, 859건이 조례안으로 상정되었습니다. 또한 2001년부터 2005년 3월 말까지 합병 관련 주민투표조례의 제안자별 의안 성립률은 주민에 의한 직접청구가 19.9%, 수장 제안이 91.3%, 의원 제안이 45.1%였습니다.[6] 주민의 직접청구가 이루어져도 80%는 부결되어버리는 상황에서도 주민투표를 대신해 합병의 찬반을 묻는 주민 의향 조사나 설문조사가 실시되는 곳이 적지 않았다는 것에도 주목할 필요가 있습니다.

2005년 3월 말일의 구舊 합병특례법 기한까지, 전국 지자체 수의 10%가 넘는 379개 시정촌에서 주민투표나 이에 준하는 투표 방식으로 주민 의향 조사가 실시되었으며, 합병협의회에 대한 참가를 묻는 주민투표도 69개 시정촌에서 이루어졌습니다.[7] 주민투표 결과, 139개 시정촌이 자립 혹은 단독을 결정했습니다.

지역의 미래는 주민 자신이 정한다

이번 '헤이세이 대합병'에서 주민투표를 실시한 지자체 수는 합병 문제를 계기로 한 주민자치의 향상이라는 점에서 보면 빙산의 일각이라 할 수 있습니다. 하지만, 중요한 것은 주민투표의 배경에는 주민투표조례를 요구하는 주민운동이 있었다는 점입니다. 이는 앞에서 언급한 것처럼, 전체 시정촌 수의 약 1/4에 해당하는 859건의 주민투표조례안이 부의附議

된 것에서도 확인할 수 있습니다. 예를 들어, 교토 부 내에서 주민투표조례가 의회 다수의 찬성으로 가결되어 실시된 지역은 이네伊根 정 한 곳뿐입니다. 그렇지만 주민투표조례를 제정하는 직접청구 운동은 교토 부 이하, 13개 지자체로 퍼졌습니다. 특히, 오에大江 정, 야쿠노夜久野 정, 미야마美山 정은 주민단체가 몰두한 주민투표조례제정의 직접청구 서명 수가 전체 유권자 수의 60%를 넘는 수치를 기록했습니다. 이 밖에도 교토 부에서 가장 먼저 합병 이야기가 진행되었던 단고 지역의 6개 마을에서 유권자 대비 평균 40%에 달하는 직접청구 서명을 받았음에도, 모두 정의회에서 부결되어버린 경과가 있습니다. 각 정장이 의회에 제안할 정도의 복잡한 문제는 주민투표와 어울리지 않고, 지방자치법대로 정의회에서 결정하면 된다는 것이 이유였습니다. 이렇게 직접청구 운동으로까지 이르지 못했지만 '합병 문제를 생각하는 모임' 등과 같은 방식으로 무수한 주민단체 운동이 전국 각지에서 전개되었습니다.

이렇게 다양하고, 다각적인 주민운동 축적의 결과, 시정촌 합병은 정부의 당초 목표대로 이루어지지 않았습니다. 2005년 3월 31일 구舊 합병특례법기한이 끝나는 시점에서 2395개였던 시정촌은, 2004년의 동同 법 개정으로 합병에 뛰어든 곳을 더해도 2006년 3월 말까지 1822개의 시정촌이 남았습니다. 당초 정부가 내걸었던 목표인 1000개 지자체에 굉장히 못 미치는 수치입니다. 덧붙여서, '쇼와 대합병' 때의 정부의 목표달성률은 3년 만에 98%에 달했습니다. 이에 비하면 매우 큰 차이입니다. 전후 일본 헌법 및 지방자치법의 이념이 전국 각지에 정착되어, 정부나 도도부현의 반강제적인 합병정책에 의문을 갖고 자신이 살고 있는 지역의 미래는 주민 스스로 판단하고 결정한다는 본래 지방자치의 흐름이 확실하게 퍼지고 있습니다.

지역의 미래를 주민 스스로 결정하기 위해 여러 가지 장해에 부딪히면서도 주민투표조례의 제정을 요구하는 청원이나 직접청구, 수장이나 의원소환 그리고 수장선거에 이르기까지, 다각적인 민주주의 수단이 차례로 실행에 옮겨지고 있다는 것이 놀라울 정도입니다. 시가 현 히노日野 정에서는 주민투표조례제정 운동에서 정장 소환 운동으로 발전했고, 주민운동의 대표가 정장으로 당선되어 자립의 길을 선택했습니다. 또한 아오모리 현 나미오카浪岡 정에서도 합병을 반대하는 주민운동이 정장을 소환하고, 새 정장을 당선시켜 이미 합병 협의가 종료되었던 아오모리 시와의 합병에 대한 찬반을 묻는 주민투표를 실시한 끝에 지방자치법에 근거한 분리의 길을 모색하고 있습니다.

바야흐로 주권자로서의 주민에 의한 지방자치의 창조적 발전이라 해도 좋겠지요. 그리고 지금까지의 주민운동과는 다르게, 사회계층과 정치신조에 관계없이 '마을을 사랑한다', '마을이 사라져서는 안 된다'는 의견이 한뜻으로 모여, 주민의 네트워크가 폭넓게 조직된 것도 큰 특징입니다. 특히, 주민투표조례제정 운동이나 주민투표·의식조사에서 비합병·자립을 선택하는 운동에는 이러한 폭넓은 주민층의 공통된 인식이 반드시 존재합니다.

시정촌 합병 문제는 정말로 주민투표에 어울리지 않는가?

그런데 주민의 압도적 다수가 주민투표를 바라고 있음에도 불구하고, '합병 문제는 주민투표에 어울리지 않는다'며 수장이나 의회가 완고하게 조례화를 거부하는 경우도 있습니다.

과연, 주민투표는 합병 문제와는 어울리지 않는 제도일까요? 결론을 먼저 말하자면, 그렇지 않습니다. 정부의 지방제도조사회가 1976년에 정리한 제16차 답신에는 '일본 지방자치제도의 기본적인 구조는 의회 및 의장에 의한 대표민주정이지만, 사안에 따라서는 주민투표를 통해 주민 전체의 의사를 직접 확인하는 것이 적절한 경우가 있다고 판단된다'라며, 그 '적절한 경우'의 첫 예로서, '지방공공단체의 배치·분합'을 들어, 이에 대해 '주민투표제도를 도입할 필요가 있다'고 명기하고 있습니다. 더욱이, 주민투표제도의 제도화가 논의의 대상이 된 2000년 제26차 답신에서도, 주민투표를 대표민주정의 보완적 제도로 계속해서 검토할 여지가 있다고 하면서, '단, 시정촌 합병과 같은 ① 지방공공단체의 존립에 관한 중요한 문제와 ② 지역에 한정된 과제에 대해서는 그 지역에 사는 주민 자신의 의사를 묻는 주민투표제도의 도입을 꾀하는 것이 적당하다'고 명확하게 언급하고 있습니다.[8] 문제는 법률상으로는 주민 발의의 합병협의회 설치에 대한 주민투표만을 인정하고 있다는 점입니다. 답신을 문자 그대로 읽는다면, 주민투표제도는 정말로 시정촌 합병 문제에 가장 적합한 지방제도상의 법적 수단인 것입니다.

주민투표 운동에서 지역 만들기 운동으로

주민투표는 결코, 단순히 합병 문제에 대한 (○)나 (×)를 선택하는 문제가 아닙니다. 합병을 하게 되면 지역의 미래는 어떻게 될 것인가에 대해 주민이 모여 다방면에서 검토하고, 또한 자립을 위해서 어떤 재정개혁이나 지역 만들기가 필요한지에 대해 학습하고 생각하는 대처가 많은 지역에서 이루어졌습니다.[9] 물론, 합병을 추진하기 위해 수장 혹은 의회가 중심이 되어, 합병협의회에서 어떠한 논의도 하기 전에 '재정위기이니 합병밖에 없다'라는 추상적이고 부정확한 정보만을 흘려, 주민투표를 통해 합병을 확고히 해버리는 사례도 있습니다. 하지만 그런 경우에도 합병에 관해 주민이 자주적으로 학습하거나, 자립과 지역 만들기의 방향성에 대해 진지한 논의가 반드시 이루어지고 있습니다. 지자체의 존립에 대해 생각하는 이상, 지역 만들기를 어떻게 할 것인가라는 문제를 반드시 생각할 수밖에 없기 때문입니다.

따라서, 주민투표를 요구하는 운동이나 합병 문제를 생각하는 운동은 필연적으로 지역 만들기 운동으로 이어지게 됩니다. 실제로 주민투표를 통해 각각의 주민이 합병에 대해 비판을 제기한 곳에서는 지역 만들기에 대한 주민의 주체적인 참가의식이 크게 향상되었습니다.

그 한 가지 예로, 후쿠시마 현 사메가와鮫川 촌에서는 2003년 7월에 '합병의 찬반을 묻는 주민투표'가 실시되어, 합병 반대가 71%로 압도적 다수를 차지했습니다. 촌내에서는 촌직원노동조합과 상공회 청년부, 그리고 지역 만들기 임의단체인 '설레는 마을 만들기', '몽락夢楽회의21' 등 4개 단체가 '마을 만들기와 합병을 생각하는 모임'을 결성해, 폭넓은 합병 반대 운동을 전개합니다. 그 투표결과를 받아들여 합병협의회는 해산했고, 전前 촌장은 사임했습니다. 그리고 그다음 달 촌장선거에서 '임기 중에는 합병하지 않겠다'는 공약을 내걸었던 지금의 촌장이 당선됩니다.

이 마을로 조사를 나갔을 때, 촌사무소와 의원 그리고 주민 모두와 간담회를 가질 기회가 있었습니다. "지방교부세교부금이 대폭 삭감되어 촌의 재정이 심각한 상황인데 어떤 지역 만들기를 바라십니까?"라는 질문에 촌 사무소 근처에서 음식점을 경영하면서 특산품 개발에 몰두하고 있던 한 여성경영자가 "장사를 생각하면 재정삭감은 솔직히 참을 수 있습니다. 그렇지만 우리가 주민투표로 자립을 결정했기 때문에 우리에게도

책임이 있습니다. 지금 하고 있는 들깨 농사를 한층 넓혀가고 싶습니다" 라고 발언한 것을 지금도 잊을 수 없습니다. 또한 유기농업에 종사하고 있는 전업농가 쪽에서도 "농업이나 상업을 하다 보면, 경기가 좋을 때도 있고 나쁠 때도 있다. 경기가 나쁘다고 해서 버둥버둥하는 것이 가장 문제이다. 이럴 때는 계속 견디면서 기반을 다지는 것이 중요하다"라고 말하면서, 일본에서 제일이라 해도 좋을 정도의 청정한 사메가와 촌의 물과 땅을 활용한 농업경영과 마을 만들기의 꿈에 대해 열렬히 이야기했습니다. 재정이 심각한 상황일수록 이러한 주민의 지혜와 경영감각에서 배우고 주민과 협동하는 지역 만들기를 전개할 필요가 있습니다. 주민투표의 과정은 주민 자신이 지역과 시정촌의 심각한 실정을 정확하게 인식하고, 지혜와 힘을 합쳐 어려운 상황을 타개하기 위한 매우 중요한 학습의 장이 되었다고 할 수 있습니다.

이는 주민투표에서 합병을 결정한 경우에도 적용될 수 있습니다. 주민이 의사결정에 참가하지 않고 소수의 수장이나 의원이 일방적으로 결정하는 경우와 비교했을 때, 합병한 이후의 지역 만들기에 대한 참가의식과 책임감은 크게 달라집니다. 합병을 통해 지역의 '활성화'를 꾀하려면, 주민투표를 바탕으로 제대로 주민과 함께 학습하고, 결단하는 쪽이 훨씬 효과적입니다.

3. 합병한 광역자치단체에서 확산된 새로운 자치의 태동(胎動)

지역협의회와 지역자치기능의 확충

그럼, 주민투표를 하지 않고 합병해버린 많은 지자체, 혹은 이미 존재하고 있는 정령시와 같은 광역자치단체에서는 지역의 지속가능한 발전을 위해 어떻게 하면 좋을까요? 이러한 지역에서도 지역주민주권을 강화하면서 주민자치의 실질화를 꾀하려는 창의력 넘치는 대처가 지역의 현장에서 시작되고 있습니다.

이미 언급한 것처럼, 합병을 추진하기 위해 구舊 합병특례법에서는 합병된 주변 지역을 대상으로 한 지역심의회나 합병특례구와 같은 제도를 합병특례법에 포함시켰습니다. 하지만 이는 한시적인 것으로 임원도 수장에 의한 임명제이면서, 행·재정 권한도 제한되어 있습니다.

이러한 한계를 극복하기 위해, 기후 현 에나惠那 시와 합병하게 된 야마오카山岡 정에서는 합병 후의 '지역자치정부'의 역할을 하는 특정 NPO '마을 만들기 야마오카'가 발족되어, 총무기획, 재무, 산업경제, 스포츠진흥, 방재·교통, 환경보전, 여성활동조직 등 16개 위원회를 두고 있습니다. 정의 거의 모든 행정 분야를 망라하고 있으며, 임원·위원으로 130명이 참가하고 있습니다. 야마오카 정에서는 '쇼와 대합병' 후, 구舊 8개 촌이 구區의회제도를 가지고, 구장회區長會가 큰 역할을 해온 역사가 있어, 이것이 이러한 '지역자치정부' 만들기로 이어졌다고 할 수 있습니다.[10] 지정관리자 제도를 활용해서 NPO법인을 합병 전 자치단체 단위에서 지역 만들기의 거점으로 활용하는 방법은 니가타 현 조에쓰上越 시 야스즈카安塚 구, 효고 현 도요오카豊岡 시와 합병한 이즈시出石 정, 시즈오카 현하마마쓰浜松 시에 편입된 사쿠마佐久間 정에서도 볼 수 있습니다.

조에쓰 시에서는 합병특례법을 근거로 구舊 조에쓰 시 지역 이외의 주변 13개 정촌에 지역자치구를 두는 동시에 지역협의회를 설치하고, 지역 만들기 단체로서 NPO나 임의단체를 각 구에 만들고 있습니다. 이들 단체의 대다수는 구舊 정촌으로부터 기부를 받아 지역 만들기 기금으로 사용하고 있습니다. 조에쓰 시의 지역협의회제도에서 주목되는 것은 첫째, 지역협의회 위원을 공선으로 뽑는다는 점입니다. 정원은 거의 합병 전의 의원 수와 같으며, 위원은 무급입니다. 시장은 선거에서 뽑힌 위원을 법에 근거해 선임하는 구조입니다. 둘째, 시가 합병시의 신新시건설계획을 변경하려는 경우나 지역자치구 내에 공공시설 등의 설치·폐지 등을 결정하는 경우, 미리 지역협의회에 의견을 물어야 합니다. 셋째, 특례법의 기한이 끝난 후에도, 현 시장은 조례 등의 법령조치를 근거로 구舊 조에쓰 시가지를 포함해 지역자치조직을 확충하고 계속하는 방향을 표명하고 있습니다.

광역·대규모 도시에서의 지역자치조직 만들기의 필요성

광역자치단체에서는 이번에 합병한 시정촌 단위 혹은 쇼와 대합병 당시의 구舊 촌을 모체로, 이러한 지역자치조직을 만들어 각각의 개성을 살린 지역 만들기의 거점으로 확립해가는 것이 필요합니다. 이때 중요한 것은 조에쓰 시처럼 주민의 자치조직으로서 위원공선제 등의 방법을 취하면서, 동시에 새로운 시가 해당 지역주민의 의향을 존중하는 제도를 만드는 것입니다. 그리고 여기에 새 지자체에 의한 구舊 정촌별 통계의 정비가 반드시 필요합니다. 합병으로 새로운 시가 되면서 통계가 일체화되어, 구舊 정촌 단위에서의 경제·사회·재정 상황을 전혀 알 수 없게 되었습니다. 이러한 지표의 연도별 비교가 불가능해지면, 그 지역에서 효과적인 '지역 내 재투자력' 형성은 불가능합니다. 게다가 합병특례채사업 및 불필요한 지방채 발행과 건설사업을 항상 감시할 수 있는 체제의 정비도 필요합니다. 합병으로 예산의 규모가 커지면, 대규모 사업을 기획하는 경우가 많아집니다. 특히, 합병특례채사업은 앞으로의 재정운영을 어렵게 만들기 때문에 주의해야 합니다. 행·재정투자가 지역 내 기업에 가능한 한 발주되도록, 그리고 일부의 지역에 집중되지 않도록 감시하는 것이 매우 중요합니다.

이와 같은 논의는 기존 정령시나 중핵시 등의 대규모 도시에도 적용될 수 있습니다. 정령시에서는 구의 행·재정 권한과 주민자치의 확립이 반드시 필요합니다. 이를 통해, 이미 소개한 스미다 구처럼, '지역 내 재투자력'뿐만 아니라 지역사회의 개성 있는 발전을 좀 더 합리적이고 효과적으로 실시할 수 있습니다. 인구 30만 명 정도가 지자체의 적정 규모라면, 대규모 정령시의 구를 기초자치단체로 해나가는 것도 본격적으로 검토해야 하겠지요.

4. 지역으로부터 국가의 미래를 만들다

이미 언급한 것과 같이 헤이세이 대합병은 국가의 형편에 따라 반강제적으로 진행되었지만 합병이 이루어진 지자체도 자립을 선택한 지자체도 주민들 스스로가 지역의 모습을 생각하고 행동해 지역주민주권을 강화했다는 점에서 일본의 지방자치 역사상 큰 업적을 만들어냈다고 할 수 있습니다.

그리고 지역주민주권을 발휘하는 새로운 수단으로 본격적으로 등장한 것이 주민투표였습니다. 일본에서는 지방자치단체의 중대한 문제를 결정하기 위한 주민투표가 아직 시작 단계에 있습니다. 그렇지만 미국에서는 도시계획에도 복수의 안이 주민투표에 부쳐져, 주민은 자신이 활동하는 NPO 등을 통해 마을의 미래상을 스스로의 의사로 결정할 수 있는 구조가 갖추어져 있습니다. 특히, 제7장에서 본 것처럼, 샌프란시스코나 시애틀, 보스턴 등의 '성장의 관리' 운동은 잘 알려져 있습니다. 현재 일본에서 도시계획 결정에 대한 주민참가는 한정된 범위에서만 인정되고 있습니다. 그렇지만 지역이나 도시를 만드는 최종 주권자는 주민이며, 지방자치의 이념을 추구한다면 주민이 도시의 모습을 결정하는 것은 필연적인 방향입니다.

일본에서도 1990년대 중반에 원자력발전과 산업폐기물시설 등 혐오시설의 찬반을 묻는 주민투표가 시작되어, 지금은 지자체의 영역을 둘러싼 주민투표 운동으로 급속하게 확산되고 있습니다. 분명, 이러한 흐름은 구미歐美의 주민투표제와 같은 방향으로 확대되고, 단순히 저항을 위한 수단이 아니라, 지역 만들기를 위한 주민합의의 수단으로 활용될 것입니다. '지역의 미래란, 주민 자신이 결정하고 스스로 지역 만들기에 참가한다'라는 새로운 단계의 주민자치, 즉 '지역주민주권'을 발휘하고 있는 지역이 확산되고 있습니다. 더욱이 이번 합병을 계기로 한 주민투표 확산의 흐름 속에서, 미성년자나 영주 외국인의 투표 자격을 인정한 지자체나 상설형 주민투표조례를 제정한 지자체도 생겼습니다. 이는 주민자치의 주체로서 지금까지 정치제도에서 배제되어 있던 주민의 권리를 인정한 것이며, 여기에도 중요한 역사적 의의가 있다고 할 수 있습니다.

경제의 글로벌화가 진행되는 가운데, 국가 정책이 다국적기업과 일부의 대도시를 위해 행·재정을 집중시키고, 다른 많은 지역을 배제하려고 하면 할수록, 인간 생활의 장이자 자치의 영역인 지역을 지키고 재생하려는 인간으로서의 근본적인 운동은 다양한 정치 신조와 계층의 차이를 초월해, 더욱더 확산되어야 합니다. 지역이 있어야 비로소 국가가 있는 것이며, 결코 그 반대가 아닙니다. 주민이 개별 지역의 모습을 스스로 결정하고 자신들의 손으로 지역을 만듦으로써, 일본의 미래 모습도 창조되어가는 것 아닐까요?[11] 자유민권 운동의 기수였던 우에키 에모리植木枝盛의 '인민은 국가를 만드는 주인이 되고, 국가는 인민에 의해 만들어진 기계가 된다'[12]라는 말은 현대에도 살아 숨 쉬고 있습니다.

주

제1부 현대의 지역 만들기를 생각하다

제1장 지역과 지역 만들기

1 다카하시 가쓰히코는 에조의 도호쿠 지방을 배경으로, 에조와 중앙정부와의 대항과 에조의 자율성에 초점을 맞추어 다음의 역사소설을 썼다. 高橋克彦,『火怨』(講談社, 1999他);『炎立つ』(日本放送出版協会, 1992);『天の衝く』(講談社, 2001).

2 근대의 도호쿠 및 우라니혼에 대해서는 岡田知弘,『日本資本主義と農村開発』(法律文化社, 1989); 古厩忠夫,『裏日本 — 近代日本を問い直す — 』(岩波新書, 1997); 阿部恒久,『'裏日本'はいかにつくられたか』(日本経済評論社, 1997); 河西英通,『東北 — つくられた異境』(中公新書, 2001) 참조 바람.

3 지역을 '살아 있는 인간'의 생활 과정에서부터 도출하는 관점에 대해서는 尾崎吉治,『経済学と歴史変革』(青木書店, 1990)에서 다수 다루고 있다.

4 마르크스(Marx)의 지역론과 물질대사론에 대해서는 岡田知弘,『日本資本主義と農村開発』, p.17 이하 참조.

5 David Harvey, *The Urbanization of Capital: Studies in the History and Theory of Capitalist Urbanization* (Baltimore, Maryland: The Johns Hopkins University Press, 1985)[『都市の資本論』, 水岡不二雄 訳(青木書店, 1991), p.30].

6 같은 책(일본어 번역본), 서문 참조.

7 "마르크스는 『자본론』의 초고인 『경제학 비판 요강』(1857~1858)에서 '자본은 한편으로는 교역, 즉 교환의 모든 장소적 제약을 뛰어넘어, 지구 전체를 자신의 시장으로 획득하려 하고, 다른 한편으로는 시간에 의한 공간의 절멸(絶滅), 즉 어떤 장소로부터 다른 장소로의 이동에 요구되는 시간을 최소한으로 끌어내려고 한다'고 서술하고 있다." 『マルクス資本論草稿集』(大月書店, 1993), p. 216.

8 中村吉明·渋谷稔, 『空洞化現象とは何か』(通商産業研究所, 1994).

9 宮本憲一, 『現代の都市と農村』(日本放送出版協会, 1982), p.242 이하 참조.

제2장 경제의 글로벌화와 지역의 황폐화

1 이 답신에 대해서는 岡田知弘, 「行革審答申で地域は本当に'豊か'になるのか」, ≪賃金と社会保障≫, 第1064号(1991.8) 참조 바람.

2 「農業経営政策に関する研究会, 第五回議事録」(2001.6.28)에서의 다케베 농림수산대신의 인사말 참조(농림수산성 홈페이지 게재).

3 内閣府, 「青少年の就労に関する研究調査(中間報告)」(2005.3.23).

4 総務省統計局, 「就業構造基本調査報告(各年版)」.

5 「1990年代大不況と地域経済の構造変化」, ≪土地制度史学≫, 第167号(2000) 참조 바람.

6 일본은행 및 재무성 홈페이지 게재 통계.

7 『平成一六年版 警察白書』(2005).

8 三浦展, 『ファスト風土化する日本-郊外化とその病理』(洋泉社, 2004).

9 警察庁生活安定局地域課, 「平成一五年中における自殺の概要資料」(2004.7).

10 자살률 데이터는 다음의 홈페이지에서 참조. 'Honkawa Date Tribune 社会実情データ図録'.

11 総務省消防庁, 『平成一六年版 消防白書』(2005).

제3장 '글로벌 국가'형 '구조개혁'과 일본, 그리고 지역의 미래

1 일본경제단체연합회 홈페이지. 또한, 최근의 재계 전략 및 고이즈미 내각의 '구조개혁'의 평가에 대해서는 進藤兵·岡田知弘·二宮厚美·後藤道夫, 「座談会 開発主義国家の解体·再編の現局面」, ≪ポリテイーク≫, 第9号(2005) 참조 바람.

2 일본경제단체연합회 홈페이지.

3 시사통신사 주최 내외정세조사회에서 오쿠다 회장의 강연(2003.1.20) 참조(시사통신사

홈페이지에 게재).

4 같은 글.

5 日本経済団体連合会,「21世紀を生き抜く次世代育成のための提言」(2004.4.19) 참조.

6 日本経済団体連合会,「わが国の基本問題を考える」(2005.1.18) 참조.

7 시정촌 합병 정책과 그 문제에 대해서는 岡田知弘 他 編,『市町村合併の幻想』(自治体研究社, 2003) 참조 바람.

8 成長のための日米経済パートナーシップ,「日米投資イニシアチイブ報告書」(2002).

9 日本貿易振興会(JETRO),「外資系企業雇用調査」(2002.10).

10 山家悠紀雄,『景気とは何だろうか』(岩波新書, 2005), p.10.

제2부 지역개발정책의 실패에서 배우다

제4장 전후 지역개발정책의 전개와 지역

1 전시기(戰時期)의 국토계획 책정 과정에 대해서는 岡田知弘,『日本資本主義と農村開発』(法律文化社, 1989), 第6章; 酉水孜郎,『国土計画の経過と課題』(大明党, 1975);『資料·国土計画』(大明党, 1975) 참조 바람.

2 이 점에 대해서는 酒井三郎,『昭和研究会』(TBSブリタニカ, 1979); 岡田知弘,「グローバル化時代の'国土計画'を問う」,≪ポリテイーク≫, 第7号(2004) 참조 바람.

3 이하, 자세한 것은 같은 글을 참조 바람. 또한 전후의 전국종합개발계획 입안 과정에 대해서는 下河辺淳,『戦後国土計画への証言』(日本経済評論社, 1994) 참조 바람.

4 宮本憲一,『社会資本論』(有斐閣, 1967) 참조.

5 宮本憲一,『地域開発はこれでよいか』(岩波新書, 1973) 참조.

6 宮本憲一 監修,『国際化時代の都市と農村』(自治体研究社, 1986) 참조.

7 제5차 전국종합개발계획을 둘러싼 경위에 대해서는 本間義人,『国土計画を考える』(中公新書, 1998) 참조.

8 辻悟一,『イギリスの地域政策』(世界思想社, 2001) 참조.

9 Joachim Hirsch, *Der nationale Wettbewerbsstaat* (ID-Archiv, Berlin: 1995)[『国民的競争国家—グローバル時代の国家とオルタナティヴ』(ミネルヴァ書房, 1998)] 참조.

제5장 프로젝트형 지역개발과 지역

1 JAPIC에 대해서는 JAPIC研究会 編著, 『JAPICの野望』(新日本出版社, 1986) 참조.

2 이하, 자세한 것은 遠藤宏一 他 編, 『国際化への空港構想』(大明書店, 1993), 第1章 참조.

3 関西国際空港株式会社, 「関空レポート」(2002).

4 이하, 자세한 것은 遠藤宏一 他 編, 『国際化への空港構想』(大明書店, 1993), 第4章, 第9章 참조.

5 1987년 11월 이후, 공항섬 입지공사와 연락교 공사를 제외하고, 7억 엔 이상의 건설토목공사 그리고 3000만 엔 이상의 자재 조달은 모두 국제 입찰의 대상이었다. 関西空港調査会, 『関西新空港ハンドブック』(ぎょうせい, 1990), p.230.

6 이상의 정보는 일경텔레콤(日経テレコム) 참조.

7 ≪日本経済新聞≫, 1988年 2月 26日.

8 大阪府産業労働政策推進会議, 『関西国際空港等の設置に伴う雇用労働への影響と対応について』(1992.7), pp.13~14.

9 関西国際空港株式会社, 「関空レポート」 참조.

10 関西国際空港株式会社, 『平成十六年度連絡決算の概要』(2005.5.25); 『関西国際空港の現況について』(2005.5.12) 참조.

11 오사카 부는 프로젝트형 개발의 실패로 인해, '전국 최악'이라는 재정 상황에 빠진다. 이 점에 대해서는 다음을 참조. 重森暁·中山徹·藤井伸生·初村尤而, 『よくわかる大阪府財政再建プログラム』(自治体研究社, 1998); 大阪自治体問題研究所 編, 『大都市圏'自治体破産'』(自治体研究社, 1999).

12 中山徹, 『行政の不良債権』(自治体研究社, 1996), 第3章 참조.

13 重森暁·都市財政研究会, 『しのびよる財政破綻』(自治体研究社, 2000).

14 国土交通省総合政策局情報管理部建設調査統計課 監修, 「建設工事受注動態統計調査報告」(建設物価調査会, 2003) 참조.

제6장 기업유치로 지역은 풍요로워지는가?

1 経済企画庁調査局, 『地域経済レポート96』(大蔵省印刷局, 1996), p.246.

2 石川栄耀, 『改訂増補 日本国土計畫』(八元社, 1942), p.285 참조.

3 자세한 것은 岡田知弘, 『日本資本主義と農村開発』(法律文化社, 1989); 岡田知弘, 「四日市臨海工業地帯の誕生」, ≪経済論叢≫, 第158巻, 第6号(1996.12) 참조.

4 岐阜県,『岐阜県史 通史編 続現代』(岐阜県, 2003), pp.186~187.

5 宮本憲一,『経済大国 = 増補版(文庫版)』(小学舘, 1987), p.144.

6 宮本憲一,『地域開発はこれでよいか』(岩波新書, 1973).

7 岐阜県,『岐阜県史 通史編 続現代』, p.491.

8 岡田知弘,「先端産業化と内陸開発の諸問題」,『大規模開発 21世紀への構図』(東海自治体問題研究所, 1986) 참조.

9 테크노폴리스를 중심으로 한 첨단기술형 산업과 지역개발과의 관계에 대해서는 日本科学者会議,『テクノポリスと地域開発』(大月書店, 1985); 宮本憲一 監修,『国際化時代の都市と農村』(自治体研究社, 1986); 伊東維年,『テクノポリス政策の研究』(日本評論社, 1998); 鈴木茂,『ハイテク型開発政策の研究』(ミネルバ書房, 2001) 참조.

10 다국적기업에 대해서는 杉本昭七,『現代帝国主義の基本構造』(大月書店, 1978); 杉本昭七 編,『現代資本主義の世界構造』(大月書店, 1980) 참조.

11 島恭彦,『現代地方財政論』(有斐閣, 1951)[『島恭彦書作集』, 第4巻(有斐閣, 1983)에 재수록].

12 島恭彦,「所得倍増計画と公共投資」, ≪経済論叢≫, 12月号(1960)(『島恭彦書作集』에 재수록).

13 岩手県,『図税いわて統計白書 2005』(2005), p.112.

14 経済企画庁調査局 編,『地域経済レポート96』(大蔵省印刷局, 1996), p.249.

15 経済企画庁調査局 編,『地域経済レポート97』(大蔵省印刷局, 1997), pp.78~93.

16 中村吉明·渋谷稔,『空洞化現象とは何か』(通商産業研究所, 1994).

제3부 '지역 내 재투자력'과 지역 내 경제순환

제7장 지역개발에서 지역의 지속가능한 발전으로

1 총무성 홈페이지(http://www.soumu.go.jp/gapei/d2.thml).

2 종래의 지역개발정책의 검증에 대해서는 岡田知弘·川瀬光義·鈴木誠·富樫幸一,『国際化時代の地域経済学』(有斐閣, 2002), 第3章, '地域開発政策の検証' 참조 바람.

3 京都大学経済学部岡田ゼミナール,『地下鉄開通の夢と現実』(1998).

4 미국에서의 도시의 성장 관리에 대해서는 矢作弘·大野輝之,『日本の都市は救えるのか

アメリカの'成長管理'政策に学ぶ』(開文社出版, 1990); 大野輝之·レイコ·ハベ·エバンス, 『都市開発を考える』(岩波新書, 1992); 中村剛治郎, 『地域政治経済学』(有斐閣, 2004), 第9章 참조.

5 矢作弘, 『都市はよみがえるか』(岩波新書, 1997) 참조.

제8장 '일촌일품' 운동에서 지역 내 산업연관 구조로

1 大分県, '平成15年度組織改正の一覧'(4月 1日), 오이타 현 홈페이지 게재.

2 大分県, '事務事業評価調書平成14年度', 오이타 현 홈페이지 게재.

3 이하, 일촌일품 운동에 대한 상세한 내용은 大森弥 監修, 『一村一品運動20年の記録』(大分県一村一品21推進協議会, 2001) 참조.

4 大分県一村一品運動推進室, 『平成13年度一村一品運動調査概要書』, 概要·データ編(一村一品運動推進室, 2002).

5 오야마 정 지역 만들기의 역사와 개요에 대해서는 大山町誌編集委員会, 『大山町誌』(大山町, 1995); 大分大山町農業協同組合, 『大分大山町農業協同組合創立50周年記念誌』(大分大山町農業協同組合, 1998) 참조.

6 이하, 오이타 오야마 정 농업협동조합의 경영활동 및 데이터에 대해서는 大分大山町農業協同組合, 『大分大山町農業協同組合創立50周年記念誌』; 大分大山町農業協同組合, 『第54期 業務のご報告』(2002) 및 오이타 오야마 정 농업협동조합총무과의 인터뷰 조사(2003.3.5)에 따름.

7 오야마 정 사무소 기획조정과에서의 인터뷰 조사(2003.3.5)에 따름. 또한 히타 시·군 법정합병협의회의 동향에 대해서는 동 협회의 홈페이지를 참조.

8 데이터는 大分県総務部市町村振興局, 「平成14年度版 市町村財政のすがた」(大分県総務部市町村振興局, 2003) 참조.

9 유후인에서의 마을 만들기의 전개 과정을 알기 쉽게 정리한 것으로 木谷文弘, 『由布院の小さな奇跡』(新潮新書, 2004)가 있다.

10 中谷健太郎, 『湯布院発, にっぽん村へ』(ふきのとう書房, 2001), p.136.

11 유후인관광협회 자료 참조.

제9장 작아서 더욱 빛나는 지자체

1 아래의 기술은 高橋彦芳·岡田知弘, 『自立をめざす村』(自治体研究者, 2002)의 필자 집필분을 재편한 것이다. 사카에 촌의 대처에 대해서는 아래의 문헌을 참고했다. 矢口芳生, 「長野県栄村の村興しへの取り組みをみる」, ≪農林経済≫, 9月号(1995); 広瀬進, 「農業を基本に中山間地で村おこし」, ≪農林経済≫, 10月号(1995); 池本良教, 「中山間地域の振興とツーリズム—長野県栄村秋山郷の取り組みに学ぶ」, ≪月刊JA≫, 10月号(1995); 稲沢潤子, 『山村で楽しく生きる—栄村·四季の暮らしと村政と—』(本の泉社, 1996); 長野県地方自治研究センター·栄村, 「明日の栄村」(1998.2); 栄村, 「栄村総合振興計画」(2000.5); 京都府立大学福祉社会学部, 「専門演習 福祉社会と財政」(指導教官: 小沢修司, 武田公子), 『ゆき! げんき! かがやき! — 長野県下水内郡栄村の福祉と村おこし—』(2002.1); 高橋彦芳, 「村長のひとりごと」, 『福祉のひろば』(2001.11~2002.3); 高橋彦芳, 『田舎村長人生記—栄村の四季とともに』(本の泉社, 2003); 高橋彦芳·吉川徹, 「一人ひとりが輝く自治体をつくる」, ≪住民と自治≫, 2月号(2002); 高橋彦芳, 「未来への地方自治」, ≪季刊 自治と分権≫, 第7号(2002.4).

제10장 대도시의 산업공동화와 마을 만들기

1 대도시 재생의 현황과 문제점에 대해서는 建設政策研究所 編, 『'都市再生'がまちをこわす』(自治体研究社, 2004) 참조.

2 자세한 것은 岡田知弘·芳野俊郎·田端一哉, 「ナニワ企業団地共同組合における地域高度技能活用雇用安定事業推進に向けた調査報告書」(ナニワ企業団地共同組合, 1998.8) 참조.

3 자세한 것은 安藤宣夫·八幡一秀·竹下登志成, 『21世紀に向かって"まいどおおきに"西新道錦会商店街の挑戦』(自治体研究者, 1999) 참조.

4 高野祐次, 「世産業のまち'すみだ'と中小企業施策のあらまし」, 『これからの中小企業時代と地域からの期待』(中小企業家同友会全国協議会·企業環境研究センター, 2005).

5 ≪中小企業家新聞≫, 2004年 10月 15日.

제11장 시정촌 합병으로 지역은 풍요로워지는가?

1 총무성 홈페이지 참조. '헤이세이 대합병'에 대해서는 加茂利男, 『市町村合併と地方自治体の未来』(自治体研究社, 2001), 保母武彦, 『市町村合併と地域のゆくえ』(岩波ブックレット, 2002), 室井力 編, 『現代自治体再編論』(日本評論社, 2002), 岡田知弘·京都自治体問題研究所 編, 『市町村合併の幻想』(自治体問題研究社, 2003) 참조 바람.

2 岡田知弘, 「行革審路線で地域は本当に'豊か'になるのか」, ≪賃金と社会保障≫, 第1064号(1991.8) 참조.

3 이상의 정치적 동향에 대해서는 加茂利男, 「'平成市町村合併'の推進過程」, ≪都市問題≫, 第94巻, 第2号(2003.2) 참조.

4 島恭彦 編, 『町村合併と農村の変貌』(有斐閣, 1958).

5 일본경제단체연합회 홈페이지 참조.

6 자세한 것은 岡田知弘, 「地方自治体と地域経済の発展」; 室井力 編, 『現代自治体再編論』 참조.

7 二宮厚美, 「新自由主義改革路線と市町村合併の戦略的位置」, ≪季刊 自治と分権≫, 第6号(2002.1) 참조. 중핵시는 1995년부터 시행된 제도로 인구 30만 명 이상이 요건의 하나이며, 특례시는 2000년부터 시행된 제도로 인구 20만 명 이상이 요건 중 하나이다.

8 합병특례채에 대해서는 川瀬憲子, 『市町村合併と自治体の財政』(自治体研究社, 2001); 川瀬憲子, 「財政効率からみた市町村合併」, ≪中小商工業研究≫, 第72号(2002.7) 참조.

9 이상의 인용은 ≪読売新聞≫의 2003년 2월 23일 특집기사 "「特例債を逃すな」ゼネコン東奔西走" 참조.

10 합병특례채의 세출 규모에 대해서는 重森暁, 『入門現代地方自治と地方財政』(自治体研究社, 2003), pp.114~115 참조.

11 총무성 홈페이지 참조.

12 (株)日立製作所·前田みゆき 他, 『市町村合併と情報システム』(日本経済評論社, 2002).

13 川瀬憲子, 『市町村合併と自治体の財政』; 定方宏光, 「合併後のさいたま市を検証する」, 自治労連·地方自治問題研究機構 編, ≪季刊 自治と分権≫, 第9号(2002.10).

14 川瀬憲子, 『市町村合併と自治体の財政』 참조.

15 定方宏光, 「合併後のさいたま市を検証する」 참조.

16 자세한 것은 平岡和久·森裕之, 『検証'三位一体の改革'』(自治体研究社, 2005) 참조.

17 山田公平, 「市町村合併の歷史的考察」, 室井力 編, 『現代自治体再編論』.

18 桑原武志, 「大都市自治体の産業政策」; 安井国雄·富沢修身·遠藤宏一 編, 『産業の再生と大都市』(ミネルバ書房, 2003).

제12장 지역 만들기와 '지역주민주권'

1 保母武彦, 『内発的発展論と日本の農山村』(岩波書店, 1996); 保母武彦 監修, 『小さくても元気な自治体』(自治体研究社, 2002) 참조.

2 이 점에 대해서는 色平哲郎, 『大往生の条件』(角川書店, 2003) 참조.

3 자세한 것은 上田道明, 『自治を問う住民投票』(自治体研究社, 2003), 第3章 참조 바람.

4 今井一 編, 『住民投票』(日本経済新聞社, 1997); 今井一, 『住民投票-客観民主主義を超えて』(岩波新書, 2000) 참조 바람.

5 자세한 것은 合併反対上尾市民ネットワーク·自治労連上尾市職員労働組合 編, 『合併反対を選択したまち』(自治体研究社, 2001); 上田道明, 『自治を問う住民投票』, 第4章 참조.

6 上田道明, 「'平成の大合併'をめぐる住民投票は何をのこしたか」, ≪季刊 自治と分権≫, 第20号(2005.7) 참조.

7 교토지자체연구소의 조사에 따름.

8 이상은 上田道明, 『自治を問う住民投票』, pp.26~28 참조.

9 각 지역의 구체적인 운동의 대처에 대해서는 岡田知弘·自治体問題研究所 編, 『住民投票の手引き-市町村合併は住民の意思で』(自治体研究社, 2004) 참조 바람.

10 ≪宮崎日々新聞≫, 2004年 5月 12日; 구(舊) 촌을 단위로 한 지역자치조직에 의한 지역 만들기의 대처에 대해서는 교토 부 미야마(美山) 정의 지역진흥회의 시도가 있다. 미야마 정에 대해서는 渡辺信夫, 「条件不利地域のむらづくり」 田代洋一 編, 『日本農村の主体形成』(筑波書房, 2004) 참조 바람.

11 일본의 지방자치의 역사를 되돌아보고 미래의 지방자치를 전망한 宮本憲一, 『日本の地方自治 その歴史と未来』(自治体研究社, 2005) 참조 바람.

12 植木枝盛, 『植木枝盛集』(岩波書店, 1991), p.208.

후기

지자체연구사의 편집부가 저에게 지역경제에 관한 출판기획을 알려온 것은 5년도 지난 일이었습니다. 그 후, 국립대학의 법인화 문제와 시정촌 합병 문제 등에 정면으로 몰두하게 되면서, 진정된 상황에서 한 권의 책을 정리하는 것이 어려운 상태가 계속되었습니다. 다만, 합병 문제를 중심으로 전국 각지를 다니며, 그곳에서 지역의 미래에 대해 진지하게 고민하는 사람들과 교류하고, 여러 가지 의견을 들을 수 있었던 것은 저에게 무엇으로도 대신할 수 없는 재산이 되었습니다. 또한, 대학의 자치 문제와 지방자치의 문제에서 어떤 공통된 부분을 발견할 수 있었습니다. 지역과 일본의 지속가능한 발전뿐만 아니라, 대학 학문의 발전에서도 공동체의 주권자인 구성원의 자치가 가장 중요하다는 것입니다. 그것들을 파괴하려고 한다는 점에서 오늘날 일본의 '구조개혁'정책은 일관되어 있습니다. 그러한 정책적 전제가 되는 것은 역시 헌법9조의 개악改惡을 통해 '전쟁이 가능한 나라'를 만드는 작업이겠지요. 전쟁을 하려 한다면, 대학의 자치도, 지방자치도 모두 장해물이 됩니다. 이는 전전戰前의

가와카미河上 사건*을 들 것도 없이, 역사가 가르쳐주고 있습니다.

더욱이, 합병 문제에 몰두하고 있는 지역의 많은 주민들이 단순히 눈앞에 놓인 합병의 찬반을 논의하는 것이 아니라 자신들이 사는 지역을 어떻게 만들어가야 하는가라는 좀 더 넓은 시야와 주권자로서의 자각을 갖고 있다는 것에 큰 감동을 받았습니다. 저의 강연에서도 자신들의 지역에서 어떻게 지역 만들기를 해가면 좋을지라는 솔직한 질문을 자주 받았습니다. 이러한 물음에 대해 답하는 작업을 반복하면서, 저의 '지역 내 재투자력'론을 더욱 풍부하게 발전시킬 수 있었습니다. 그리고 시정촌 합병 문제를 지역경제론의 관점에서 바라보면서, 지역의 지속가능한 발전과 자치, 특히 지역주민주권과의 관계도 더 명확하게 정리할 수 있었습니다.

'헤이세이 대합병'이 제1단계를 종료한 시점에서 합병·비합병 지자체를 떠나, 지역에 도움이 될 수 있는 책을 쓰고자 결심했고 또 정리하게 되었습니다. 이 책은 탁상공론을 연역해 쓴 것이 아닙니다. 과거의 지역경제론, 특히 미야모토 겐이치宮本憲一 선생의 '내발적 발전론'에서 배우면서, 지역개발정책의 실패의 현장 그리고 창조적인 지역 만들기에 몰두하고 있는 지역 사람들에 의한 현실의 실천적 활동을 조사·분석하고, 그것을 재구성하는 방법을 취하고 있습니다. 그러한 의미에서는 전국 각지에서 지역 만들기에 진지하게 몰두하고 있는 사람들과의 공동작품이라고 하는 것이 좋을지도 모르겠습니다. 따라서 각지에서의 지역 만들기가 앞으로 활발하게 전개됨에 따라, 이 책도 함께 성장해가지 않을까 생각합

---

* 1928년, 교토대학(당시 교토제국대학)의 마르크스주의 경제학자였던 가와카미 하지메(河上肇)가 이른바 좌파 경제학자라는 이유로 대학 강단에서 쫓겨난 사건.

니다. 기탄없는 비판과 교시教示를 받을 수 있다면 좋겠습니다.

또한, 이 책의 바탕이 된 저의 논문은 다음과 같으며, 각각 많은 부분을 참고했습니다.

「空港建設と'経済効果'」, 遠藤宏一 他 編,『国際化への空港構想』(大月書店, 1993).

「民活型巨大プロジェクト開発と地域経済·地方自治」,『おおさかの住民と自治』, 第182号(1994).

「'企業が地域を選ぶ時代'を超えて」, 大阪自治体問題研究所 編,『産業空洞化を超えて』(大月文理閣書店, 1997).

「地域経済の再生に何が必要か」, ≪経済≫, 第31号(1998).

「経済のグローバル化と中小企業」, 鈴木茂 他 編,『中小企業とアジア』(昭和堂, 1999).

「地域振興二一一地域の資源と共同で一」, ≪中小商工業研究≫, 第58号(1999).

「グローバル時代の経済と地域」≪経済≫, 第54号(2000).

「栄村の地域づくりから学ぶ」, 高橋彦芳·岡田知弘,『自立をめざす村』(自治体研究社, 2002).

「地方自治と地域経済の発展」, 室井力 編,『現代自治体再編論』(日本評論社, 2002).

「農山村自立の経済学」, 加茂利男 他,『'構造改革と自治体再編』(自治体研究社, 2003).

『市町村合併の幻想』, 岡田知弘 他 編, 第1章·第5章·終章(自治体研究社, 2003).

「多国籍企業支配のなかの地域経済の選択」, ≪ポリテイーク≫, 第6号(2003).

「グローバル経済下の自治体大再編を問う」, ≪農業·農協問題研究≫, 第29号

(2003).
「農村経済循環の構築」, 田代洋一 編, 『日本農村の主体形成』(筑波書房, 2004).
「国際化時代における農村の構造ㅍ変化と持続的発展の可能性」, ≪年報 村落社会研究≫, 第39号(農山漁村文化協会, 2004).
「住民自治の新しい時代がやっときた」, 岡田知弘他 編, 『住民投票の手引き』(自治体研究社, 2004).
「グローバル経済下の自治体再編」, ≪経済論叢≫, 第173巻, 第1号(農山漁村文化協会, 2004).
「戦後の国土政策, 地域政策をふりかえって」, ≪経済≫, 第28号(2005).

마지막으로 이 책은 지자체연구사의 후카다 에쓰코深田悦子 씨, 다케시타 도시나리竹下登志成 씨의 긴 시간에 걸친 질타와 격려 없이는 빛을 보지 못했을 것입니다. 집필이 늦어져, 편집 실무를 담당해준 나카오 도시아키長尾敏明 씨에게 큰 부담을 주었습니다. 지자체연구사의 역대 편집 스태프에게 진심으로 감사드리며, 이 책을 쓰면서, 이전 저서인『주민투표 지침서住民投票の手引き』를 공동집필한 교토 지자체문제연구소의 다니가미 세히코谷上晴彦 씨, 니가타 지자체연구소의 후쿠시마 도미福島富 씨와 다카하시 쓰요시高橋剛 씨에게 주민투표실적과 니가타 현 내의 지역자치조직의 운동에 대한 귀중한 정보를 제공받았습니다. 다시 한 번 감사의 인사를 드립니다.

2005년 7월

오카다 도모히로

제3쇄 후기

이 책의 초판이 간행된 것은 2005년 8월이었습니다. 출판 직후에 '우체국 민영화'가 있었고, 고이즈미 준이치로小泉純一郎 수상이 이끄는 '구조개혁'파가 대승을 거두었습니다. 바꿔 말하면, 고이즈미 '구조개혁'의 기세가 단번에 강해진 시기입니다. 이 책에서는 고이즈미 '구조개혁'의 본질을 다국적기업 주도의 '글로벌 국가' 만들기에 있다고 보고, 이러한 정책 방향으로는 일본의 지역과 일본경제의 지속가능한 발전이 어렵다는 것, 오히려 전후의 지역개발정책 실패의 교훈으로부터 배워, 각각의 지역에서 '지역 내 재투자력'을 만들어가는 것의 필요성을 구체적 사례를 바탕으로 서술했습니다.

그 후, '워킹푸어'나 '격차와 빈곤' 문제가 주목을 받고, 시정촌 합병과 '삼위일체 개혁'에 따른 지역의 피폐가 분명해졌으며, '구조개혁'에 대한 비판이 급속도로 확산되어 갔습니다. 그 결과, 고이즈미 수상에게 정권을 이어받은 아베 신조安倍晋三 수상은 2007년 여름의 참의원선거에서 대패해, 참의원 수에서 여야 역전이라는 새로운 정치 구조가 만들어지게 되었습니다. 아베 수상의 갑작스런 퇴임 후, 정권을 이어 받은 후쿠다 야스오福田康夫 수상도 2008년 9월 1일에 정권을 내놓고, 총선거를 통한 정권유지를 위해 아소 다로麻生太郎 수상에게 바통 터치를 꾀했습니다. 그러나 미국의 서브프라임론 문제로 시작된 세계적인 증권·금융공황, 원유시장과 곡물시장으로 유입된 투자펀드로 인해, 에너지 자급률 및 곡물 자급률이 선진국 중 가장 낮은 수준인 일본경제는 대혼란에 빠졌습니다. 아소 다로의 지지율은 당초보다 침체되었고, '해산 총선거'를 결단할 수도 없는 상황에 빠지고 말았습니다.

이러한 3년간의 정치·경제적 변화는 이 책에서 지적한 시장원리주의적인 '글로벌 국가'론에 근거한 '구조개혁'의 모순을 그대로 드러냈다고 할 수 있습니다. 미국의 빈곤 문제가 최종적으로는 국제적인 금융 네트워크를 끼고, 금융 면에서도 실물경제 면에서도 세계적 규모의 경제위기를 일으킨 것은 제 상상을 초월했지만, 일본 및 지역을 둘러싼 문제의 소재나 기본적인 대항관계는 크게 달라지지 않았습니다.

다행히, 이 책은 그동안 많은 독자가 생겼습니다. 연구자나 학생 여러분의 연구와 공부의 소재로만이 아니라 시민과 지자체의 수장이나 의원, 직원 여러분 그리고 중소기업경영자와 농가, 협동조합 여러분이 각각의 지역에서 지역 만들기를 실천하기 위한 지침으로 읽고 있다는 것은 저에게 있어, 무엇보다도 기쁜 일입니다. '지역 내 재투자력'이라는 말이 다양한 곳에서 사용되고 있다는 것이 놀랍고, 앞으로 이를 더욱 풍부하게 만들어가야 할 필요가 있습니다.

본래대로였다면, 앞서 말한 정세政勢의 전개와 함께, 특히 제1부의 기술을 대폭 수정해야 하지만 시간적인 제약으로 우선 초판 그대로 증판을 결단하게 되었습니다. 최근의 지역경제를 둘러싼 경제 정세나 도주제를

시작으로 하는 지방제도 개혁의 움직임, 그에 대항하는 새로운 지방자치, 지역 만들기 운동의 전개에 대해서는 저서인 『도주제로 일본의 미래는 열리는가道州制で日本の未来はひらけるか』(2008)에 비교적 상세하게 서술하고 있으므로 이 책을 보완하는 것으로 참고해주셨으면 합니다.

가능하다면, 가까운 미래에 이 책의 개정판도 준비해보려고 합니다. 이 책을 더욱 충실하게 만들기 위해, 아무쪼록 독자 여러분의 기탄없는 의견, 비판을 계속해서 부탁드릴 따름입니다.

2008년 11월
가을의 사가노嵯峨野 에서
오카다 도모히로

찾아보기

(ㅇ)

(ㅈ)

(기타)

지은이

오카다 도모히로(岡田知弘)

1954년 도야마(富山) 현에서 출생했다. 교토대학 경제학부를 졸업하고 동 대학원 경제학연구과에서 경제학 박사학위를 취득했다. 기후경제대학 강사, 조교수를 거쳐 1990년부터 교토대학 경제학부 교수로 재직 중이다. 현재 일본 지자체문제연구소 이사장과 일본지역경제학회 회장을 맡고 있다.

주요저서

『日本資本主義と農村開発』(法律文化社, 1989)
『国際化時代の地域経済学』(共著, 有斐閣, 1997)(第3版, 2007)
『公社·第三セクターの改革問題』(共著, 自治体研究社, 1997)
『自立をめざす村』(共著, 自治体研究社, 2002)
『現代自治体再編論』(共著, 日本評論社, 2002)
『'構造改革'と自治体再編』(共著, 自治体研究社, 2003)
『市町村合併の幻想』(編著, 自治体研究社, 2003)
『日本農村の主体形成』(共著, 築波書房, 2004)
『住民投票の手引』(編著, 自治体研究社, 2004)
『地域自治組織と住民自治』(共編著, 自治体研究社, 2006)
『協働がひらく村の未来』(共著, 自治体研究社, 2007)
『山村集落再生の可能性』(共編, 自治体研究社, 2007)
『幻想の道州制』(共著, 自治体研究社, 2009)
『一人ひとりが輝く地域再生』(新日本出版社, 2009)
『行け行け！わがまち調査隊』(共著, 自治体研究社, 2009)
『新自由主義か新福祉国家か』(共著, 旬報社, 2009)
『(増補版)道州制で日本の未来はひらけるか』(自治体研究社, 2010)
『震災からの地域再生』(新日本出版社, 2012)
『(増補版)中小企業振興条例で地域をつくる』(共著, 自治体研究社, 2013)
『原発に依存しない地域づくりの展望』(共著, 自治体研究社, 2013)
『震災復興と自治体』(共編, 自治体研究社, 2013)
『〈大国〉への執念 安倍政権と日本の危機』(共著, 大月書店, 2014)
『'自治体消滅'論を超えて』(自治体研究社, 2014)

옮긴이

양준호(梁峻豪)

현재 인천대학교 동북아경제통상대학 경제학과 교수로 재직 중이다. 일본 교토대학 경제학부를 졸업하고 동 대학원 경제학연구과에서 제도주의적 정치경제학 연구로 경제학 박사학위를 취득했다. 삼성경제연구소 글로벌연구실 수석연구원을 거쳐 2006년부터 현직에 이르고 있으며, 인천대학교 사회적경제연구센터 센터장, 한국사회경제학회 이사 및 편집위원, 한일경상학회 이사 등으로 활동하고 있다.

김우영(金佑榮)

인천대학교 동북아경제통상대학 경제학과를 졸업하고 동 대학원에서 인천의 지역경제에 대한 제도주의적 정치경제학 연구로 경제학 석사학위를 취득했으며, 인천대학교 사회적경제연구센터 연구원 및 사무국장을 역임했다. 현재 일본 교토대학 대학원 경제학연구과 박사후기과정에 재학하면서 지역 순환형 경제시스템을 위한 대안적 지역금융 연구에 매진하고 있다.

한울아카데미 1874

지역 만들기의 정치경제학

주민이 직접 만드는 순환형 지역경제

지은이 | 오카다 도모히로
옮긴이 | 양준호 · 김우영
펴낸이 | 김종수
펴낸곳 | 한울엠플러스(주)

편집책임 | 배유진
편집 | 양혜영

초판 1쇄 인쇄 | 2016년 2월 24일
초판 1쇄 발행 | 2016년 3월 11일

주소 | 10881 경기도 파주시 광인사길 153 한울시소빌딩 3층
전화 | 031-955-0655
팩스 | 031-955-0656
홈페이지 | www.hanulmplus.kr
등록번호 | 제406-2015-000143호

Printed in Korea.
ISBN 978-89-460-5874-3 93330 (양장)
978-89-460-6130-9 93330 (학생판)

* 책값은 겉표지에 표시되어 있습니다.
* 이 책은 강의를 위한 학생판 교재를 따로 준비했습니다.
강의 교재로 사용하실 때에는 본사로 연락해주십시오.